Beck'sche Reihe

BsR 1080

BsR

Mehr als jede andere europäische Nationalliteratur fußt die Literatur Italiens seit dem Mittelalter auf einer nie unterbrochenen Tradition. Johannes Hösle stellt in diesem Buch die italienische Literatur von ihren Anfängen bis in unsere Zeit dar. Sein Buch informiert über die wesentlichen Etappen, Autoren und Werke. Den wichtigsten Autoren sind jeweils einzelne Kapitel gewidmet, Übersichtskapitel machen mit tiefreichenden Traditionen und übergreifenden Entwicklungen vertraut. Eine wertvolle Orientierungshilfe in der fast 800jährigen Geschichte der italienischen Literatur.

Johannes Hösle war Leiter des Goethe-Instituts Mailand und bis zu seiner Emeritierung (1994) Professor für romanische Literaturwissenschaft an der Universität Regensburg. Zahlreiche Veröffentlichungen zur italienischen, französischen und katalanischen Literaturgeschichte.

JOHANNES HÖSLE

Kleine Geschichte der italienischen Literatur

VERLAG C.H.BECK

Die Deutsche Bibliothek – CIP-Einheitsaufnahme

Hösle, Johannes:
Kleine Geschichte der italienischen Literatur / Johannes Hösle.
– Orig.-Ausg. – München : Beck, 1995
(Beck'sche Reihe ; 1080)
ISBN 3 406 37470 0
NE: GT

Originalausgabe
ISBN 3 406 37470 0

Umschlagentwurf: Uwe Göbel, München
Umschlagabbildung: „Turin im Frühling 1914" von Giorgio de Chirico

Satz und Druck: Presse-Druck- und Verlags-GmbH, Augsburg
Gedruckt auf säurefreiem,
aus chlorfrei gebleichtem Zellstoff hergestelltem Papier
Printed in Germany

Vorwort

Eine kleine Geschichte einer großen europäischen Nationalliteratur zu schreiben bedarf einer Rechtfertigung, denn bereits der ins Auge springende Widerspruch eines derartigen Unterfangens könnte es dem Autor ratsam erscheinen lassen, davon Abstand zu nehmen. Wenn ich den schmalen Band trotzdem verfaßt habe, geschah dies, weil ich aufgrund meines regelmäßigen Umgangs mit literarisch Interessierten und einer langen Lehrerfahrung an der Universität weiß, wie sporadisch und unzureichend bei uns heute die Kenntnis der Literatur unseres südlichen Nachbarlandes ist. Dies hat zum einen mit dem Ende des Bildungsbürgertums zu tun, das die Klassiker zwar nicht immer las, aber wenigstens die eigenen Bücherschränke mit ihren Werken zierte (Italien, seiner Kunst, Literatur und Geschichte kam dabei ein privilegierter Platz zu), zum anderen geht die schwindende Präsenz der italienischen Literatur hierzulande auf die marginale Bedeutung des Italienischen als Schulfach zurück.

Auch die eigene Nationalliteratur wird heute auf unseren Gymnasien nur noch ansatzweise, im Überblick und zumeist lediglich in homöopathischen Dosen vermittelt. Angesichts dieser Situation überrascht es nicht, daß auch kein besonderes Verlangen besteht, den Ablauf der Literaturgeschichte der europäischen Nachbarländer, ihre Eigenarten und wechselseitigen Beziehungen kennenzulernen, da der direkte Kontakt mit ihren Sprachen fehlt. So wird deren Kenntnis notwendigerweise rudimentär bleiben, wenn man nicht erkennt, daß auch die Umgangssprachen des Alltags, selbst da, wo dies nicht immer auf der Hand zu liegen scheint, aus der jeweiligen literarischen Tradition schöpfen.

Literaturgeschichtsschreibung hat in Italien seit Francesco De Sanctis eine erstaunliche Konjunktur. Dies hängt mit der traumatischen Erfahrung einer viele Jahrhunderte währenden Fremdherrschaft und weitreichender territorialer Zersplitterung zusammen: die pathetische und periodische Beschwörung der noch zu schaffenden Nationalsprache und Nationalliteratur sollte den besonders mühsamen politischen Einigungsprozeß fördern. Auch unter den italienischen Literaturwissenschaftlern des 20. Jahrhunderts hat fast jeder mit einem großen Namen (unter den jüngeren seien nur Alberto Asor Rosa und Giulio Ferroni erwähnt) seine eigene Geschichte der italienischen Literatur geschrieben, von den zahllosen Unternehmungen, bei denen eine Anzahl von Mitarbeitern einzelne Teile oder Bände verfassen, ganz abgesehen. Fremde Nationalliteraturen sind von dieser Tendenz nicht ausgenommen, wie etwa die mehrbändigen Geschichten der deutschen Literatur von Ladislao Mittner und der französischen von Giovanni Macchia belegen.[1]

In deutscher Sprache ist die italienische Literatur vergleichsweise nur selten und knapp dargestellt worden: von Karl Voßler (1900), von Rudolf Palgen (1949) und sehr schematisch und positivistisch von Gerhard Rohlfs im zweiten Teil seiner *Einführung in die Romanische Philologie* (1952). Angesichts dieser Situation hat der Francke Verlag (Tübingen/Basel 1992/93) das seit 1964 mehrfach aufgelegte und überarbeitete Kompendium *Storia dell'attività letteraria italiana* von Giuseppe Petronio in einer dreibändigen gestrafften deutschen Fassung publiziert. Eine durchaus erfreuliche Tatsache, die jedoch in gewisser Hinsicht auch ein Armutszeugnis für die deutschsprachige Romanistik darstellt. Wie um diesen Vorwurf zu entkräften, erschien zeitgleich bei Metzler (Stuttgart/Weimar 1992) eine *Italienische Literaturgeschichte*, die Volker Kapp unter Mitarbeit von Hans Felten, Frank-Rutger Hausmann, Franca Janowski, Rainer Stillers, Heinz Thoma, Hermann H. Wetzel herausgab und die der Verlag durch zahlreiche kleinformatige Bilder illustrierte.

Es spricht gewiß einiges dafür, die einzelnen Epochen beziehungsweise Jahrhunderte einer Nationalliteratur der spezifischen Kompetenz besonders qualifizierter Mitarbeiter anzuvertrauen. Vielleicht ist es angesichts meiner in den letzten dreieinhalb Jahrzehnten veröffentlichten Monographien zu verschiedenen Autoren und Werken wie zu einzelnen Gattungen und Epochen nicht gerade unverfroren, wenn ich eine so reichhaltige Literatur wie die italienische im Alleingang darstelle. Wer trotz aller berechtigten Vorbehalte an die Literaturgeschichtsschreibung als narrative Gattung glaubt, wird nichts dagegen einzuwenden haben, wenn der faszinierende Entwicklungsgang einer sich über Jahrhunderte artikulierenden Nationalliteratur nur einer einzelnen Erzählerstimme anvertraut wird.

Die italienische Literatur unterscheidet sich von allen anderen europäischen dadurch, daß ihr bedeutendster Dichter, Dante Alighieri, nur wenige Jahrzehnte, nachdem erste literarische Schöpfungen in der Volkssprache entstanden waren, geboren wurde. Dazu kommt, daß im Gegensatz zu den anderen großen europäischen Nationalsprachen in Italien die Zäsur zwischen Mittelalter und Gegenwart weniger markant ist. Die Sprachbarriere, die einen zeitgenössischen italienischen Leser von Boccaccios *Il Decamerone* (1348–1353) trennt, ist für diesen ungleich leichter zu bewältigen als diejenige eines englischen Zeitgenossen, der in den Genuß der einige Jahrzehnte nach dem Meisterwerk des Toskaners entstandenen *The Canterbury Tales* von Geoffrey Chaucer gelangen will. Dies hat zur Folge, daß die mittelalterliche Literatur Italiens nur wenig von ihrer Aktualität verloren hat und die Abtrennung einer neueren italienischen Literaturgeschichte von der mediävistischen angesichts der erstaunlichen Kontinuität ihrer Entwicklung die Tatsachen verfälschen würde.

Die Wirkungsgeschichte der italienischen Literatur nördlich der Alpen konnte in dem vorgegebenen Rahmen und Umfang nur in Ansätzen und zumeist nur in den knappen Anmerkungen vermittelt werden. Sie können vielleicht dessenungeachtet Anregung und Ermunterung zu eigener Lektüre und zur Integration bereits vorhandener Leseerfahrung sein. Wäre dies das Ergebnis der Konsultation dieser Literaturgeschichte, dann hätte sie ihren Zweck durchaus erfüllt.

Regensburg, im Mai 1994

Die Anfänge der italienischen Literatur

Die Vorgeschichte der romanischen Sprachen ist eng mit der Auflösung des römischen Weltreichs verbunden, in dessen verschiedenen Verwaltungszentren sich im Lauf der Jahrhunderte das Vulgärlatein herausbildete. Die eigentliche Demarkationslinie zwischen gallischer und italienischer Latinität bildete dabei der Apennin, da *Gallia cisalpina* mit *Gallia transalpina* durch das gleiche keltische Substrat aufs engste verbunden war.[2]

Das erste erhaltene offizielle Dokument in einer romanischen Sprache sind die *Straßburger Eide,* welche Karl der Kahle und Ludwig der Deutsche am 14. Februar 842 ablegten, Karl der Kahle in der *romana lingua*, Ludwig der Deutsche in der *teudisca lingua*, wie der bei dem Ereignis als Zeuge anwesende Neidhard in seiner *Historia* berichtet. Die *Straßburger Eide* besiegelten den Beistandspakt der beiden Stiefbrüder gegen den älteren Lothar, ebenfalls Sohn Ludwigs I. des Frommen. Dies war eine entscheidende Etappe auf dem Weg zur Auflösung des Karolingerreiches.

Erst für die sechziger Jahre des 10. Jahrhunderts lassen sich hingegen mit den im Kloster Montecassino aufbewahrten vier *placiti cassinesi* für die Apenninenhalbinsel schriftliche Zeugnisse der dort entstandenen zahllosen vulgärlateinischen Dialekte belegen. Die erhaltenen Dokumente klären Rechts- und Besitzverhältnisse weltlicher und geistlicher Herrschaft. Ihre historische Bedeutung reicht nicht im mindesten an die der *Straßburger Eide* heran.

In Frankreich entstand bereits um 1050 mit dem von einem rhetorisch gebildeten Autor in der *langue d'oïl* verfaßten *Alexius-Lied,* und mit dem *Chanson de Roland (Rolandslied,* um 1100) das nationale Heldenepos der Franzosen. Mit Wilhelm IX., Herzog von Aquitanien (1071–1126), begann die provenzalische Dichtung in der *langue d'oc,* deren Vertreter nach der

Zerschlagung der südfranzösischen Kulturzentren im Gefolge des Kreuzzugs gegen die Albigenser (1209–1229) zum Teil an norditalienischen Höfen eine Bleibe fanden. Die Sprachgrenze nach Frankreich war im 13. Jahrhundert nördlich des tosko-emilianischen Apennins noch weitgehend offen, wie die von Spielleuten in franko-venezianischer Mischsprache vorgetragenen Stoffe der Karls- und Artus-Epik, aber auch die auf provenzalisch verfaßten Dichtungen des 1269 verstorbenen Mantuaners Sordello da Goito belegen.

Der Anfang der italienischen Literatur läßt sich im Vergleich zum Nachbarland erst relativ spät, frühestens im 3. Jahrzehnt des 13. Jahrhunderts, ansetzen. Diese Verspätung hat vor allem in den Jahren der nationalen Einigung Italiens die Geister beunruhigt. Betroffen suchten einige patriotische Sprach- und Literaturwissenschaftler die ihnen beschämend erscheinende Tatsache zu vertuschen oder durch gewaltsame Datierungen zu korrigieren, daß Italien im 11. und 12. Jahrhundert keine nennenswerte Literatur in der Volkssprache besaß, und auch noch im 13. Jahrhundert ein Lyriker wie der Mantuaner Sordello nicht in der Sprache seiner Heimat, sondern in der *langue d'oc* der Provenzalen dichtete.

Ernst Robert Curtius hat in seinem grundlegenden Werk *Europäische Literatur und lateinisches Mittelalter* den frühen Beginn der französischen Literatur damit erklärt, daß Frankreich als Zentrum der Bildung und Dichtung, als Träger des *studium*, durch die Pflege der *artes liberales*, der freien Künste, vor allem von Grammatik und Rhetorik, und der *auctores*, der lateinischen Klassiker, in den Kathedralschulen ideale Bedingungen für die Entstehung einer volkssprachlichen Literatur besaß. Die Voraussetzung für diese Sonderstellung Frankreichs war nicht zuletzt das von Karl dem Großen initiierte Schulwesen, die trotz aller historischen Erschütterungen des 9. und 10. Jahrhunderts nicht ernstlich in Frage gestellt wurde.

In Italien hingegen, wo 1088 in Bologna die erste Universität gegründet worden war, blühten Jurisprudenz und Briefstil, während ein nennenswertes Studium der *auctores*, der lateinischen Poesie und Poetik, unterblieb.[3]

Johannes Haller stellte in seinem monumentalen Werk *Das Papsttum* (1962) Innozenz III. (1160 oder 1161–1216) als den Vollender der Idee geistlicher Weltherrschaft dar. Walther von der Vogelweide, Zeitgenosse des gebildeten Kirchenfürsten, beklagte hingegen dessen allzu große Jugend als eine Katastrophe für die Christenheit. In der Tat hat kaum ein Vorgänger und Nachfolger Innozenz' III. mit vergleichbarer Entschlossenheit den Ausbau des Kirchenstaats betrieben wie dieser juristisch versierte Stellvertreter Christi, *vicarius Christi*, wie er sich selbst bezeichnete. Seit dem Pontifikat Innozenz' III. erstreckte sich der Staat des Papstes quer durch Italien. Nicht weniger als das *patrimonium Petri* bereicherte und begünstigte der Unermüdliche freilich seine Angehörigen. Immerhin war es der in Rom, Paris und Bologna ausgebildete Innozenz III., der 1210 die erste Ordensregel des heiligen Franziskus anerkannte. Giotto hat mit seinen Schülern in der oberen Kirche von Assisi denjenen in die Legende eingegangenen Traum des Papstes dargestellt, in dem der Ordensgründer die zusammenstürzende Kirche mit seinen Schultern stützte.

Der am Evangelium inspirierte Glaubenseifer des Franziskus (eigtl. Giovanni Bernardone, 1181–1226), der sich an die „Armen im Geiste" und die Unterprivilegierten wandte, kann wenigstens zum Teil erklären, warum der Beginn der italienischen Dichtung mit den von dem Ordensstifter im umbrischen Dialekt seiner Heimat verfaßten *Laudes creaturarum*, bei uns als *Gesang der Geschöpfe* oder *Sonnengesang* bekannt geworden, angesetzt werden kann. Die von Laienbruderschaften (*laudesi*) gepflegte Gattung Lauda ist eine im Anschluß an die lateinische Liturgie vorgetragene, in der Volkssprache verfaßte Psalmenvariation.

Die eindringliche Wirkung des Ordensstifters ging aus von seiner radikalen Unterwerfung unter die Weisungen des Evangeliums und seinem wörtlich genommenen Dienst an der Kreatur. Aristokratische Kontemplation und Absonderung in der Tradition der Einsiedler waren nicht nach dem Sinn des Heiligen. Der Impetus, mit dem die neue Bewegung ihre Ideen vertrat, bildete eine der wesentlichen Grundlagen für das Entstehen einer volkssprachlichen Literatur in Italien. Die schmutzige Erscheinung des Franziskus, sein unschönes Gesicht und seine von Fasten und Askese gezeichnete Gestalt taten der Wirkung seiner Predigten keinen Abbruch. Es war schwer, sich seiner Ausstrahlung zu entziehen. Schon wenige Jahrzehnte nach dem Tod dieser einmaligen Persönlichkeit war ihre Vita von Legenden umrankt: Die um 1300 entstandenen *Actus beati Francisci et sociorum eius* wurden zwischen 1370 und 1390 von einem anonymen Toskaner, mutmaßlich einem Sienesen, unter dem Titel *I Fioretti di San Francesco (Die Blümlein des heiligen Franz)* in die Volkssprache übersetzt. Für das italienische Geistesleben blieb die von dem religiösen Sendungsbewußtsein des Heiligen aus Assisi bestimmte volkssprachliche Dichtung für lange Zeit eine seiner bedeutendsten Komponenten.

Die religiösen Erneuerungsbewegungen rissen im 13. Jahrhundert nicht mehr ab. In Florenz gründeten 1233 sieben (erst 1888 heiliggesprochene) Adlige den Servitenorden (Ordo Servorum Beatae Mariae Virginis). Gleichzeitig veranstalteten Angehörige des von Franziskus – und des kurz zuvor von Domenico di Guzmán gegründeten Dominikanerordens – ein Halleluja-Jahr, um mit Bittprozessionen den Frieden zwischen Guelfen und Ghibellinen zu erflehen. Die religiösen Unruhen erlebten dann 1260 in der Geißlerbewegung der Flagellanten einen neuen Höhepunkt, da für dieses Jahr von dem kalabresischen Mönch Joachim von Fiore (ca. 1130–1202) der Beginn eines vom Heiligen Geist beherrschten Zeitalters vorausgesagt worden war.

Die sizilianische Dichterschule

Kurz nach dem Beginn der vor allem in Umbrien nachweisbaren volkssprachlichen religiösen Dichtung der Franziskaner und ihrer Anhänger entstand am straff zentralistisch organisierten, aber keinesfalls ortsgebundenen Hof des Staufenkaisers Friedrich II., eines von keiner Autoritätsgläubigkeit eingeschränkten und in mancher Hinsicht geradezu modern anmutenden Herrschers, die sizilianische Dichterschule. Ihre Vertreter, zumeist juristisch gebildete Beamte, übertrugen mit Billigung und unter persönlicher Beteiligung des Monarchen Themen und Formen der auch in Italien verbreiteten provenzalischen Dichtung in die Landessprache, und zwar in eine von dialektalen Komponenten möglichst gereinigte Form, wie es Vertretern der kaiserlichen Kanzlei, der *magna curia*, zukam. Die Sizilianer enthielten sich, im Gegensatz zu den provenzalischen Trobadors und zu den deutschen Minnesängern, jeder Form politischen Engagements, wie es sich etwa in Südfrankreich im Sirventes artikulierte. Auch stilisierte Volksdichtung wie die Pastorelle wurde nicht gepflegt.

Typisch für die sizilianische Dichterschule ist das Gedicht *Farò come l'augello* Friedrichs II., in welchem dem lyrischen Ich bei seinem Liebesdienst jede Hoffnung auf Erfüllung versagt bleibt. Realitätsferne Abstraktion, Monotonie der Thematik und aulische Sprache kennzeichnen diese erste auf dem Boden Italiens im Dienst eines strengen Kunstwollens entstandene Lyrik.

Aller Wahrscheinlichkeit nach wurde von dem „Notar" Giacomo da Lentini, dem bedeutendsten Vertreter der sizilianischen Dichterschule, mit dem Sonett eine Gedichtform erfunden, die dann von Petrarca zur Vollkommenheit entwickelt und später allerorten nachgeahmt wurde. Es handelte sich dabei um eine Gattung, die im Lauf ihrer Jahrhunderte währenden Geschichte in gleicher Weise für die Behandlung hoher und niedriger Thematik, sowohl als Preis- wie als Schmähgedicht, Verwendung fand. Die ebenfalls von den Vertretern der sizilianischen Dichterschule gepflegte und der provenzalischen *cansò* nachgeahmte Kanzone blieb hingegen ausschließlich der hohen Stillage vorbehalten.

Die Lyrik der Sizilianer wurde gesammelt und vorwiegend von toskanischen Kopisten transkribiert. Das Schicksal der Staufer in Italien aber wurde nach dem Tod Friedrichs II. (1250) mit dem Sieg des mit dem Papst verbündeten Karl von Anjou über Manfred, den Sohn des Kaisers, bei Benevent

(1266) und mit der Hinrichtung von dessen Neffen Konradin in Neapel (1268) endgültig besiegelt.

Die italienische Geschichte der Jahrhundertmitte ist geprägt durch die Auseinandersetzungen zwischen Anhängern des Papstes und des Kaisers, zwischen Guelfen und Ghibellinen, in deren Verlauf sich nicht nur zahllose Städte, sondern auch die führenden Geschlechter innerhalb der Kommunen bekriegten.

Die Sikulo-Toskaner

Die herausragende Persönlichkeit der neuen Dichtergeneration der sikulo-toskanischen Lyriker, war Guittone d'Arezzo (ca. 1235–1294), ein engagierter Vertreter der konservativen Guelfen seiner Heimatstadt. Als solcher war er zeitweise in die dortigen Parteikämpfe verstrickt und zur Emigration gezwungen. Entsprechend blieb seine Lyrik nicht auf Liebesdichtung in der Nachfolge der Sizilianer beschränkt. Mit seiner wohl berühmtesten Kanzone *Ahi lasso or è stagion de doler tanto (Ach weh, jetzt ist die Zeit zu großem Klagen)* nahm er zur Niederlage der Florentiner Guelfen bei der Schlacht von Montaperti (1260) Stellung.

Guittone trat in der Mitte der sechziger Jahre in den Ordine dei Cavalieri di Santa Maria (Orden der „Ritter der Jungfrau Maria") ein, der Franziskanerkongregation der *frati gaudenti*, die, um Beilegung der Parteienkonflikte bemüht, sich bereits von den strengen asketischen Idealen des Ordensgründers entfernt hatten. Experimentierfreude auf formalem Gebiet wie rastlose Tätigkeit im politischen Bereich kennzeichnen die Persönlichkeit Guittones, der Dichtung nicht als eine von einer abseitigen und elitären Minderheit ausgeübte Tätigkeit betrachtete, sondern als einen moralischen Auftrag, den es unter Einsatz der ganzen Persönlichkeit wahrzunehmen galt, wie auch seine in der Volkssprache verfaßten *Lettere (Briefe)* zeigen.

Neben Guittone d'Arezzo und dem in Lucca beheimateten Bonagiunta Orbicciani war der Florentiner Chiaro Davanzati, von dem einige Dutzend Kanzonen und mehr als hundert Sonette erhalten sind, mit Abstand der produktivste Sikulo-Toskaner. Auch er beschwor in einer Kanzone die Niederlage von Montaperti: *Ahi dolze e gaia terra fiorentina (Ach, süßes, frohes Land der Florentiner).*

Für die nachfolgende Dichtergeneration wurde Guido Guinizelli (ca. 1240– ca. 1276) aus Bologna die Brücke zwischen der vorausgehenden provenzalisch-sizilianischen beziehungsweise sikulo-toskanischen Dichtung und dem *dolce stil nuovo*, dem „süßen neuen Stil", als dessen Urheber ihn Dante im XXVII. Gesang des Purgatorio apostrophiert.

Guinizelli ist Verfasser jener Kanzone *Al cor gentil rempaira sempre amore,* deren erste Strophe hier eingefügt sei:

> In einem edlen Herzen findet Amor
> stets Zuflucht, wie im Laub des Walds der Vogel;
> nicht schuf Natur die Minne vor dem Herzen
> noch's edle Herz, bevor sie schuf die Minne,
> und kaum entstand die Sonne,
> da leuchtete bereits ihr Strahlenkleid,
> jedoch nicht vor der Sonne;
> und Minne wohnt in einem edlen Herzen
> genauso selbstverständlich
> wie Hitze in der Helligkeit des Feuers.[4]

Die Kanzone kann als Manifest eines neuen Lyrikverständnisses angesehen werden. Im Mittelpunkt des Gedichts steht die Gleichsetzung von Amor und Seelenadel *(gentilezza),* welche es dem lyrischen Ich möglich machen wird, dereinst vor Gott den Dienst an seiner irdischen Herrin damit zu rechtfertigen, daß diese einem Engel aus dem Himmelreich geglichen habe.

Nach Bologna, dessen Stellung als geistiges Zentrum im 13. Jahrhundert nicht hoch genug veranschlagt werden kann, fand der *dolce stil nuovo* seine bedeutendsten Vertreter in Florenz in einer Gruppe junger Intellektueller, deren herausragende Vertreter Guido Cavalcanti (vor 1260–1300), Dante Alighieri (1265–1321), Lapo Gianni, Dino Frescobaldi (nach 1271–1360) und Cino da Pistoia (ca. 1265–1336) waren.

Das 19. Jahrhundert hatte die Aussagen Dantes und seiner Freunde noch als biographisch festzumachende Erlebnisdichtung interpretiert. Heute wird nicht mehr bestritten, daß es sich bei der Lyrik der *stilnovisti* um das intellektuelle Spiel einer Gruppe handelte. Der Spielcharakter tut jedoch dem hohen Ernst dieser Poesie keinen Abbruch. Sie wurde als Kult zelebriert, dessen Phasen im wesentlichen zwar festgelegt waren, jedoch vielfältig variiert wurden. Der von Amor Überwältigte klagt über die Unnahbarkeit der Herrin, kostet aber den dadurch verursachten Schmerz aus: „Das Liebesritual des dolce stil novo wählt oder schafft Urformen, welche Urformen der nachantiken Seele waren oder von nun an werden: sakrales Verehren, Beseligung, Scheu und Furcht als Folge einer numinos empfundenen Schönheit, Veredelung, auch Veredelung des Todes durch seine Nähe zur Liebe. Doch fließt das alles aus einer absoluten Geistigkeit, die, was sie als Inhalt braucht, selber hervorbringt und nicht aus dem empirischen Leben holt." [5]

Guido Cavalcanti hat die Erschütterung durch die Erscheinung der Herrin, das tödliche Erschrecken angesichts ihrer lichtvollen Gestalt mit einer Jahrhunderte überdauernden Gültigkeit beschrieben, wie etwa in jenem Sonett, das mit der von Betroffenheit zeugenden Frage einsetzt:

> Chi è questa che vèn, ch'ogn'om la mira,
> che fa tremar di claritate l'âre
> e mena seco Amor sí che parlare
> null'omo pote, ma ciascun sospira?

> Wer ist sie, daß ein jeder nach ihr schaut
> Und daß von ihrem Licht die Luft erbebt
> Und Amor bei ihr ist, daß auch nicht einer
> Mehr sprechen kann und jeder nur erseufzt? [6]

Anklänge an die Tradition religiöser Dichtung, in denen die Erscheinung Christi oder Marias mit ähnlichen Fragen gefeiert wird („Quis est iste qui venit?" oder „Quae est ista quae ascendit?"), sind unüberhörbar.

Mit dem etwa fünfzehn Jahre vor seinem Freund Dante in Florenz geborenen Guido Cavalcanti hatte die italienische Lyrik einen ersten Höhepunkt erreicht. *Amor gentile* als Kontrast zu *amor vile* wird von diesen die Analyse seelischer Zustände erstrebenden Intellektuellen zum Kristallisationspunkt einer Minneauffassung, die in einigen ihrer Aspekte nur auf der Grundlage scholastischer Theologie angemessen zu deuten ist.

Elf seiner Gedichte verfaßte Cavalcanti in der Form der *ballata.* Diese im wesentlichen durch Siebenzeiler gekennzeichnete Gattung büßt bei dem zur Spekulation neigenden Temperament dieses Dichters viel von ihrer Leichtigkeit ein.[7]

Die Stilnovisten sind in sozialer Hinsicht Vertreter einer Schicht zwischen den Schichten, die sich von den frühkapitalistischen Bürgerkreisen absonderte, ohne deshalb eine Integration in den Geburtsadel zu erstreben. Adel ist für Cavalcanti und seine Freunde nicht eine Angelegenheit der Geburt, sondern gründet in der *virtus* des einzelnen, in dem liebenden und geläuterten Empfinden eines edlen Herzens, eines *cor gentil.*[8]

Die komisch-realistische Dichtung

In scheinbar krassem Gegensatz zum *dolce stil nuovo* steht die komisch-realistische Dichtung des 13. Jahrhunderts, die *poesia giocosa* oder *poesia burlesca*, wie sie von der italienischen Literaturwissenschaft bezeichnet wird. Sie wirkt wie die Kontrafaktur zu der hohen Stillage der unmittelbaren Vorgänger und Zeitgenossen Dantes. Die Ausdrucksweise der komisch-realistischen Dichtung ist umgangssprachlich und schreckt vor derben Wendungen nicht zurück. Wegen seiner Kürze und Pointenhaftigkeit bevorzugen ihre Vertreter unter den lyrischen Gattungen das Sonett. Die Verfasser solcher Verse können sehr wohl mit denen von Dichtung im süßen neuen Stil identisch sein, wie etwa die berühmte Tenzone, der Austausch von je drei Schmähsonetten zwischen Dante und seinem den Schwarzen Guelfen zuzuzählenden fernen Verwandten Forese Donati (ca. 1250–1296), belegt. In der Regel handelt es sich bei diesen wegen ihrer unverblümten Aussagen scheinbar wirklichkeitsbezogenen Gedichten lediglich um das Ergebnis literarischen Spiels, von dem ja auch der *dolce stil nuovo* und die Lyrik der klassisch gebildeten Goliarden geprägt ist. Angesprochenes Publikum waren zunächst die jugendlich ausgelassenen *brigate*, denen die komisch-realistischen Dichter selbst angehörten.

Neben dem Florentiner Rustico di Filippo (ca. 1230–1300) und Folgore da San Gimignano (ca. 1270–1330) war es vor allem der Sienese Cecco Angiolieri (ca. 1260–1313), der für die romantische Literaturgeschichtsschreibung den Ruf dieser Dichter als *poètes maudits* begründete, so etwa mit dem berühmten Sonett *S'i'fosse foco, arderei 'l mondo (Wär' ich das Feuer, würde ich die Welt verbrennen)*, aber auch mit seinen Gedichten um die liederliche Becchina, die sich stellenweise wie eine Parodie auf Dantes *Vita nuova* lesen.

Die volgarizzamenti

Seit der Mitte des 13. Jahrhunderts wurden aus den Ausgangssprachen Französisch und Latein zahlreiche Übersetzungen ins Italienische angefertigt. Ihre Eigenart wird durch den Terminus *volgarizzare* (in der Volkssprache wiedergeben) am angemessensten ausgedrückt, handelte es sich dabei doch nicht um Übersetzungen im heutigen Wortsinn (der Ausdruck *tradurre* war dem 13. und 14. Jahrhundert noch unbekannt). In den *volgarizzamenti* wurden die Vorlagen ohne philologische Skrupel paraphrasiert, kombiniert und kommentiert. Man übertrug für die Stadtbürger die beliebten Stoffe der mittelalterlichen Epik Frankreichs, wie etwa im nach der Florentiner Biblioteca Riccardiana benannten *Tristano Riccardiano*, einer besonders archaischen Prosaversion des *Roman de Tristan*.[9]

Dantes ghibellinischer Lehrer Brunetto Latini (ca. 1220–1294) übertrug seinerseits die während seines französischen Exils auf der Grundlage eines Aristoteles-Kompendiums entstandene Prosa-Enzyklopädie *Li livres dou trésor* in die in siebensilbigen Distichen und im Toskanischen seiner Heimat verfaßte unvollendete Lehrdichtung *Tesoretto*. Die *volgarizzatori* gehörten, sieht man einmal von dem ersten unter ihnen, dem in der *ars dictandi* bewanderten Rhetoriklehrer Guido Faba (auch Fava, vor 1190–1243) aus Bologna ab (seine *Parlamenta et epi-*

stole von 1242/43 wurden jahrzehntelang als Musterprosa in der Volkssprache bewundert), in der Regel dem Berufsstand der Richter und Notare an. Vorwiegender Zweck dieser Texte war es, dem Bürgertum das Bildungspotential der Intellektuellen zugänglich zu machen.[10]

Iacopone da Todi

Die franziskanische Bewegung spielte in den letzten Jahrzehnten des 13. Jahrhunderts in der Person des Iacopone da Todi (eigtl. Iacopo dei Benedetti, ca. 1230–1306) noch einmal eine tragende Rolle in der jungen volkssprachlichen Literatur. Der lückenhaften Überlieferung zufolge war der wohlhabende junge Aristokrat zunächst wohl als Notar tätig und trat nach dem plötzlichen Tod seiner Frau in den Franziskanerorden ein. Hier schloß er sich der radikalen und kompromißlosen Strömung der Spiritualen an, die im Einvernehmen und mit Unterstützung der mächtigen römischen Familie Colonna Papst Bonifaz VIII. für abgesetzt erklärten und sich in Palestrina verschanzten, als dieser die rebellischen Kontrahenten zu eliminieren versuchte. Als die Festung erobert wurde, geriet Iacopone in Gefangenschaft und blieb bis zum Tod seines Widersachers im Jahre 1303 eingekerkert. Es kennzeichnet die polemische Intransigenz dieser streitbaren Persönlichkeit, daß er den Papst auch aus seinem elenden Verlies heraus in leidenschaftlichen Invektiven verhöhnte und anprangerte.

Als Laudendichter nimmt Iacopone eine Sonderstellung ein, da die von ihm verfaßten Gedichte in Balladenform nicht für die Laienbruderschaften, sondern für seine Ordensbrüder niedergeschrieben wurden. Iacopone (vieles spricht dafür, daß er auch Verfasser der Sequenz *Stabat mater* ist) verteilt in seiner berühmten Lauda *Donna de paradiso* das im Mittelpunkt stehende Ereignis der Gefangennahme Christi auf mehrere Sprecher: Ein Bote unterrichtet Maria von der Gefangennahme ihres Sohnes, diese wendet sich ihrerseits um Hilfe an Pilatus, Zwischenrufe werden laut, neue Unglückskunde trifft ein. Die hier im Wort inszenierte Passion Christi erhält durch das Versmaß des Doppelseptenars und durch die Reimhäufung ein atemberaubendes Tempo. Die Verknappung der Syntax hat eine geradezu expressionistische Virulenz zur Folge. *Donna de paradiso* ist das erste Beispiel einer dramatisierten Lauda. Sie steht damit am Beginn des volkssprachlichen Theaters in Italien.

Il Novellino

Eine der Keimzellen der europäischen Novellistik (erinnert sei nur an die berühmte *Ringparabel*) ist der anonyme *Novellino*, den die ersten Herausgeber unter dem Titel *Le ciento novelle antike* oder *Libro di Novelle et di bel parlar gentile* veröffentlichten. Allzuoft ist *Das Buch der hundert alten Novellen* lediglich als Quelle von Boccaccios berühmtem *Decamerone* gewürdigt worden. Dabei stellt der knappe, parataktische, auf jede Ausschmückung verzichtende Stil dieser zwischen 1280 und 1300 in Florenz kompilierten, aber nicht ausschließlich dort entstandenen Geschichtensammlung in gewisser Hinsicht die originellste italienische Prosa des 13. Jahrhunderts dar. Die zahlreichen Novellen, die häufig in einer witzigen Pointe gipfeln, mit welcher sich der Sprecher aus einer gefährlichen oder bedenklichen Situation rettet, lassen bei aller lockeren Anordnung durchaus einen thematischen Schwerpunkt erkennen. Im *Novellino* artikuliert sich unüberhörbar das Selbstverständnis und Selbstbewußtsein des aufsteigenden Kaufmannsstands, dem es darum geht, sich gegebenenfalls schlagfertig aus der Affäre zu ziehen, und der sich mit wendiger Anpassungsfähigkeit auf den internationalen Kommunikationswegen und in den Handelszentren der damals bekannten Welt zu bewegen versteht.[11]

Il Milione

Der berühmteste Reisende des 13. Jahrhunderts ist wohl der Venezianer Marco Polo (1254–1324), der siebzehnjährig seinen

Vater und Onkel auf einer Handelsexpedition begleitete, die ihn bis an den Hof Kublai Khans, des Herrschers über Mongolen und Tartaren, nach Kambaluk (Peking) führte. Dieser machte den jungen Kaufmann zu seinem Vertrauten und übertrug ihm zahlreiche Missionen in die entlegenen Provinzen seines Riesenreichs. Die Rückreise Marcos nach Venedig erfolgte über Indien und Persien. Er traf dort 1295 wieder ein. Drei Jahre danach geriet der Weitgereiste in der Seeschlacht bei Curzola in genuesische Gefangenschaft, in deren Verlauf er seinem Mithäftling Rustichello da Pisa, einem als Kompilator von Ritterromanen bekannt gewordenen Literaten, seinen später unter dem Titel *Il Milione (Der Milione)* veröffentlichten Lebensbericht diktierte. Das Buch ist besonders dort auf nüchterne Faktentreue bedacht, wo Marco die von ihm besuchten Länder beschreibt. Märchenhaft wird es nur dann, wenn der Venezianer Gebiete (wie etwa Japan) schildert, die er nicht selbst bereist und nur aus Erzählungen kennengelernt hat. Rustichello redigierte den Bericht unter dem Titel *Le Livre de Marco Polo citoyen de Venise, dit Milion, Où l'on conte les merveilles du monde (Das Buch des Marco Polo, Bürger aus Venedig, genannt Milione, worin von den Wundern der Welt berichtet wird)* in einem mit italienisierenden Formen durchsetzten Französisch, in der *langue d'oïl.* Die exakten Beobachtungen des *Milione* sind ein früher Beleg für jene dann in den folgenden Jahrhunderten von italienischen Kaufleuten (besonders Toskanern) verfaßte Memoirenliteratur, die darauf angelegt war, Familien- bzw. Standesangehörigen den Schatz erworbener Lebenserfahrung weiterzugeben.

Dante Alighieri

Nur wenige Jahrzehnte, nachdem in Italien erste Lyrik und Prosa in der Volkssprache entstanden waren, wurde der größte Dichter des Landes geboren. Beheimatet war Dante Alighieri

(1265–1321) in Florenz. Der von Konrad III. geadelte und auf dem zweiten Kreuzzug ums Leben gekommene Cacciaguida wird von dem Dichter in der *Divina Commedia* als Urahn seines Geschlechts gefeiert. Dantes Vater freilich lebte von Maklergeschäften und Geldwechsel. Die Familie des Dichters gehörte zwar dem Adel an, besaß aber keinerlei politischen Einfluß.

Die Kindheit und Jugend Dantes wurde von den politischen Zwistigkeiten und regionalen Kriegen seiner Heimatstadt geprägt, wenn auch der Familie Alighieri wegen ihres geringen politischen Gewichts dramatische Eingriffe in die Privatsphäre erspart blieben. Der zwölfjährige Dante wurde mit Gemma Donati verlobt, die der künftige Dichter etwa 1285 geheiratet haben dürfte. Der Heranwachsende erhielt eine gediegene Ausbildung in den sieben freien Künsten, studierte aller Wahrscheinlichkeit nach vorübergehend Jura in Bologna, knüpfte Kontakte zu den Dichtern des *dolce stil nuovo* und nahm wiederholt an den kriegerischen Auseinandersetzungen seiner Heimatstadt Florenz mit den benachbarten Territorien teil.

In den florentinischen Ordensschulen der Franziskaner von Santa Croce und der Dominikaner von Santa Maria Novella studierte Dante Grammatik und Philosophie. Zudem besuchte er Rhetorikkurse bei dem einflußreichen Guelfen Brunetto Latini, Cicero-Kommentator und Übersetzer, bevor er 1287 nach Bologna ging.

Erste Werke Dantes waren neben verstreuten *Rime* die ihm heute allgemein zugeschriebene Dichtung *Il Fiore (Die Blume)*, eine Paraphrase des französischen *Roman de la Rose* in 232 Sonetten, und der *Detto d'Amore*, eine Abhandlung in Versform über die höfische Liebe.

La vita nuova (Das neue Leben), vermutlich 1293/94 geschrieben, erzählt von der Liebe des Dichters zu Beatrice und von deren Tod. Gegenstand des Werks ist dabei die sittliche und moralische Erneuerung des Lebens nach Verfehlungen und Wirrungen, welche den Unmut der geliebten Frau auslösen und damit die Umkehr des Liebenden einleiten. Mehrfach ist daher mit guten Gründen von einer *Legenda Sanctae Beatricis* gesprochen worden.

Die *Vita nuova* versammelt 31 in den vorausgegangenen Jahren entstandene Gedichte, die durch Zwischentexte in Prosa kommentiert werden. Diese prosometrische Form hatte bereits Boëthius in seinem Werk *De consolatione philosophiae* angewandt. Vor allem jedoch erinnert das Verfahren an die *razos*, die (pseudo-)biographischen Zwischentexte, mit welchen die Gedichtsammlungen der Provenzalen von ihren Kompilatoren erläutert wurden. Ein autobiographischer Bezug zu Dantes tatsächlichem Leben wurde in der Person der Bice di Folco Portinari ausfindig gemacht, die nach kurzer Ehe mit dem Florentiner Simone de'Bardi 1290 verstarb.

Auffällig ist in diesem frühen Werk die Bedeutung der Zahlen Drei und Neun, deren Symbolgehalt bereits auf die *Divina Commedia* vorausweist, handelt es sich doch, wie der Verfasser der *Vita nuova* im 29. Kapitel des Werks ausdrücklich hervorhebt, um die Zahlen der heiligen Dreifaltigkeit und der neun beweglichen Himmelssphären. Mit neun Jahren begegnet Dante zum ersten Mal Beatrice, mit achtzehn sieht er sie wieder.

Zentral sind in der *Vita nuova* neben den allegorischen und symbolischen Bezügen wiederholte Visionen, vom anfänglichen Traumgesicht, in dem Amor der *donna della salute*, der Frau des Heils, das Herz des Liebenden als Speise reicht, bis zur Schlußvision, als der Dichter angewiesen wird, von der seligen Beatrice erst dann wieder zu sprechen, wenn er hinreichend dafür vorbereitet sei.

In die Jahre nach der Abfassung der *Vita nuova* fällt Dantes politische Laufbahn. Um in einer Phase der Volksherrschaft am politischen Leben seiner Heimat partizipieren zu können (Adligen war der Zugang zu öffentlichen Ämtern verwehrt), wurde der Dichter Mitglied der Apotheker- und Ärztezunft, der einzigen eines Intellektuellen nicht unwürdigen *corporazione*. Bei den innerparteilichen Auseinandersetzungen zwischen den Schwarzen und Weißen Guelfen schloß er sich letzteren an. Er bezog dezidiert Stellung gegen Bonifaz VIII., der die gesamte

Toskana seinem Einflußbereich zu unterwerfen wünschte und sich zu diesem Zweck mit dem französischen König Philipp dem Schönen verband, dessen Bruder Karl von Valois am 1. November 1301 in Florenz einzog. Dante erhielt Kenntnis von dem Umsturz, während er als Mitglied einer diplomatischen Mission in Rom weilte. Die politischen Veränderungen zwangen ihn zum Exil. Bald überwarf er sich auch mit den untereinander zerstrittenen emigrierten ehemaligen Parteifreunden, wurde schließlich von den Schwarzen Guelfen in Abwesenheit zum Tod verurteilt und fand in den Jahren bis zu seinem Tod Unterschlupf an verschiedenen Höfen.

Zwischen 1304 und 1307 entstand das unvollendete Werk *Il Convivio (Das Gastmahl)*. Der Verfasser lädt hier zu einem Bankett ein, bei dem neben den als „Speisen" bezeichneten Kanzonen auch das „Brot" der Kommentare aufgetragen werde. Ausgeführt sind allerdings neben dem Einleitungskapitel nur drei Kommentare zu drei Kanzonen von den zunächst vorgesehenen jeweils vierzehn. Dante stellte sich auch hier bewußt in die Nachfolge des Boëthius. Er erweist sich als ein Autor, dem es darum geht, durch Verwendung der Volkssprache philosophische Diskussionen der Zeit auch jenen zugänglich zu machen, welche des Lateins nicht mächtig waren. Bereits hier vertritt er die von seinen Zeitgenossen Friedrich II. zugeschriebene Äußerung, das Individuum adle das Geschlecht, dem es entstamme, und nicht umgekehrt die Sippe den einzelnen. Er fordert eine weltumspannende Universalmonarchie als unerläßliche Grundlage für ein gedeihliches Zusammenleben und weist nachdrücklich auf die Bedeutung der Volkssprache für die Menschen hin, die, verglichen mit der spiritualisierten Sprache der *Vita nuova*, nun in den Prosateilen auch vor deftiger und rücksichtsloser Polemik nicht zurückschreckt, wie seine polemischen Ausfälle gegen die wiederholt als *bestie* beschimpften geistigen Widersacher belegen. Hierbei handelt es sich nicht mehr um das literarische Spiel der komisch-realistischen Dichtung seiner frühen Jahre, sondern um die Erbitterung eines in Verbannung und Elend Lebenden.

In *De vulgari eloquentia (Über die Ausdruckskraft der*

Volkssprache), der ersten engagierten sprach- und literarhistorischen Abhandlung der italienischen Literatur, wendet sich Dante an die Gelehrten. Die Abhandlung ist daher auf Lateinisch verfaßt (eine von Gian Giorgio Trissino verfertigte Übersetzung erschien 1529 im Druck) und bricht mitten im zweiten Buch ab (vermutlich sollte sie deren vier umfassen).

Dante unterscheidet zwei Sprachtypen, einen natürlichen, dem Wandel unterliegenden Typus, welchen die Kinder bereits von ihren Ammen lernen, das *vulgare*, und einen sich gleichbleibenden, welchen die Römer *grammatica* nannten. Gemeint ist damit das Latein, in seiner Auffassung ausschließlich das Ergebnis reiner Konvention.

Dante unterscheidet drei europäische Sprachgruppen, das Griechische, die von ihm nach der Bejahungspartikel gekennzeichneten germanischen und slawischen *io*-Sprachen und die Idiome der Romanen, die sich wieder dreiteilen, da sie sich in die *oc*-, die *oïl*- und *sì*-Sprachen verzweigen. Angesichts der Vielfalt der in Italien gesprochenen Dialekte fordert Dante eine die regionalen Unterschiede übergreifende Volkssprache, ein *vulgare latium*, das sowohl erlaucht *(illustre)*, maßgebend *(cardinale)*, für den Hof geeignet *(aulicum)* und als Kanzleisprache *(curiale)* verwendbar sein müsse. Die Abhandlung steht damit am Beginn der *questione della lingua*, jener bis in unsere Tage hinein in Italien immer wieder leidenschaftlich diskutierten brisanten Frage nach dem richtigen Sprachgebrauch.

Im unvollendeten zweiten Buch seiner Schrift *De vulgari eloquentia* unternimmt Dante unter Anführung konkreter Beispiele eine wertende Darstellung der vorausgehenden lyrischen Dichtung, die aus seiner Sicht Pilotfunktion für die Prosa haben müsse. Er unterscheidet drei Stilebenen, die tragische (der er die Kanzone zuzählt), die komische und die elegische, und zeichnet den *endecasillabo*, den Elfsilber, unter allen anderen Versen aus.

Unter den insgesamt 37 ausdrücklich oder doch unmißverständlich in *De vulgari eloquentia* erwähnten Gedichten machte die Lyrik der Provenzalen (nur zwei nordfranzösische Gedichte werden aufgeführt) neben den acht eigenen nahezu die

Hälfte seines Gedichtkorpus aus. Die Urteile Dantes sind nicht selten parteiisch: so lehnt er etwa den als Meister rhetorischer Formen vielbewunderten Guittone d'Arezzo entschieden als zu plebejisch ab.

Die ebenfalls lateinisch geschriebene Kampfschrift über die Monarchie, *De monarchia*, wird zumeist mit der Krönung Heinrichs VII. in Mailand (1312) und seinem überraschenden Tod in Buonconvento (1313) in Verbindung gebracht. Dante, der inzwischen ghibellinische Positionen bezog, tritt in der *Monarchia* für eine klare Gewaltenteilung zwischen Kaiser und Papst ein, da sie beide unmittelbar von Gott eingesetzt seien, und brandmarkt daher auch die (von dem Humanisten Lorenzo Valla 1440 als Fälschung erkannte) sogenannte Konstantinische Schenkung als illegitim. Ein Jahr nach der Kaiserkrönung von Ludwig dem Bayern in Rom (1328) wurde die Schrift von der Kirche verurteilt, die sie dann bis 1881 in der Liste verbotener Bücher führte. Nicht von ungefähr wurde daher die *Monarchia* 1559 zum ersten Mal nach der Reformation als antipapistische Kampfschrift in Basel gedruckt.

Dante dürfte mit der Arbeit an seiner *Divina Commedia* (oder *La Comedia*) zwischen 1306 und 1307 begonnen haben. Bereits der ausführliche Titel des Werks enthält eine Abrechnung mit den korrupten Sitten seiner Heimatstadt: *Incipit Comedia Dantis Alagherii, florentini natione, non moribus.* Es beginnt die Comedia Dante Alighieris, eines Florentiners, was seine Herkunt, nicht was seine Sitten anbelangt. Die Gattungsbezeichnung *comedia* ist der Schultradition der mittelalterlichen Poetik entnommen, wonach eine Dichtung als Komödie bezeichnet wird, wenn sie in einer Volkssprache verfaßt ist, einen guten Ausgang nimmt und sich vom hohen Stilniveau der Tragödie unterscheidet. Es ist Charakteristikum von Dantes *Comedia*, daß sie sich aufgrund ihrer Stilmischung nicht in das Korsett der drei von den Schulpoetikern festgesetzten stilistischen Ebenen zwingen läßt, eine Tatsache, die die Kommentatoren schon bald in ihre Überlegungen mit einbezogen. Der Titel *comedia* wurde bereits von Boccaccio mit dem erläuternden Adjektiv *divina* versehen und erschien dann in einer venezianischen Ausgabe von 1555 auch im Druck: *La Divina Commedia di Dante.*

Das sechste in der Unterwelt spielende Buch der *Aeneis* ist, wie der Jenseitswanderer Dante dem ihm begleitenden Vergil versichert, neben dem Aufstieg des Apostels Paulus in den dritten Himmel Urbild und Legitimation für die der *Comedia* zugrundeliegende Vision. Nach einem einleitenden Gesang *(canto)* werden die Jenseitsreiche Inferno, Purgatorio, Paradiso in drei *cantiche* zu je 33 Gesängen abgehandelt.

Die *comedia* ist also noch mehr als die *Vita nuova* eine bis in letzte Einzelheiten durch Zahlenpoetik geprägte dichterische Komposition. Der Drei kommt dabei als Symbol der Trinität eine entscheidende Rolle zu; es ist daher nur logisch, daß Luzifer als deren Zerrbild drei Köpfe hat und in seinen Mäulern die drei Verräter Judas, Brutus und Cassius zermalmt. Die Terzine, eine von Dante geschaffene Strophenform, ist ein weiterer Hinweis auf die Bedeutung dieser Zahl in der Architektur seines Werks. Verschlüsselter ist die Verwendung von Gematrien, also die Umsetzung der Buchstaben eines Worts oder Namens in Zahlenwerte (Hardt), die für den Eingeweihten die tragende Funktion numerischer Komponenten zusätzlich unterstreichen. Die Zahl der Beatrice ist neben der Drei die Neun. Sie, die „selige und schöne Frau“ ist es, die in göttlichem Auftrag zum Limbus herabsteigt und Vergil die himmlische Botschaft überbringt, den Freund ihrer Jugend bis zu jenem Punkt durch die Jenseitsreiche zu geleiten, den zu überschreiten dem hochverehrten heidnischen Dichter nicht gestattet ist und von dem an sie ihn ablösen wird.

Die unerbittliche, in der Ewigkeit gründende Rechtsmetaphysik der *Göttlichen Komödie* (Friedrich) läßt keine Ausnahmen zu. Die drei Jenseitsreiche bringen diesen christlich umgedeuteten ptolemäischen Kosmos der moralischen Ordnung zusätzlich ins Bild. Danach ruht die Erdkugel mitten in der Weltkugel. Um die Erde drehen sich neun Himmel: die sieben Himmel der Planeten Mond, Merkur, Venus, Sonne, Mars, Jupiter, Saturn, der Fixsternhimmel und der Kristallhimmel oder Primum mobile, das den übrigen Sphären ihre Bewegung mitteilt. Das Ganze wird vom Empyreum, dem raum- und zeitentrückten Sitz Gottes, umschlossen.

Hölle und Läuterungsberg liegen im irdischen Bereich. Als Luzifer vom Himmel gestürzt wurde, drang er nach seinem Aufprall auf der südlichen Erdhalbkugel bis zum Erdmittelpunkt ein. Die südlichen Erdmassen zogen sich bei der Annäherung des Gestürzten entsetzt bis zur nördlichen Hemisphäre zurück, die infolge des Aufschlags verdrängten Erdmassen wurden auf der südlichen Halbkugel ausgetrieben und bildeten dort den Läuterungsberg.

Alle Jenseitsreiche sind bevölkert von Verstorbenen, denen durch göttlichen Richterspruch ihr Platz zugewiesen wurde. Die unerbittliche und unwiderrufliche Entscheidung läßt persönlichen Ressentiments oder Sympathien des Dichters keinen Raum: So wird die von ihrem eifersüchtigen Ehemann ermordete Francesca da Rimini auf ewige Zeiten von den Stürmen des zweiten Höllenkreises der Wollüstigen dahingetrieben, und Dantes verehrter Lehrer Brunetto Latini wird durch den Ort, an dem der ehemalige Schüler ihm begegnet (im dritten Ring des siebten Höllenkreises) unmißverständlich als Sodomit ausgewiesen.

Der Jenseitswanderer, der im Mittelpunkt des epischen Ganzen steht und sich wiederholt als Dante zu erkennen gibt, erzählt von seinem Weg, von der Sündenverstrickung des dunklen Walds, der *selva oscura*, bis zur unmittelbaren Gottesnähe. Begleitet wird er dabei von den drei Führern Vergil, Beatrice und Bernhard von Clarivaux.

Diese großartigste Lehrdichtung des Mittelalters gibt nicht nur dem Ich-Erzähler, sondern auch allen ihm begegnenden Gestalten aus der Antike oder dem zeitgenössischen Florenz und Italien durchaus die Möglichkeit, sich persönlich darzustellen. Dante bleibt auf seiner Wanderung nicht nur als ständig Fragender präsent, sondern auch als Bangender, Zürnender, Entzückter. Dabei weist ihn Vergil mitunter deutlich zurecht, so als sich der römische Dichter durch das unangemessene Betragen seines Schutzbefohlenen irritiert fühlt und diesen handgreiflich dazu auffordert, Cato von Utica die gebührende Reverenz zu erweisen. Dantes Beobachtungen werden zwar von Vergil im wesentlichen durch rationale Erklärung erläutert, aber hier und an anderen Stellen zeigt sich, daß Vergil gelegentlich auch durch physischen Kontakt den von der Fülle seiner Eindrücke überwältigten Initianden aufrüttelt und belehrt.

Hingegen ist es kennzeichnend für das Paradiso, daß Dante keinen leiblichen Kontakt mehr mit seiner Begleiterin Beatrice oder den Gesprächspartnern aus dem Reigen der Seligen aufnehmen kann. Die Kommunikation erfolgt hier vorwiegend durch das Wort, darüber hinaus bekunden jedoch die Bewohner des Paradiso durch Lichtsignale ihre Bereitschaft zur Erteilung der von Dante gewünschten Belehrungen. Dante versichert sich dabei in der Regel durch einen Blick auf seine Begleiterin ihres Einverständnisses.

Von der wild zerklüfteten, bald von Winden gepeitschten, bald von fahlen Feuern erhellten Landschaft des Inferno über den mühsamen Aufstieg des Läuterungsbergs bis hin zur schwebenden und körperlosen Leichtigkeit der himmlischen Lichtgestalten führt Dantes Weg durch die Jenseitsreiche. Hunderte von Personen werden auf diesem Lehrgang namentlich erwähnt oder periphrastisch gekennzeichnet. Eine nicht zu übertreffende Prägnanz in der Verwendung von Adjektiven und Verben bewahrt dabei auch die lediglich im Vorbeigehen wahrgenommenen Personen davor, zu leeren Namenhülsen zu werden: Im ersten Höllenkreis, dem Aufenthalt der Ungetauften, stoßen Dante und Vergil auf „Cesare armato, con gli occhi grifagni" („Cäsar, bewaffnet, mit den Falkenaugen", Inf. IV, 123); im Vorpurgatorio, wo die Saumseligen, die erst im Sterben Reue gezeigt haben, ihren Läuterungsprozeß abwarten, treffen sie auf König Manfred, „biondo era e bello e di gentile aspetto" („Blond war er, schön und edel anzusehen", Purg. III, 107), und ein einziger Vers genügt, um sein tragisches Ende zu beschreiben, bevor er sich näher zu erkennen gibt, „ma l'un de' cigli un colpo avea diviso" („Nur spaltete ein Hieb ihm eine Braue", Purg. III, 108).

Nichts würde den Sinn der Jenseitsreise unzulässiger mißdeuten, als eine Isolierung der einzelnen Personen außerhalb der übergreifenden Ordnung, die ihnen ihren Platz im Jenseits zuweist. Die verschiedenen Gestalten erhalten durch die treffende Charakterisierung ihre beispielhafte Individualität. Dante braucht dabei seine die Laster und Tugenden der Menschen exemplifizierenden Figuren nicht von weit her zu holen. Die Florentiner, mit denen der Dichter in der *Comedia* abrechnet, sind im Inferno überdurchschnittlich zahlreich vertreten, und wenn im Marshimmel doch einmal ein Landsmann angetroffen wird, so handelt es sich um Cacciaguida, Dantes Urahn, der im heiligen Zorn als „laudator temporis acti" eine anklagende Invektive gegen seine von eitler Prachtentfaltung zugrunde gerichtete Heimatstadt schleudert.

Der Wortschatz der *Comedia* ist durch seinen *plurilinguismo*, seine sprachliche Vielschichtigkeit (Contini), geprägt. Dante hat mit diesem Werk die klassische Lehre von den drei Stilarten souverän durchbrochen. Von der unflätigen und obszönen Artikulation der Teufel bis zum sublimen *volgare illustre* der Heiligen, von der konkreten Bezeichnung der Welt der Handwerker und Bauern bis zur erhabenen Spekulation und Begrifflichkeit von Dichtern und Theologen reicht die Spannweite seiner Worte und Bilder.

Dante hat gegen 1315 die fertiggestellten Gesänge des Paradiso mit einem Widmungsbrief an seinen Gönner Cangrande della Scala nach Verona geschickt, in dem er die *Comedia* als wissenschaftliches Werk einstuft und das noch ausstehende Ende bereits antizipiert: „in ipso Deo terminatur tractatus, qui est benedictus in secula seculorum". Mit guten Gründen ist daher die *Comedia* als „iter ad felicitatem" gedeutet worden (Buck). Es kennzeichnet die Größe Dantes, daß die im Brief an Cangrande von ihm selbst eingeleitete Hermeneutik seiner Dichtung seit seinem Tod nicht mehr abgerissen ist. Die Geschichte ihrer Rezeption im eigenen Land spiegelt den Gang der italienischen Literatur wider. Es verwundert nicht, daß ein derart inkommensurables Werk jenseits der italienischen Sprachgrenzen erst Jahrhunderte nach seinem Entstehen übersetzt und gedeutet wurde. Die erste deutsche Übertragung von Leberecht Bachenschwanz erschien 1767, die ersten bedeutenden Kommentare sind A. W. Schlegels Aufsatz über „Dante in philosophischer Beziehung“ (1803) und G. W. F. Hegels Auseinandersetzung mit der *Comedia* in den *Vorlesungen über Ästhetik* (1820–1828).[12]

Welt-, Stadt- und Familienchroniken

Ein Zeitgenosse Dantes war Dino Compagni (ca. 1255–1324). Wie dieser hatte er lebhaften Anteil an den politischen Auseinandersetzungen seiner Heimatstadt Florenz, die 1280 durch einen von Kardinal Latino ausgehandelten Friedensvertrag zwischen Guelfen und Ghibellinen nur kurz zur Ruhe kam. Bereits zwei Jahre später wurden die Ghibellinen verbannt und die guelfischen Adligen durch die Zünfte entmachtet. Vorübergehend führte eine Volksherrschaft das Regiment der Stadt, ehe den Vornehmen im Rahmen der höheren Zünfte wieder politische Betätigungsmöglichkeiten zugestanden wurden. Um 1300 polarisierten sich die Spannungen in der Stadt in den Konflikten zwischen den von der Cerchi-Sippe beherrschten Weißen und den auf die Familie Donati setzenden Schwarzen Guelfen. Wie sein Parteigänger Dante verlor Dino nach dem Sieg der „Schwarzen“ alle Ämter, die er, ein Mitglied der Seidenzunft, bekleidet hatte. Das Los der Verbannung blieb ihm zwar erspart, nicht jedoch die bittere Enttäuschung über die nach dem Tod Heinrichs VII. endgültig zerschlagenen Hoffnungen, welche die „Weißen“ in den Kaiser gesetzt hatten. In seiner wohl in den Jahren 1310–1312 niedergeschriebenen *Cronica delle cose occorrenti ne' tempi suoi (Chronik der Ereignisse seiner Zeit)* schildert Dino aus persönlicher Sicht mit wiederholten Unmutsäußerungen und Invektiven in einer eher schmucklosen, aber von Erregung durchbebten Prosa die Kämpfe zwischen den Parteiungen und Faktionen in der erklärten Absicht, der Nachwelt ein abschreckendes Beispiel zu überliefern.

Während sich Dino zeitlich auf die Periode zwischen dem

Friedensschluß und dem Italienzug Heinrichs VII. beschränkte, beginnt die *Nuova cronica (Neue Chronik)* von Giovanni Villani (ca. 1280–1348) in der Tradition mittelalterlicher Weltchroniken mit Bibelparaphrasen: Sechs des auf zwölf Bücher veranschlagten Werks kompilieren die Menschheitsgeschichte vom Turmbau zu Babel bis zu dem das Ende der Stauferherrschaft besiegelnden Tod Manfreds in der Schlacht von Benevent (1266). Giovanni Villani war Kaufmann und reiste in dieser Eigenschaft wiederholt nach Frankreich und Flandern. Seine Chronik, die er bis zum Jahre 1346 führte, ist distanzierter als die Dino Compagnis und hält möglichst sachlich Fakten und Daten fest, wobei sich die Darstellung keineswegs auf Florenz beschränkt. Im neunten Buch skizziert Giovanni, ohne für eine derartige Aufgabe besonders berufen zu sein, ein erstes Dante-Porträt.

Nach Giovanni Villanis Tod während der Pest-Epidemie von 1348 setzte sein jüngerer Bruder Matteo (nach 1280–1363) die Chronik fort, bis zum Jahre 1363, in dem er selber dem Schwarzen Tod zum Opfer fiel. Sein Sohn Filippo (1325–1404), ein bereits vom neuen humanistischen Klima und seinem Persönlichkeitskult geprägter Literat griff die Chronik-Tradition seiner Familie bis zum Ende des Kriegs zwischen Florenz und Pisa (1364) wieder auf, tat dies jedoch mit einem weit höheren literarischen Anspruch als seine beiden Vorgänger.[13]

Eine Akzentverlagerung bis hin zur Familienchronik zeigt die wohl zwischen 1367 und 1370 niedergeschriebene *Cronica domestica* des juristisch gebildeten und in seiner Heimatstadt mehrfach politisch tätigen Florentiner Kaufmanns Donato Velluti (1313–1370). Freilich geschieht diese Akzentverlagerung aus dem Bewußtsein heraus, daß die Erfolge der Kaufleute das unerläßliche Fundament für ein florierendes öffentliches Leben schaffen.

Das Leben des von Zeitgenossen und Nachwelt bald bewunderten, bald verlachten Cola di Rienzo (1313–1354), dem Sohn eines Schankwirts, der sich für einen Nachkommen Heinrichs VII. ausgab, im Sommer 1347 als „Volkstribun“ auf dem Kapitol in Rom seinen Einzug hielt und den sich gegenseitig bekriegenden Adel zur Flucht zwang, ehe er nach mannigfachen Wechselfällen mit dem Ruf „Tod dem Verräter, der die Steuer gemacht hat" 1354 von dem aufgebrachten Volk erschlagen wurde, ist in der von einem Anonymus um 1357/58 auf *romanesco* verfaßten *Vita di Cola di Rienzo (Das Leben des Cola di Rienzo)* packend geschildert worden. Es handelt sich um ein dramatisches Fresko der römischen Verhältnisse während der sogenannten „Gefangenschaft der Päpste" in Avignon und zweifellos um das wichtigste Zeugnis in „Altromanesco".

Frühhumanismus und Francesco Petrarca

Während in der zweiten Hälfte des 13. Jahrhunderts die Dichtung in der Volkssprache bereits in verschiedenen italienischen Regionen fest an Boden gewonnen hatte, bot Padua, seit 1222 Universitätsstadt, die idealen Voraussetzungen für frühhumanistische Initiativen. In der nahegelegenen Benediktinerabtei von Pomposa entdeckte Lovato de'Lovati (1241–1309) die Tragödien Senecas. Sein Schüler Albertino Mussato (1261–1329) war es, der 1314 mit *Ecerinis (Das Ezzelino-Drama)* eine dem römischen Vorbild nacheifernde Tragödie verfaßte. Protagonist ist der blutrünstige Schwiegersohn Friedrichs II., Ezzelino III. da Romano (1194–1259). In Wirklichkeit stellte Mussato mit dem Tyrannen den Protektor Dantes, Cangrande della Scala (1291–1379), an den Pranger.

Auf Veranlassung der Gemeinde Padua wurde der Verfasser an Weihnachten des folgenden Jahres während einer feierlichen Zeremonie zum *poeta laureatus* gekrönt, in deren Verlauf die Tragödie vorgetragen wurde. Eine Inszenierung wäre gegen Mussatos künstlerische Intention gewesen. Er hielt mimische Darbietungen für gefährlich, da aus seiner Sicht Schauspieler nur allzu leicht das dichterische Wort entstellen und ins Zotenhafte pervertieren konnten. Damit steht nur scheinbar im

Widerspruch, daß Mussato auch Verfasser einer *Priapea* und einer *Cunneia* ist. Die beiden Dichtungen sind Zeugnisse einer durch antike Vorbilder legitimierten Experimentierfreude im Dienst der Wiederbelebung des klassischen Altertums.

Dem europäischen Mittelalter waren zwar zahlreiche Werke der Antike sehr wohl bekannt, mit dem 14. Jahrhundert änderte sich jedoch das Verhältnis zu den römischen Autoren grundlegend (die griechischen wurden auch jetzt noch kaum rezipiert). Die Schriften Francesco Petrarcas dokumentieren am eindrucksvollsten diesen Umbruch. Der eigentliche Begründer des europäischen Humanismus ist 1304 in Arezzo geboren, als Sohn des ähnlich wie Dante von den Schwarzen Guelfen aus seiner Heimatstadt verbannten Notars Ser Petracco. Dieser siedelte schließlich im Gefolge des seit 1309 in Avignon residierenden Papstes Klemens V. mit seiner Familie in die Provence um, wo sein Sohn Francesco zunächst in Carpentras seine erste Ausbildung erhielt. Auf Wunsch des Vaters setzte Petrarca seine Ausbildung mit dem Studium der Rechte in Montpellier und anschließend in Bologna fort. Die Hauptstadt der Emilia war damals nicht nur das bedeutendste Zentrum der Jurisprudenz, sondern auch ein Mittelpunkt des Frühhumanismus und der volkssprachlichen Dichtung. Nach dem Tod des Vaters, 1326, trat Petrarca in die Dienste des einflußreichen Kardinals Giovanni Colonna. Er empfing die niederen Weihen und schuf sich damit die unerläßliche Voraussetzung für die Übernahme kirchlicher Pfründen. Am Karfreitag 1327 lernte er Laura (die Frau eines de Sade) kennen, die 1348 der kollektiven Katastrophe der Pest zum Opfer fiel. Petrarcas Kenntnis antiker Autoren bildete die Grundlage für seine erstaunliche politische Laufbahn, die ihn als Diplomat bereits 1333 bis nach Flandern, Aachen und Köln, dann 1337 zum ersten Mal auch nach Rom führte. Inzwischen hatte er, Vergil bzw. Livius nacheifernd, mit der Niederschrift seiner epischen Dichtung *Africa* und seines historischen Werks *De viris illustribus (Von berühmten Männern)* begonnen.

Das internationale Ansehen Petrarcas war mittlerweile soweit gestiegen, daß er 1340 gleichzeitig von der Universität

Paris und vom römischen Senat zur Dichterehrung geladen wurde. Er entschied sich für Rom, wo er, nachdem ihn zuvor Robert d'Anjou in Neapel geprüft hatte, an Ostern 1341 auf dem Campidoglio gekrönt wurde. Der Mythos Rom wurde von Petrarca, der in zahllosen Pamphleten die Abwesenheit der Päpste von der ehemaligen Hauptstadt des Imperium Romanum scharf verurteilte, selbstbewußt gegenüber dem kulturellen Hegemonieanspruch Frankreichs ausgespielt, als er in seiner *Invectiva contra eum qui maledixit Italiae* seinen Widersacher Jean de Hesdin daran erinnerte, die Nachkommen der einst von Cäsar unterworfenen Gallier hätten die Überlegenheit der Nachfahren Roms anzuerkennen. Hier zeigt sich ein Anspruch auf die Wiedergeburt römischer Größe, unter Berufung auf antike Autoren, der es dem Toskaner letzten Endes erschwerte, die neuen Realitäten der internationalen Politik adäquat zu erfassen. Ebensowenig hatte Petrarca für die durch Abkehr von den Lehrmeinungen seiner antiken Gewährsleute möglich gewordenen naturwissenschaftlichen Erkenntnisse seiner averroistischen Zeitgenossen etwas übrig.

Der Gedanke der Wiedergeburt wurde durch das symbolische Oster-Datum der Krönung auf dem Campidoglio aussagekräftig unterstrichen. Als Petrarca ein Jahr danach Cola di Rienzo kennenlernte, konnte es ihm vorübergehend scheinen, daß mit dem Auftreten des Volkstribuns auch die politische Umsetzung des imperialen und spirituellen Rom-Gedankens in greifbare Nähe gerückt sei. Die anfängliche Sympathie für den radikalen Politiker des Wiedergeburtgedankens führte Petrarca 1347 sogar zum Zerwürfnis mit den Colonna.

Bereits zehn Jahre zuvor hatte der Humanist begonnen, sich immer wieder von seinen aufreibenden diplomatischen Missionen in Vaucluse bei Avignon zu erholen. Nach einem letzten langen Aufenthalt in der Provence (1351–1353) trat Petrarca in die Dienste der Visconti in Mailand und zog sich dann gegen sein Lebensende nach Venetien zurück, wo er 1374 hochgeehrt in Arquà verstarb.

Die Vita Petrarcas hat beispielhaften Charakter. Kein anderer Literat seiner Epoche verkörperte derart repräsentativ das

Spannungsverhältnis zwischen *vita activa* und *vita contemplativa*.

Die Verbundenheit mit den antiken Autoren brachte Petrarca in einer Reihe von direkt an sie gerichteten Briefen zum Ausdruck. So rügte er, nachdem er in der Kapitularbibliothek in Verona Ciceros Briefe aufgefunden hatte, den hochverehrten Römer, weil er es auch in vorgerückten Jahren noch nicht verstanden habe, Rastlosigkeit und Streitsucht abzulegen.

Petrarca wußte, wovon er redete. In dem 1342/43 entstandenen, zwischen 1353 und 1358 in Mailand überarbeiteten Dialog *De secreto conflictu curarum mearum (Über den geheimen Grund meiner Sorgen,* auch: *Secretum meum),* einem in Gegenwart der als allegorische Figur dargestellten Wahrheit geführten Traumgespräch zwischen Augustinus und dem Dichter selbst, mahnt der Kirchenvater den Ruhmbegierigen mit Argumenten in der Tradition mittelalterlicher asketischer Traktate und einschlägiger antiker Textstellen, die Eitelkeit alles menschlichen Tuns zu erkennen.

Den Charakter eines Testaments besitzt der an die Nachgeborenen gerichtete Brief *Posteritati* aus den ab 1361 verfaßten *Epistolae seniles.* Er ist eines der wichtigsten Zeugnisse mittelalterlicher Selbstdarstellung, ein Bindeglied zwischen den *Confessiones* des Kirchenvaters Augustinus und den *Confessions* Jean-Jacques Rousseaus. Aus den Schriften Petrarcas spricht trotz der leitmotivisch anklingenden Weltverachtung in der Tradition des von Innozenz III. verfaßten Traktats *De contemptu mundi* ein Selbstbewußtsein neuer Art. Der Dichter stellt sich den Großen und Mächtigen nicht nur gleichberechtigt zur Seite, sondern erinnert sie auch daran, daß nur er ihrem Ruhm über die knappe Spanne ihres Lebens hinaus Bestand zu verleihen vermöge.

Es kennzeichnet Petrarcas Erneuerungsprogramm aus dem Geist der römischen Antike, daß er dem 1347 zum Kaiser gewählten Luxemburger Karl IV., mit dem er 1354 in Mantua zusammentraf, im 12. Brief des 19. Buchs seiner *Familiares* enttäuscht schrieb: „Mag man Dich auch mit Worten Römischer

Kaiser nennen: in Wirklichkeit bist Du nur König von Böhmen."

Neben Petrarcas lateinischer, zwischen 1354 und 1366 verfaßter und in einer Vielzahl von Handschriften in ganz Europa verbreiteten Schrift *De remediis utriusque fortunae (Vom Trost in Glück und Unglück)* begründete er seinen Ruhm nicht zuletzt mit den zwischen 1352 und 1373 in Terzinen verfaßten *Trionfi (Triumphe)*, einem Lehrgedicht in der Volkssprache über irdische Liebe, Keuschheit, Tod, Ruhm, Zeit und Ewigkeit, in das exemplarisch Figuren aus Mythos, Geschichte und Dichtung eingeführt wurden. Die *Trionfi* wurden vor allem auch für die Maler der Frührenaissance eine bedeutende Inspirationsquelle.

Mit keinem anderen Werk ist der Nachruhm Petrarcas bis in unsere Tage hinein enger verknüpft als mit dem seit dem 16. Jahrhundert *Canzoniere* genannten Gedichtzyklus. Der Verfasser bezeichnete die hier versammelten 317 Sonette, 29 Kanzonen, 9 Sestinen, 7 Balladen und 4 Madrigale, ihre Bedeutung bewußt bagatellisierend, als *Rerum vulgarium fragmenta (Bruchstücke muttersprachlicher Dinge)* oder als *Nugae (Nichtigkeiten)*. In Wirklichkeit handelte es sich bei dieser Gedichtsammlung, die in verschiedenen, zum Teil als Autographen überlieferten Fassungen erhalten blieb (die definitive Version ist die in dem Codex Vaticanus Latinus 1396 überlieferte Niederschrift durch den Dichter), um eine mit größter Sorgfalt verfaßte Wortschöpfung. Verglichen mit seinen Vorgängern ist Petrarca der erste, der die ansonsten hier und dort verstreut und in losem Zusammenhang veröffentlichten Verse streng durchkomponierte. Keine andere nachantike Gedichtsammlung der europäischen Literatur hat eine vergleichbare Bedeutung erlangt.

Obwohl Anklänge an die Trobadors (vor allem an Arnaut Daniel) und die Vertreter des *dolce stil nuovo* unüberhörbar sind, steht doch die Eigenständigkeit von Petrarcas Dichtung außer Frage. In sich versunkene Selbstbeobachtung und selbstquälerischer Zwiespalt, von den römischen Ethikern als *taedium vitae* diagnostiziert und von christlichen Theologen als

Todsünde der *acedia* (Schwermut, Apathie) verurteilt, waren nie vor dem *Canzoniere* in derartigem Variationsreichtum moduliert und ausgekostet worden. Petrarca brauchte dazu keine zu Extremen tendierende Sprache. Nuancierung und Maß kennzeichnen seinen Stil und seine Metrik. Bereits bei Dante und seinen Zeitgenossen ist zwar das Erscheinen und das Sich-Versagen der Geliebten ein zentrales Thema, im *Canzoniere* wird es aber infolge der Zäsur von Lauras Tod im zweiten Teil noch einmal mit Hilfe der Erinnerung auf eine neue und höhere Ebene transponiert.

Zentral ist die Verbindung des Namens der Geliebten mit dem Lorbeer *(lauro),* der als Symbol Apollos ein Attribut des Dichterruhms darstellt. Selbstkritisch bekennt der Dichter im dritten Dialog des *De secreto conflictu* seinem Gesprächspartner Augustinus, daß er dem Ruhm, den der Baum symbolisiert, nicht weniger verfallen sei als der Schönheit Lauras.

Die Worte *aura* (Luft) und *auro* oder *oro* (Gold) klingen bei dem Namen Laura vieldeutig mit. Das in Laura verkörperte Schönheitsideal wurde in der auf Petrarca folgenden Dichtung und in der Malerei der Renaissance zur künstlerischen Norm, bis sich die im Petrarkismus stereotypisierte Liebesdichtung der nachfolgenden Generationen mit ihrem Formel- und Formenkanon schließlich in bloßem ästhetischen Virtuosentum erschöpfte.[14]

Giovanni Boccaccio

Giovanni Boccaccio (1313–1375) ist als natürlicher Sohn des in Certaldo beheimateten Kaufmanns und Geldwechslers Boccaccino di Chiellino wahrscheinlich in Florenz geboren. Vierzehnjährig wurde er von seinem Vater zu einer kaufmännischen Lehre in die neapolitanische Zweigstelle des Florentiner Bankhauses Bardi geschickt. Der junge Mann nahm in der süditalienischen Stadt jedoch auch Kontakt zu den Gelehrten, Literaten und Aristokraten am Hof der Anjou auf und lernte die gerade dort besonders lebendige Tradition des höfischen Romans kennen, die mit den Anstoß zu seiner literarischen Initiation gab. In ihrem Mittelpunkt steht die poetische Verklärung einer angeblichen Liebesbeziehung zu Fiammetta, einer natürlichen Tochter Robert d'Anjous, die in Wirklichkeit jeder dokumentarischen Grundlage entbehrt. In der Tat ist es erst in neuerer Zeit gelungen, die von dem Dichter ebenfalls romanhaft ausgeschmückte angebliche Geburt in Paris und seine u. a. von Vittore Branca als autobiographische Phantasmen entlarvten neapolitanischen Jahre zu entwirren. Erinnert sei wenigstens an die Oktavendichtung *Il Filostrato (Der von Amor Besiegte)* und den Prosaroman *Il Filocolo (Der von Liebe Beschwerte).*

In der Nachfolge von Dantes *Vita nuova* steht der Prosa und Lyrik alternierende *Ameto,* das erste nach Boccaccios Rückkehr aus Neapel entstandene Werk. Der Dichter gab ihm den Titel *Comedia delle ninfe fiorentine (Komödie der Nymphen von Florenz). Ameto* antizipiert mit seinem in der Nähe von Fiesole lokalisierten Erzählrahmen den späteren des *Decamerone*. Die bukolische Thematik wurde von Boccaccio in der etwa gleichzeitig entstandenen Oktavendichtung *Il Ninfale fiesolano (Das Nymphengedicht von Fiesole)* weitergesponnen, die noch mehr als ein Jahrhundert später in vergleichbaren Dichtungen von Lorenzo il Magnifico und seiner Umgebung nachwirkte. Boccaccios Hirtendichtung thematisiert die Gründung von Fiesole/Florenz durch den der Göttin Diana ergebenen Hirten Africo und die Nymphe Mensola.

Besondere Bedeutung kommt bei der Legendenbildung um Boccaccios Biographie dem Prosaroman *Elegia di madonna Fiammetta* zu. Es handelt sich um den ersten nachantiken Bekenntnisroman. In der Nachfolge der im 14. Jahrhundert mehrfach vulgarisierten *Heroides* des Ovid schildert die einem adligen Geschlecht entstammende Titelheldin ihren Trennungsschmerz, nachdem sie von dem jungen Kaufmann Panfilo verlassen worden ist, den sein Vater aus Neapel in die Heimat zurückgerufen hat. Ihre Verzweiflung steigert sich bis zu Selbstmordabsichten, als der Geliebte nicht, wie versprochen, nach vier Monaten zu ihr zurückkehrt. Der Gattungsname *elegia* bezeichnet im Sinne von Dantes *De vulgari eloquentia* den *stilus miserorum*, den „Stil der Unglücklichen".

Von 1345–1347 war Boccaccio zunächst an den Höfen der Gewaltherrscher von Ravenna und Forlì angestellt. Die Pestepidemie von 1348/49 überraschte den Dichter jedoch in Florenz. Auch sein Vater fiel der Beulenpest zum Opfer. In den Jahren 1349–1351 verfaßte Boccaccio das *Decamerone*, dessen Titel mutmaßlich nach dem Vorbild der unter der Bezeichnung *Hexameron* verbreiteten Schöpfungsberichte des Mittelalters geprägt wurde.

Der berühmte Rahmen der Novellensammlung ruft auf wenigen Seiten die grauenhaften Begebenheiten der Seuche in Erinnerung. In der Dominikanerkirche Santa Maria Novella in Florenz begegnen sich zufällig drei vornehme junge Männer und sieben ihnen gesellschaftlich gleichgestellte Mädchen. Sie beschließen angesichts der schrecklichen Ereignisse, sich in eine Villa außerhalb der Stadt zurückzuziehen. Als Kontrast zu dem von der Pest verursachten Zusammenbruch aller gesellschaftlichen Strukturen und Normen verpflichten sich die jungen Leute nach einem ersten Tag, an dem sie sich zehn Novellen erzählten, zu einem streng geordneten Reglement, nach dem künftig an jedem Tag unter der Anleitung eines jeweils am Vorabend gewählten *re* (Königs) beziehungsweise einer *regina* (Königin) je zehn einem Rahmenthema untergeordnete Novellen erzählt werden sollen. Sowohl die Lenkung des Gesprächs durch *re* und *regina* wie auch die Wahl der einzelnen Erzählungen und die anschließenden Kommentare ermöglichen individuelle Charakterisierungen: von Panfilo, dem glücklich Liebenden, über Filostrato, dem von Zweifeln gepeinigten Liebhaber, bis zu dem in der Regel durch eine laszive Novelle den Tag beschließenden Dioneo. Die psychologische Differenzierung der weiblichen Mitglieder der Gruppe ist besonders weit gespannt. Sie reicht von der leidenschaftlichen Filomena bis zu der eifersüchtigen Lauretta.

Die Novellen greifen historische Anekdoten aus der Florentiner Lokalgeschichte, aber auch nahezu aus der gesamten damals bekannten Welt auf. Neben Schwankerzählungen in der Tradition der altfranzösischen *Lais* und der Klerikersatire werden hochdramatische Begebenheiten erzählt, die den Menschen bald als Spielball der Fortuna oder Opfer brutaler Herrscherwillkür, bald als gewitzten, schlagfertigen und listigen Schmied seines Glücks zeigen.

Bevor die einzelnen Mitglieder der *brigata* sich zum Schlaf zurückziehen, wird eine *ballata* vorgetragen. Dioneo, der Aufmüpfigste in der Schar, erweist sich am Ende des fünften Tages als vielseitig informierter Kenner dieser in Dantes Gattungshierarchie der Kanzone untergeordneten Gedichtform, die von der volkstümlichen, mit Zweideutigkeiten gespickten Variante bis zur eleganten und dekorativen Dichtkunst des *Decamerone*-Verfassers reicht. Die *ballate* des *Decamerone* unterstreichen ebenso wie die ritualisierte Lebensführung der *brigata* den Kontrast zu dem infolge der Seuche von Florenz in wilder Auflösung begriffenen Gemeinwesen.

Der Landaufenthalt der jungen Leute läßt sich freilich nicht beliebig ausdehnen, da herumstreunende Banden die Idylle dieser Abgeschiedenheit gefährden. Auf Anregung Dioneos wird daher beschlossen, wieder in die Stadt zurückzukehren, obwohl sich dort die Situation noch nicht grundsätzlich gewandelt hat.

Der immer wieder bemühte und strapazierte Vergleich des *Decamerone* mit Dantes *Göttlicher Komödie* als einer *Menschlichen Komödie* wird in seinem Schematismus dem Reichtum von Boccaccios Werk nicht gerecht. Richtig ist allerdings, daß im *Decamerone* trotz seiner strengen formalen Geschlossenheit die unerbittliche Ordnung von Dantes Kosmos und sein auf der Rechtsmetaphysik gründender Aufbau von irdischer und jenseitiger Welt nicht mehr nachweisbar ist. Im *Decamerone* ist der einzelne den Launen der Fortuna ausgeliefert, so daß sich die Geschehnisse kaum noch als sinnvolles Ganzes deuten lassen.

Ungleich früher als die deutschsprachige Rezeption der *Divina Commedia* setzte die des *Decamerone* ein. Zwei Novellen, die Geschichte des unglücklichen Liebespaares Guiscardo und

Ghismonda (IV, 1) sowie die später von Hans Sachs dramatisierte Erzählung von der durch ihren Gatten geradezu unmenschlich harten Proben unterworfenen und dennoch geduldigen Griseldis (X, 10), waren von Leonardo Bruni beziehungsweise Francesco Petrarca ins Lateinische übersetzt und dann in gedruckten deutschen Versionen veröffentlicht worden. Eine vollständige deutsche Übertragung des *Decamerone* aus dem Original erschien unter dem Pseudonym Arigo 1472 oder 1473 in Ulm, nicht von ungefähr in einer Stadt von Kaufleuten, von deren Lebensstil leicht eine Brücke zu dem Werk Boccaccios zu schlagen war. Als mutmaßlicher Übersetzer wurde der Nürnberger Patrizier Heinrich Schlüsselfelder ausgemacht. Arigo rechtfertigt seine Übersetzung ganz im Sinne des *Decamerone*-Verfassers als heitere Zerstreuung für die von den realen Freuden ausgeschlossenen „beschwerten und betrübten freulein".[15]

Nach den Katastrophenjahren 1348/49 wurde Boccaccio mehrfach von der Florentiner Kommune mit diplomatischen Missionen betraut: so zum Beispiel nach Avignon zu Innozenz VI. Entscheidend für seine weitere geistige Entwicklung war jedoch vor allem die im Herbst 1350 erfolgte Begegnung mit Francesco Petrarca, dessen humanistischem Vorbild Boccaccio fortan in zahlreichen auf Latein verfaßten Werken nacheiferte: *Bucolicum carmen, De claris mulieribus (Über berühmte Frauen), De casibus virorum illustrium (Über den Sturz berühmter Männer), Genealogia deorum gentilium (Genealogien der heidnischen Götter).*

Befremdlich ist die Tatsache, daß der Verfasser des *Decamerone* in der Mitte der fünfziger Jahre mit *Il Corbaccio* eine in der Tradition mittelalterlicher Misogynie verfaßte bitterböse antifeministische Prosaschrift verfaßte. Der Erzähler verliert sich ähnlich wie das dichterische Ich der *Divina Commedia* im unwegsamen Gelände des *laberinto d'Amore* (Labyrinth Amors) beziehungsweise im *porcile di Venere* (Schweinestall der Venus) und wird dort von der Seele eines Verstorbenen über die Betrügereien, aber auch über die physiologisch abstoßenden Seiten der Frauen aufgeklärt. Fiktionale Werke schrieb

Boccaccio nach dem *Corbaccio* nicht mehr. Kurz vor seinem Tod wurde der Dichter von seiner Heimatstadt Florenz beauftragt, Dantes *Commedia* zu kommentieren *(Trattatello in laude di Dante, Kleine Abhandlung zum Lobe Dantes).*

Mit Boccaccio war nach Dante und Petrarca die Dreizahl jener Florentiner Dichter vervollständigt, die später am Hof der Medici als „Le tre corone fiorentine" (Die drei Florentiner Kronen) nicht ohne kulturhegemonistischen Anspruch und Beigeschmack mythisiert wurden.

Humanismus und Renaissance

Benedetto Croce bezeichnete die Zeit zwischen Petrarcas bzw. Boccaccios Tod und der von Lorenzo de'Medici geprägten Epoche als „Il secolo senza Poesia" (Das Jahrhundert ohne Dichtung), dem es an Kraft zur Erneuerung gefehlt und das daher in der Kunst und in der volkssprachlichen Dichtung nur epigonale Werke hervorgebracht habe. Er ließ die häufig angeführte Erklärung nicht gelten, dieser Niedergang der Literatur in der Volkssprache sei in der gleichzeitigen Verbreitung des Humanismus und der überwältigenden Rolle des Lateins begründet: „[...] die wirkliche Ursache entsprang im Inneren und beruhte einzig auf der geringen Wärme und der geringen Liebe, welche diese Schriftsteller in Vers und Prosa in ihre Arbeiten einbrachten, in ihrer geringen oder fehlenden Inspiration".[16]

Boccaccio hatte sich 1359 im Auftrag seiner Heimatstadt vergeblich darum bemüht, Petrarca zur Annahme eines Rufs an die florentinische Universität zu bewegen. Ein Jahr nach dessen Tod, 1375, wurde ein Verehrer und Freund der beiden Frühhumanisten, Coluccio Salutati (1331–1406), zum Sekretär der Ersten Kanzlei der Republik Florenz ernannt. Mit seinem Namen ist die Förderung und der Ausbau der klassischen Studien in der Stadt am Arno aufs engste verknüpft. Mit Enthusiasmus und persönlichem Einsatz sorgte er dafür, daß der byzantinische Humanist Manuele Crisolara (ca. 1350–1415) von Konstantinopel nach Florenz berufen wurde, der dann während seiner dreijährigen Tätigkeit den gräzistischen Studien auf der Apenninenhalbinsel entscheidende Impulse vermittelte. Salutatis an antiken Vorbildern geschultes hohes politisches Verantwortungsbewußtsein kommt in seinen lateinischen Traktaten in gleicher Weise zum Ausdruck wie in seinen Briefen. Dieser Vollblutpolitiker wurde nicht müde, der Teilnahme an der *vita activa* das Wort zu reden und ihr entschieden höheren Stellenwert einzuräumen als mönchischer Weltflucht und Weltverachtung. Engagiert trat er im Zusammenhang mit den diplomatischen und kriegerischen Auseinandersetzungen zwischen Mailand und Florenz für die Belange seiner Regierung ein, als sein ehemaliger Schüler Antonio Loschi (ca. 1365–1441), inzwischen Kanzler des mailändischen Herzogs Gian Galeazzo, eine *Invectiva in Florentinos* in Umlauf setzte.

Florenz trotzte um 1400 nahezu allein dem in beeindruckender Weise nach Mittelitalien expandierenden Visconti, der seinem Herrschaftsbereich bald durch geschickte Verhandlungen, bald durch gewalttätige Eroberungen den größten Teil der Poebene einverleibt und auch einen großen Teil der toskanischen Städte unterworfen hatte, so daß er sich bereits als Herrscherpersönlichkeit feiern ließ, welche die *pax Italiae* sicherstellen könne.

Eine Pestepidemie befreite 1402 das bedrohte Florenz von Gian Galeazzo und seinen aufmarschierenden Söldnern. Der glückliche Ausgang dieser Ereignisse trug nicht wenig dazu bei, den staatspolitisch geprägten Florentiner Humanismus zusätzlich zu stärken. Für Coluccio Salutati und seine Anhänger waren die antiken Texte nicht so sehr Betätigungsfeld für gelehrte Studien, als vielmehr Hilfe bei der Bewältigung der eigenen Probleme.[17]

Coluccio Salutati war es noch gewesen, der den jungen Gian Francesco Bracciolini (gen. Il Poggio, 1380–1459) in die humanistischen Studien einführte. Der begabte junge Mann machte sich die päpstliche Kurie gewogen und begleitete 1414–1418 als apostolischer Sekretär den Gegenpapst Johannes XXIII. auf das Konzil von Konstanz. Dort in Süddeutschland gelangen ihm einige der sensationellsten Funde verschollener antiker Texte, so etwa als er im Kloster von Sankt Gallen die bis dahin nur teilweise bekannten Werke Quintilians, „[...] nicht in der Bibliothek, wie es ihre Würde verlangt hätte, sondern in irgendeinem mehr als trostlosen und finsteren Kerker [...]" aufspürte. Die allen Schwierigkeiten trotzende intellektuelle Entdeckungsfreude der Humanisten bringt Poggio Bracciolini einprägsam ins Bild, wenn er schildert, wie er sich im Januar 1417 mit einem toskanischen Freund auf den Weg machte und trotz Schnee und winterlicher Kälte seine Recherchen über Sankt Gallen hinaus auf die Reichenau und bis nach Weingarten ausdehnte.

In der Tradition von Coluccio Salutatis staatsbürgerlich engagiertem Humanismus stehen die eleganten und polemisch formulierten Traktate Bracciolinis *De avaritia (Der Geiz)* und *Contra hypocritas (Gegen die Hypokriten)*, in denen er, wie auch in der in seinen *Epistolae (Briefe)* geschilderten Verurteilung und Hinrichtung des Hus-Anhängers Hieronymus von Prag, mit geradezu reformatorischem Eifer die Verweltlichung und den Müßiggang des weltlichen Klerus und der Ordensgeistlichen anprangerte.

Daneben findet sich freilich in der Schilderung der Gäste der Etablissements von Baden und ihrem jenseits von Gut und Böse angesiedelten Lebensstil eine unvoreingenommene Beobachtungsgabe. Eine unverhohlene Freude am pikanten Detail kennzeichnet die zwischen 1438 und 1452 zusammengestellten Histörchen und Anekdoten seines *Liber facetiarum* (oder: *Facetiae, Anekdoten*). Es war schon beinahe Tradition, daß auch dieser vielseitig versierte Humanist gegen Ende seines Lebens florentinischer Kanzler wurde.

Es überrascht nicht, daß das hohe Ansehen, in dem die *studia humanitatis* standen, schließlich auch dazu führte, daß einer der versiertesten Diplomaten und glänzendsten Neulateiner der Epoche, der bei Siena geborene Enea Silvio de Piccolomini (1405–1464) im Jahre 1458 zum Papst Pius II. gewählt wurde. Sein in elegantem Latein verfaßter Briefwechsel mit weltlichen und geistlichen Würdenträgern vermittelt einen vielseitigen Einblick in eine geradezu idealtypische Humanistenvita. Der berühmte Brief an den Vater vom 20. September 1443, in dem Enea von der Geburt eines mit einer Engländerin gezeugten Sohns berichtet, und die Offenheit, mit der er zu seinem Techtelmechtel steht („Du hast doch keinen Sohn aus Stein oder Eisen gezeugt, warst doch selber aus Fleisch und Blut"), bezeugt das unverkrampfte Selbstbewußtsein eines Mannes, der später eine so steile geistliche Karriere zurücklegen sollte, ohne deshalb seine Urbanität einzubüßen.[18]

Trotz der zunehmenden Bedeutung des Lateins als Schriftsprache fehlte es auch seitens der Humanisten nicht an Stimmen, die dem *volgare* das Wort redeten. Eine den *uomo universale* Jacob Burckhardts nahezu perfekt verkörpernde Persönlichkeit wie der Architekt, Bildhauer, Musiker und Dichter Leon Battista Alberti (1404–1472) verfaßte zwar einen großen Teil seiner Werke auf Latein, ist aber auch Autor der *Grammatichetta vaticana*, der ersten Grammatik auf Italienisch, und des Traktats *Della famiglia libri IV (Vier Bücher über die Familie)* (1433–1441). Hier trat Alberti entschieden für den Gebrauch des Volgare ein, das dem Latein nicht mehr nachstehen werde, vorausgesetzt, die Gelehrten sorgten dafür, daß es „gefeilt und gereinigt" sei.

Leon Battista Alberti war es denn auch, der veranlaßte, daß 1441 in der Kirche Santa Maria del Fiore in Florenz ein *certamen coronario*, ein feierlicher Dichterwettstreit, über das Thema Freundschaft veranstaltet wurde. Der Preis war ein silberner Lorbeerkranz. Die Juroren, zehn apostolische Sekretäre, erklärten jedoch, der Preis könne nicht verliehen werden, da keiner der Teilnehmer die an die Verse gestellten Erwartungen erfüllt habe. Mag diese Entscheidung auch Croces zu Beginn dieses Kapitels angeführtem Urteil recht geben, so markiert das Datum dessenungeachtet eine Zäsur. In der Tat war das sprachliche Selbstbewußtsein der Florentiner ungebrochen, wie etwa das entschlossene Eintreten für die Volkssprache des Rhetorik- und Poetikprofessors Cristoforo Landino (1424–1498), Verfasser eines Dante-Kommentars (1481), belegt. Er verkündete 1460 in einer öffentlichen Rede, was das Florentinische an Pracht und Eleganz erkennen lasse, sei eher auf einen angeborenen Überfluß zurückzuführen, als rhetorischer Feile zuzuschreiben.

Seit dem 14. Jahrhundert mehren sich in Italien die Stimmen, die mit der Wiederentdeckung der Texte antiker Autoren und ihrer Deutung den Gedanken des Erwachens aus einem tiefen Schlaf oder, in Umdeutung religiöser Vorstellungen, den einer Wiedergeburt verbanden. Petrarca wurde dabei schon bald als diejenige Persönlichkeit gefeiert, die den „studia humanitatis, quae extincta erant", wie der bedeutende Florentiner Humanist Leonardo Bruni (gen. Leonardo Aretino, ca. 1370–1444) bemerkte, den rechten Weg gewiesen habe. Das Bewußtsein einer Erneuerung aller Bereiche von Grund auf ist dabei nicht auf die Literaten beschränkt. Im *Decamerone* (VI, 5) wird Giotto von Panfilo als derjenige gerühmt, der die Malerei, die „viele Jahrhunderte begraben" gewesen sei, wieder „ans Licht" gebracht habe, eine Feststellung, die schon bald zu einem Gemeinplatz in der Kunstgeschichtsschreibung wurde.

Der Florentiner Humanist Matteo Palmieri (1406–1475) war es schließlich, der in seinem um 1435 in der Volkssprache verfaßten Dialog *Della vita civile* (Über das bürgerliche Leben, 1529) den frühesten Beleg für die Bezeichnung „Renaissance" im heutigen Wortsinn liefert. Für ihn war das Wiedergeborenwerden der verlorengegangenen Wissenschaften und Künste zu seiner Zeit, das „rinascere l'arti perdute" nur deshalb möglich geworden, weil ein entsprechender Wille zur Erneuerung die dafür unerläßliche Voraussetzung geschaffen hatte.[19]

So berechtigt der Hinweis der Mediävisten sein mag, es habe bereits im Mittelalter Renaissancen gegeben, die eine Wiederbelebung der klassischen Studien in die Wege leiteten, so bleibt doch festzuhalten, daß damals ein völliger Bruch mit der Tradition der unmittelbar vorangegangenen Epoche nicht beabsichtigt war, während sich die Humanisten der italienischen Renaissance von der „Zeit der Finsternis" schroff abgrenzten (Mommsen). Neu ist auch, daß die Humanisten der Renaissance den klassischen Moralisten ein nahezu uneingeschränktes Vertrauen entgegenbrachten, so daß sie nun nicht mehr versuchten, wie es die Humanisten des Mittelalters verlangten, diese der Gedankenwelt der Kirchenväter anzupassen, sondern vielmehr die Kirchenväter der klassischen Gedankenwelt anpaßten (Simone).

Die Literatur unter Lorenzo il Magnifico in Florenz

„Il secolo senza poesia" ging zu Ende, als mit dem Regierungsantritt von Lorenzo de'Medici (gen. Il Magnifico, 1449–1492) in Florenz die Volkssprache auch in der Dichtung wieder eine wichtige Stellung einzunehmen begann. Kulturhistoriker haben neuerdings Lorenzos geradezu ins Legendäre überhöhte Bedeutung als Mäzen der Künste in Frage gestellt und den Mythos vom goldenen Zeitalter der Medici zum Teil als propagandistische Geschichtsklitterung in der Folge ihrer Vertreibung gegen Ende des 15. Jahrhunderts entlarvt. Dessen ungeachtet bleibt die herausragende Rolle Lorenzos de'Medici für die Erneuerung volkssprachlicher Dichtung und Literatur bestehen.[20]

Lorenzos Großvater, Cosimo der Ältere (1389–1464), hatte nicht nur die ihm von seinem Vater hinterlassenen unermeßlichen Reichtümer vermehrt, sondern während seiner dreißigjährigen Herrschaft auch seine politische Stellung in der Oligarchie des Stadtstaats dank seiner überragenden staatsmännischen Begabung gefestigt. Sein ungleich mittelmäßigerer Sohn Piero hatte in den kurzen Jahren seiner Regierung sein Vermögen und seine Stellung nicht ohne Einbußen zu halten vermocht.

Als der einundzwanzigjährige Lorenzo nach dem Tod des Vaters von der Regierung seiner Heimatstadt aufgefordert wurde, ihre Geschicke zu lenken, nahm er nach eigenem Bekunden das Angebot nur an, „um mir die Freunde und unsere Besitztümer zu bewahren, denn in Florenz fällt es schwer, ohne eine beherrschende Stellung im Staat reich zu sein". Schon bald besaß Lorenzo die Befugnis, einen großen Teil der anstehenden Fragen, die bislang der Zustimmung der Volksvertretung bedurft hatten, „per se solum" zu entscheiden. Die Lehrer Lorenzos waren neben dem griechischen Humanisten Johannes Argiropulos (ca. 1415–1487), der nach der Eroberung Konstantinopels durch die Türken nach Italien geflohen war, Cristoforo Landino sowie Marsilio Ficino (1433–1499), dem noch Cosimo eine Villa in Careggi geschenkt hatte, in der sich dann seit 1462 die Florentiner Akademie traf. Die Platon-Verehrung der Versammlung fand ihren eindrucksvollsten Niederschlag in der Gesamtübersetzung des griechischen Philosophen ins Latein. In ihren Schriften beschränkte die Akademie die göttliche Offenbarung nicht mehr auf das Alte und Neue Testament, sondern begriff sie als das Werk des die gesamte Natur durchwaltenden Logos. Es handelte sich um Gedankengänge, die von den Nürnberger Humanisten aufgegriffen und kommentiert wurden (Ficinos Briefwechsel ist 1497 bei Dürers Paten Koberger gedruckt worden) und bis zu Dürers *Melancolia I* nachwirkten.[21]

Lorenzo de'Medici hatte während seiner Herrschaft freilich nicht nur die Pflege der antiken Autoren im Auge, sondern gab auch schon sehr bald der Dichtung in der Volkssprache neuen Auftrieb. So verfaßte er in der Nachfolge von Boccaccios *Ninfale fiesolano* mit *Nencia di Barberino* eine betont rustikale Hirtendichtung und mit *La Caccia col falcone (Die Falkenjagd)* eine ländliche Burleske in Oktaven.

Zwischen 1476 und 1477 stellte Lorenzo für Friedrich von Aragon eine Anthologie toskanischer Autoren der Dante-Zeit, die sogenannte *Raccolta aragonese,* zusammen, die dokumentiert, wie sehr das Gedankengut der Autoren des *dolce stil nuovo* dem Platonismus verpflichtet ist.

Für die Kompilation der *Raccolta aragonese* konnte Lorenzo die Mithilfe des hochbegabten Agnolo Ambrogini (1454–1494), der sich nach seinem Heimatort Montepulciano Angelo Poliziano nannte, in Anspruch nehmen. Agnolo hatte ihm bereits mit sechzehn Jahren den ins Lateinische übersetzten zweiten Gesang der *Ilias* zugeeignet und lebte nun als Erzieher seines ältesten Sohns im Medici-Palast in der Via Larga.

Poliziano ist Verfasser jener fragmentarischen, erst in seinem

Todesjahr erschienenen *Stanze per la giostra (Stanzen auf das Turnier)*, die das von Lorenzos Bruder Giuliano siegreich bestandene Turnier unter den Farben seiner Geliebten Simonetta Vespucci feiern. Julio begegnet in bukolischer Landschaft auf der Jagd nach einer von Venus entsandten Hindin einer Nymphe, die leicht als Simonetta zu erkennen ist. Sprachliche Eleganz in der Nachfolge von Petrarcas *Trionfi* und philologische Sublimierung im Wettstreit mit den antiken Vorbildern erreichen in den *Stanze* einen höchsten Grad von Vollkommenheit. Die Realität des Geschehens wird durch die Vernetzung mit der Tradition der antiken Dichtung ständig transzendiert.

Als Giuliano 1478 bei der auf die Eliminierung der Medici angelegten Pazzi-Verschwörung von gedungenen Mördern gemeuchelt wurde, während Lorenzo, nur leicht verletzt, dem Tod entging, stellte Poliziano kurz danach in der Sallust nacheifernden Propagandaschrift *Pactianae coniurationis commentarium (Kommentar zur Verschwörung der Pazzi)* die Ereignisse dar.

Schwierigkeiten mit der Mutter seines Zöglings veranlaßten Poliziano, vorübergehend nach Norditalien zu emigrieren, wo er 1480 für ein Fest am Hof der Gonzaga in Mantua die *Fabula di Orfeo* (oder: *La festa di Orfeo, Das Fest des Orpheus*) verfaßte. Ohne den Florentiner Neuplatonismus wäre dieses Werk nicht denkbar gewesen, in dessen Mittelpunkt nun nach den christlichen Mysterienspielen des Mittelalters eine heidnische Kulthandlung steht.

Als Poliziano wieder nach Florenz zurückkehrte, widmete er sich fortan als Inhaber einer Professur für lateinische und griechische Beredsamkeit an der Universität in Florenz vorwiegend philologischen Aufgaben, denen bis zu einem gewissen Grad auch seine lateinischen Hexameterdichtungen zuzuzählen sind.

Seit etwa 1460 lebte der aus verarmter adliger Familie stammende Luigi Pulci (1432–1484) in herzlicher Vertrautheit mit Lorenzo de'Medici, wie nicht zuletzt seine Briefe an den künftigen Herrn von Florenz belegen, dessen *Nencia da Barberino* er in seiner *Beca da Dicomano* durch die dörperhaften Reden des Bauern Nuto parodierte.

Lorenzos Mutter, Lucrezia Tornabuoni, regte den witzigen Literaten dazu an, die von den Bänkelsängern in unbeholfenen Oktaven vorgetragenen, wenigstens zum Teil handschriftlich überlieferten Stoffe der Karls- und Artusepik neu zu bearbeiten (jüngst ist der als Quelle für Pulci betrachtete *Orlando* in der florentinischen Biblioteca Mediceo-Laurenziana, allerdings entgegen der bisherigen *opinio communis,* als Bearbeitung von Pulcis Epos identifiziert worden).

Pulci stellt die Thematik der mittelalterlichen Epen in seinem *Morgante* in burlesk-komischer Weise dar. Karl der Große, ein seniler Trottel, ist den hinterhältigen Einflüsterungen Ganelons hoffnungslos ausgeliefert, so daß ihn seine Paladine verlassen. Orlando stößt bei seinen Irrfahrten auf den Riesen Morgante, bekehrt ihn und macht ihn zu seinem Knappen. Zu Morgante gesellt sich schließlich noch der Halbriese Margutte, der in einem die religiösen Dogmen persiflierenden Credo seinen materialistischen Glauben an Fressen und Saufen verkündet. Die locker aneinandergereihte Handlung erhält ihre eigentliche Einheit durch ihre Protagonisten. Sprachliches Vorbild Pulcis sind nicht zuletzt die burlesken Schweifsonette des Florentiner Barbiers Burchiello (eigtl. Domenico di Giovanni, 1404–1449). Das lebhafte Interesse des Dichters an volkssprachlichen Wendungen dokumentiert auch ein von ihm zusammengestelltes kleines Wörterbuch der Gaunersprache, das *Vocabolarietto di lingua furbesca.*

Pulcis respektlose Töne waren nicht mehr gefragt, als Lorenzo de'Medici vom ausgelassenen jugendlichen Spielgefährten von ehedem zum Herrn von Florenz aufgestiegen war. Der Dichter legte sich außerdem zwischen 1474 und 1475 durch den Austausch einer Reihe satirischer und sarkastischer Schweifsonette mit dem am Hof des Magnifico lebenden geistlichen Günstling Matteo Franco (1447–1494) an und verärgerte schließlich auch Marsilio Ficino, als er sich über dessen Christentum und Platonismus verbindende Weltanschauung mokierte. Er wollte nicht wahrhaben, daß die Philosophie des

Haupts der Florentiner Akademie inzwischen zur offiziellen Ideologie avanciert war. Da half es auch nicht mehr, daß Pulci seinen *Morgante* von 23 Gesängen mit einem Anhang über den Tod Orlandos um weitere fünf Gesänge, den sogenannten *Morgante maggiore*, ergänzte. Als der Dichter auf einer Reise in Padua verstarb, wurde er dort wegen seiner häresieverdächtigen unorthodoxen Ansichten in ungeweihter Erde beigesetzt.

Die Literatur am Hof der Este in Ferrara und Ludovico Ariosto

In den fünfziger Jahren des Quattrocento wurde Ferrara dank der Initiativen des mit Manuele Crisolara befreundeten Guarino de'Guarini (gen. Guarino Veronese, 1374–1460) mit seinen Schülern ein Zentrum humanistischer Bildung. Nach Guarinos Tod verlagerte sich der Schwerpunkt des kulturellen Lebens an den Hof des kleinen Staats der Este, dessen Herrscher zwar nicht das intellektuelle Niveau Lorenzos de'Medici erreichten, jedoch traditionsgemäß das in Norditalien nie erloschene Interesse an den Ritterepen förderten. Sie legten eine beachtliche Sammlung von Handschriften in der herzoglichen Bibliothek an und nahmen aufmerksam und aktiv Anteil an der Entstehung von Matteo Boiardos Epos *L'Orlando innamorato (Der verliebte Roland)*. Borso I. (1413–1471), dem 1452 der Herzogtitel verliehen wurde, und sein Nachfolger Ercole I. (1431–1505), beide ohne große humanistische Interessen und Kompetenzen, förderten auch aufgrund pragmatischer Überlegungen die Landessprache.

Matteo Boiardo (1441–1494), auf dem Schloß seiner Eltern in Scandiano geboren und früh verwaist, aber dank seines mit Guarino Veronese vertrauten Großvaters humanistisch ausgebildet, verbrachte sein ganzes Leben in der Nähe und in den Diensten der ferraresischen Dynastie. Diplomatische Missionen führten ihn bis nach Neapel. Bei der Invasion des französischen Königs Karls VIII. versuchte Boiardo, als Stadtkommandant von Reggio in verantwortlicher Stellung, vergeblich seine Schutzbefohlenen vor den Übergriffen der durchziehenden Soldateska zu schützen.

In den Jahren 1475/76 schloß er seinen sorgfältig komponierten volkssprachlichen *Canzoniere* ab (jedes der drei Bücher enthält 50 Sonette und zehn weitere Gedichte), den Boiardo unter Anspielung auf Ovid mit *Amorum libri tres* betitelte. Das Vorbild Petrarcas ist zwar unverkennbar, aber Thematik und Formen (Boiardo versucht sich gelegentlich in geradezu manieristisch verschränkter Metrik) sind von beachtlicher Selbständigkeit. Im ersten Buch schildert der Lyriker die beseligende Liebe zu Antonia Caprara, im zweiten die Enttäuschung über ihren Verrat und im dritten die süße Bitternis der Erinnerung. Es geht kaum zu weit, die *Amorum libri tres* als bedeutendste italienische Gedichtsammlung des 15. Jahrhunderts zu betrachten.

Matteo Boiardos unvollendete epische Ritterdichtung *L'Orlando innamorato* mit ihrem oft unvermittelten Nebeneinander von volkstümlichen Oktaven in der Tradition der Bänkelsänger und den spätgotischen Raffinements seiner Naturdarstellungen und Architekturbeschreibungen stand jahrhundertelang im Schatten der berühmten Fortsetzung seines Epos durch Ludovico Ariosto im *Orlando furioso (Der rasende Roland).* Bereits bei Boiardo ist der Kreuzzugsgeist der Karlsepik weitgehend einem ritterlichen Wettstreit zwischen Ebenbürtigen gewichen: So versichern sich der Christ Orlando und sein „heidnischer" Gegner Agricane vor ihrem Duell aufs nobelste ihrer gegenseitigen Hochachtung.

Zu Recht läßt sich der *Orlando innamorato* mit seinem ethisch-politischen Konzept als Vermächtnis des durch die Großmächte, aber auch durch dynastische Querelen ständig bedrohten Pufferstaats an die Nachwelt betrachten. So gesehen erhält der mit dem Italienfeldzug Karls VIII. zusammenfallende Tod des liebenswerten Boiardo eine geradezu symbolische Tragweite.

Etwa ein Jahrzehnt nach Boiardos Tod begann Ludovico Ariosto (1474–1533) mit der Arbeit an seiner ebenfalls in Oktaven verfaßten epischen Dichtung *Orlando furioso*, mit der er den unvollendet gebliebenen *Orlando innamorato* fortsetzte, ohne die vielverschlungene Handlung selber abzuschließen. Ariost, Sohn des Kommandeurs der Zitadelle des zum Herzogtum Ferrara gehörenden Reggio Emilia, verbrachte ähnlich wie Boiardo sein ganzes Leben im Dienst der Este, zunächst von Kardinal Ippolito (1479–1520), dem er 1516 die in Ferrara erscheinende erste Auflage seines Epos in vierzig Gesängen widmete, dann von dessen Bruder Herzog Alfonso (1476–1534), der den Dichter mehrfach mit delikaten diplomatischen Missionen (unter anderem nach Rom) betraute, und dann von 1522 bis 1525 als Gouverneur in die abgelegene, von Banditen verseuchte estensische Apenninenenklave Garfagnana abordnete. Erst die letzten Lebensjahre, die Ariost mit der sprachlichen und formalen Überarbeitung des *Orlando furioso* verbrachte (die neue Fassung in 46 Gesängen erschien ein Jahr vor seinem Tod ebenfalls in Ferrara), genoß er in relativer Ruhe in seiner „parva domus", seinem bescheidenen Wohnsitz, in der Heimat. Dort vermählte er sich 1528 mit Alessandra Benucci, der Witwe seines Freundes Tito Strozzi, heimlich, weil er die ihm als Kleriker zuerkannten kirchlichen Pfründen und seine Braut die ihr als Witwe zustehenden Versorgungsbezüge nicht verlieren wollten.

Ariost verfaßte zwischen 1517 und 1525 sieben erst nach seinem Tod erschienene *Satire* in Terzinen, die zwar ironisch, aber nichtsdestoweniger engagiert und kritisch seine persönlichen Angelegenheiten wie auch zeittypische und modische Tendenzen schildern. In der ersten Satire legt der Dichter die Gründe dar, die es ihm nicht geraten erscheinen lassen, seinen Herrn Ippolito d'Este, der 1517 in Budapest Bischof der dortigen Diözese wurde, in das ferne Land zu begleiten. Der Dichter gibt als Gründe für seine Weigerung unter anderem scherzhaft die unverdauliche ungarische Küche und das kalte Klima an, in Wirklichkeit wollte er die Bequemlichkeit eines seßhafteren Lebens und die größere Freiheit einer vertrauten Umgebung nicht verlieren, zumal da ihn nun Herzog Alfonso in seine Dienste nahm.

Die ungewöhnliche Beobachtungsgabe, die humanistische Aufgeschlossenheit sowie die Erfordernisse höfischer Repräsentation und Unterhaltung waren die Voraussetzungen für Ariosts Initiativen, denen zu verdanken ist, daß die Renaissancekomödie in italienischer Volkssprache in Ferrara ihren Ursprung nahm. Im März 1508 inszenierte der Dichter sein Bühnenwerk *La Cassaria (Die Kästchenkomödie)*, in dem er ebenso wie im bereits ein Jahr danach entstandenen Stück *I suppositi (Die Unterschobenen)* Personen und Motive der römischen Komödie aufgriff. Ariost machte sich um das italienische Renaissancetheater erneut verdient, als er zwischen 1529 und 1532 für den Hof der Este ein kleines Ensemble leitete. Für diese Theatergruppe schrieb er seine früheren Prosakomödien in den jambischen Trimetern der römischen Vorbilder nachempfundene *endecasillabi sciolti*, reimlose Elfsilber, um und verfaßte weitere Stücke: *Il negromante (Der Geisterbeschwörer*, 1520), über die Machenschaften eines betrogenen Betrügers, und *La Lena* (1528), über die Intrigen einer geschäftigen Kupplerin dieses Namens.

Ariosts Komödien haben sich auf den Spielplänen der italienischen Bühnen nicht halten können. Einen der Gründe dafür hat bereits der Florentiner Niccolò Machiavelli in seinem um 1515 entstandenen *Discorso o dialogo intorno alla nostra lingua (Rede oder Dialog über unsere Sprache)* benannt, als er mit dem für seine Heimat kennzeichnenden sprachlichen Selbstbewußtsein dem Verfasser der *Suppositi* zwar kompositorisches und rhetorisches Geschick zugestand, aber als einem außerhalb der Toskana Geborenen grundsätzlich die Fähigkeit absprach, eine gelungene Komödie zu verfassen, da dieser notwendigerweise „jenes Salz" abgehen müsse, das dafür eine unerläßliche Voraussetzung sei. Was es mit diesem „attischen Salz" der Toskaner auf sich hatte, das zeigte die am 6. Februar 1513 unter Mitwirkung von Baldassarre Castiglione und mit Kulissen des Raffael-Schülers Girolamo Genga am Hof in Urbino aufgeführte, in der Tradition von Boccaccios *beffe* stehende Komödie *La*

Calandria. In einem Prolog wird den Zuschauern eine „neue Komödie" in Aussicht gestellt: „in Prosa, nicht in Versen, modern, nicht antik, volkssprachlich, nicht lateinisch". Verfasser dieses witzigen Werks war der in der Nähe von Arezzo beheimatete Bernardo Dovizi (gen. Il Bibbiena, 1470–1520), der 1513 von Leo X. zum Kardinal ernannt wurde.

Ariosts Epos *Orlando furioso* hat drei thematische Schwerpunkte: den Krieg zwischen Karl dem Großen und seinem sarazenischen Gegner Agramante, die Liebe Rolands und anderer Ritter aus beiden Lagern zu der schönen Angelica und schließlich den Ursprung der Este-Dynastie aus der Verbindung des zunächst zum sarazenischen Lager gehörenden Ruggiero und der kriegerischen Bradamante. Ariost verwirrt den Leser durch eine fast nicht mehr überschaubare Personen- und Episodenfülle, unterbricht die Handlung häufig in Augenblicken höchster Spannung und löst die heroische, vom hohen Ernst einer Kreuzzugsdichtung getragene Welt des *Rolandslieds* durch Verquickung mit Personen und Episoden des arturischen Romans ironisch ins Märchenhafte auf. *Orlando furioso* ist durch ständigen Wandel und Wechsel gekennzeichnet. Symptomatisch hierfür sind etwa die Insel der Zauberin Alcina, die die christlichen Helden durch sinnliche Ausschweifungen von ihren Aufgaben ablenkt, oder das Zauberschloß Atlantes, in dem mehrere von diesem gefangene Paladine die Stimme oder die Umrisse geliebter Personen zu hören oder zu erkennen wähnen. Wahnsinn und Raserei des eigentlichen Titelhelden werden durch die schöne Angelica verursacht, die sich schließlich nicht dem Neffen des Kaisers, sondern dem verwundeten Kriegsknecht Medoro hingibt. Roland kann seinen abhanden gekommenen Verstand erst wieder erlangen, als dieser vom britischen Prinzen Astolfo vom Mond zurückgeholt wird.

Die Hofdamen von Ferrara waren Ariosts bevorzugtes Publikum. Es lag gewiß nicht in seiner Absicht, ihnen lediglich nach dem Munde zu reden, wenn er etwa in Rinaldos berühmter Rede für die des Ehebruchs angeklagte und damit vom Feuertod bedrohte Ginevra, unter Umgehung der aus seiner Sicht gar nicht zu stellenden Schuldfrage, in die Schranken tritt. Das barbarische Gesetz, das Frauen anders behandelt als Männer, ist ohne jegliche Legitimation und diskreditiert damit alle, die es anwenden, weil gerade ein Verstoß dagegen eine menschliche Haltung offenbart, mit deren Hilfe Liebesqualen gelindert werden: „Die stirbt mit Recht, die durch Versagen kränkte; Nicht, die dem treuen Freund das Leben schenkte" (IV, 63; übers. v. J. D. Gries).

Ein Jahrhundert nach Ariosts Tod, mitten im Dreißigjährigen Krieg, erschien *Die Historie vom rasenden Roland* des Diplomaten Diederich von dem Werder (1584–1657), eines Mitglieds der nach dem Vorbild der Florentiner Accademia della Crusca ins Leben gerufenen Fruchtbringenden Gesellschaft. Freilich übersetzte er den *Orlando* nicht in Oktaven, sondern in die von Martin Opitz sanktionierten Alexandriner, und außerdem nicht komplett. Erst in der Goethe-Zeit erschien die in der zweiten Auflage von 1827/28 dem Weimarer Großherzog Carl August gewidmete Orlando-Übersetzung von Johann Diederich Gries, eine unübertrefflich gebliebene Meisterleistung, welche die eigentlich unnachahmliche Geschmeidigkeit der italienischen Oktaven einzudeutschen verstand, ohne die so typische Strophenform des italienischen Dichters gewaltsam zu strapazieren. Wenn das noch im 19. Jahrhundert zum festen Kulturbesitz des deutschen Bildungsbürgertums gehörende Epos Ariosts heute weitgehend aus dem Bewußtsein des deutschen Lesers verschwunden ist, so hängt dies in erster Linie damit zusammen, daß Epik in Versform grundsätzlich kaum noch mit nennenswerter Rezeption rechnen darf. Hingegen belegen zahlreiche Werke Italo Calvinos, aber auch eine von dem Avantgardisten Edoardo Sanguineti verfaßte Bühnenbearbeitung des *Orlando furioso*, die 1969/70 in Verona und Berlin von Luca Ronconi mit Hilfe von Simultanbühnen wirkungsvoll dramatisiert und inszeniert wurde, die ungebrochene Vitalität dieses unvergleichlichen Werks der italienischen Renaissance.[22]

Die Literatur am aragonesischen Hof in Neapel und Iacopo Sannazaros *Arcadia*

Jacob Burckhardt hat in seiner *Kultur der Renaissance in Italien* (1860) Alfons V. aus dem Haus Aragon, den „Großmütigen", der 1435 Neapel in Besitz nahm, als „glänzend in seinem ganzen Dasein, furchtlos unter seinem Volke und von einer großartigen Liebenswürdigkeit im Umgang" charakterisiert. Freilich konnte es nicht ausbleiben, daß diese in Verschwendungssucht ausartende *liberalitas* zu unerträglichen Steuerlasten und Staatsbankrott führte. Alfons V. hatte den hochbegabten Humanisten Giovanni Pontano (1429–1503) an seinen Hof gezogen, der unter dem König und seinem Nachfolger die von dem Palermitaner Antonio Beccadelli (gen. Il Panormita 1394–1471) gegründete, später nach ihm benannte Accademia Pontaniana leitete. In bewundernswertem Ovid und Vergil nacheiferndem Humanistenlatein verfaßte Pontano Traktate zu astrologischen, ethischen und landwirtschaftlichen Fragen.

Die Accademia Pontaniana war der intellektuelle Hintergrund des Neapolitaners Iacopo Sannazaro (1456–1530), der unter dem Namen Actius Sincerus in ihre Reihen aufgenommen wurde und bald eine ihrer herausragenden kulturellen Persönlichkeiten war. Als treuer Diener der aragonesischen Dynastie erlebte er die durch den Italienzug Karls VIII. ausgelösten Wirren aus nächster Nähe und in verantwortungsvoller Stellung mit und folgte König Federico nach Frankreich in die Verbannung, als das Königreich Neapel von Spanien annektiert wurde.

Noch ehe der Dichter 1505 wieder in die Heimat zurückgekehrt war, erschien 1504 in Neapel die kurz vor seinem Exil abgeschlossene Erstausgabe der *Arcadia*. Der prosimetrische Text wurde einer der größten internationalen Erfolge der italienischen Literatur. In zwölf Eklogen verschiedenen Metrums und zwölf Prosatexten erzählt der Protagonist des Werks, Sincero, von seiner Flucht in das Hirtenland Arkadien, wo er sein Leid wegen des Verlusts eines geliebten Mädchens zu vergessen hofft. Neben den kanonischen antiken Vorbildern inspirierte sich Sannazaro an Dantes *Vita nuova*, an Boccaccios *Ameto* und an Petrarcas auf lateinisch verfaßten *Bucolicum carmen*. Originelle Naturbeschreibungen enthalten die geologischen Höhlenexpeditionen zu den Quellnymphen der Flüsse.

Sannazaros Werk erschien allein im 16. Jahrhundert in sechzig Auflagen in Venedig. Die *Arcadia* steht am Beginn der volkssprachlichen europäischen Hirtendichtung, zu der die bedeutendsten Schriftsteller der Renaissance, des Manierismus und des Barock ihre Beiträge leisteten: Garcilaso de la Vega, Lope de Vega und Cervantes in Spanien, Montemayor in Portugal, Philip Sidney in England. Die Dichter der Pléiade und Honoré d'Urfé in Frankreich ließen sich durch Sannazaro zu vergleichbaren Werken inspirieren, und im deutschsprachigen Raum wurde noch die *Schäfferey von der Nimpfen Hercinie* (1630) und das Lehrgedicht *Vesuvius* (1633) von Martin Opitz (1597–1639) direkt von der *Arcadia* des Neapolitaners angeregt.[23]

Vom höfischen Fest zur Institutionalisierung des Theaterlebens

Die an das liturgische Jahr und den Heiligenkalender geknüpften mittelalterlichen Aufführungen von Mysterien- und Mirakelspielen, in deren Verlauf auf öffentlichen Plätzen und Straßen biblische und legendäre Stoffe inszeniert wurden, verschwanden in der Folge des Humanismus keinesfalls abrupt von der Bildfläche. Sie sind in Florenz unter Lorenzo de'Medici noch zu finden. Lorenzo il Magnifico war nicht nur Verfasser von *Canzoni a ballo* und *Canti carnascialeschi*, die während des Faschings vorgetragen und aufgeführt wurden (erinnert sei an die berühmte *Canzona di Bacco* „Quanto è bella giovinezza"), sondern auch von *Laudi* und der 1491, ein Jahr vor seinem Tod, uraufgeführten *Rappresentazione di San Giovanni e Paolo.*

An italienischen Universitäts- und Residenzstädten wurden bereits im 15. Jahrhundert von Studenten und Höflingen Komödien von Plautus und Terenz in der Originalsprache oder in Übertragungen aufgeführt. Giulio Pomponio Leto (1428–1497), der 1465 die Accademia Romana ins Leben gerufen hatte, deren Mitglieder über ganz Italien verstreut lebten, war es, der durch Inszenierungen lateinischer und neulateinischer Stücke vielbeachtete theatralische Initiativen ergriff und etwa 1486 Senecas Bearbeitung des *Hippolytos* von Euripides auf dem Forum inszenierte. Volkssprachliche Fassungen dieser Tragödie wurden 1501 beziehungsweise 1509 in Mantua und Ferrara aufgeführt.

Poggio Bracciolini hatte um 1415 in der Sankt Gallener Bibliothek auch die Abschrift der etwa zwischen 33 bis 22 vor Christus verfaßten *Zehn Bücher über die Baukunst* von Vitruv entdeckt. Sie gaben den Anstoß für Leon Battista Albertis um die Jahrhundertmitte entstandenen Architekturtraktat *De re aedificatoria (Über die Baukunst,* 1485). Diese beiden Werke bildeten in den folgenden Jahrzehnten die Grundlage für alle Bemühungen, die antike Aufführungspraxis wiederzubeleben, die schließlich über die von Baldassarre Peruzzi erbaute Villa Farnesina in Rom (um 1511) in dem bis zum heutigen Tag wie durch ein Wunder erhaltenen Teatro Olimpico in Vicenza ihre Krönung fanden. Grundriß, Szenenwand und der runde Zuschauerraum des Teatro Olimpico wurden von Palladio entworfen, die perspektivischen Effekte der Straßendekoration sind hingegen das Werk von Vincenzo Scamozzi. Der Bau wurde 1585 mit dem von Orsatto Giustinian übertragenen *König Oedipus* von Sophokles feierlich eröffnet. Bei den Texten des italienischen Renaissancetheaters handelt es sich in der Regel um Auftragsarbeiten. Bei ihrer Interpretation sind daher die Bedingungen ihrer Entstehung und die Erfordernisse der Aufführungspraxis stets angemessen mitzubedenken.

Unter Berufung auf Vitruv gab der aus Bologna stammende Sebastiano Serlio (1475–1554) in seinem einflußreichen *Tratta-*

to d'architettura (1537ff.) den Bühnenbildnern drei Szenengrundtypen vor: den tragischen mit seiner Palastarchitektur, den komischen mit seinem öffentlichen Platz und den satyrischen (pastoralen) mit Waldlandschaft und kleiner Hütte.

Im Laufe des 16. Jahrhunderts bildete sich in Italien schließlich das als Commedia dell'arte bekannt gewordene Berufsschauspielertum heraus, das zwar die Liebhaberaufführungen von Akademiemitgliedern und die aus Anlaß höfischer Feste mit großem Aufwand inszenierten Umzüge nicht ablöste, dessen Bedeutung jedoch für die internationale Verbreitung der in Italien verwirklichten theatralischen Neuerungen kaum unterschätzt werden kann.[24]

Pietro Bembo, „Questione della lingua" und Petrarkismus

Bei der von Dante zum ersten Mal problematisierten Frage nach dem richtigen Sprachgebrauch lassen sich im 16. Jahrhundert in Italien drei Haupttendenzen unterscheiden: eine archaisierende, die die Sprache von Petrarca und Boccaccio zur verbindlichen Norm erhob (Bembo), eine eklektische, welche die an den verschiedenen Höfen und in den bedeutendsten italienischen Städten gesprochene Kanzlei- und Umgangssprache zu einer übergreifenden Einheit zu verschmelzen suchte (Castiglione) und schließlich eine dezidiert florentinische, welche die zeitgenössische Sprache der dort lebenden Toskaner als oberste und ausschließliche Richtschnur anerkannte (Machiavelli). In Traktaten und Dialogen wurden die verschiedenen Positionen dargelegt und diskutiert.

Pietro Bembo (1470–1547), Sproß einer venezianischen Adelsfamilie, war der angesehenste Vertreter der archaisierenden Tendenz. Er hatte bei dem in Messina lehrenden byzantinischen Humanisten Costantino Lascaris (1434–1501) eine gediegene humanistische Ausbildung erhalten und beteiligte sich, ähnlich wie Erasmus von Rotterdam, engagiert an den verlegerischen Initiativen Aldo Manuzios (1449–1515), des berühmtesten Buchdruckers seiner Zeit, dem die Erfindung der eleganten Kursivschrift (*carattere italico* oder *aldino*) verdankt wird. Aldo verlegte etwa 130 Ausgaben griechischer, lateinischer und volkssprachlicher Texte und eine in ihrer Art unübertroffene Kostbarkeit unter den Wiegendrucken, die allegorische Prosa *Hypnerotomachia Poliphili* (*Poliphilos Traumliebesstreit*, 1499) des Dominikanermönchs Francesco Colonna (1433–1527), deren Holzschnitte von Bildern Mantegnas, Carpaccios und anderen angeregt worden waren.

Durch Bembo wurde die *questione della lingua*, der Streit um den richtigen Sprachgebrauch, unter den humanistisch Gebildeten im wesentlichen zugunsten der Volkssprache in klassizistischem Sinn entschieden. Nicht der vielschichtige *plurilinguismo* Dantes, sondern der *monolinguismo* Petrarcas (Contini) wurde als vorbildliche Norm etabliert. In seinem Dialog in drei Büchern *Gli Asolani (Asolaner Gespräche)*, der 1502 verfaßt und 1505 veröffentlicht wurde, unterhalten sich verschiedene Edelleute in der Villa der ehemaligen Königin von Zypern, Caterina Cornaro, in Asolo bei Treviso über die Liebe und entscheiden sich dabei für die spirituelle Auffassung im Geiste Platos. Bembo ging es in seiner Lebensführung wie in seinem literarischen Schaffen darum, dem bewunderten Vorbild Petrarca nachzueifern. Dies belegen auch die von zahlreichen italienischen Zeitgenossen als Norm betrachteten, in Gesprächsform verfaßten *Prose della volgar lingua (Prosa in der Volkssprache*, 1525) in drei Büchern. Kennzeichnend für Bembo ist die Reduktion der Musterautoren auf die beiden Vorbilder Petrarca und Boccaccio, denn wo es darum geht, „die reinsten, [...], die schönsten und die angenehmsten Wörter“ zu wählen, sei es besser, Dante außer acht zu lassen, da er mitunter „rohe und unanständige Wörter“ benutze.

Bembos Thesen wurden von dem Paduaner Sperone Speroni (1500–1588) in seinem *Dialogo delle lingue (Dialog über die Sprachen*, ca. 1542) aufgegriffen. Das Werk gab Joaquim Du Bellay (1522–1560) den Anstoß zu seiner folgenreichen *Défense et illustration de la langue française (Verteidigung und Er-*

läuterung der französischen Sprache, 1549). Bei Speroni fragt der am Gespräch beteiligte Hofmann im Zusammenhang mit dem Problem des rechten Sprachgebrauchs: „[...] muß ich also als Toskaner geboren werden?" Bembo kann ihn beruhigen: „Geboren werden nicht, aber Toskanisch lernen. Ist es doch vielleicht sogar besser, als Lombarde geboren zu werden denn als Florentiner, weil die heutige toskanische Umgangssprache mit den Regeln des guten Toskanisch zu sehr im Widerspruch steht, so daß man eher Schaden als Nutzen davon hat, in dieser Provinz geboren zu werden."

Die Laufbahn Pietro Bembos – er war unter anderem als Hofmann in Ferrara und Urbino und später als Sekretär des Medicipapstes Leo X., für den er im Stil Ciceros die Breven redigierte, in Rom – schuf die idealen Voraussetzungen für seine Autorität in literarischen und politischen Angelegenheiten.

Obwohl die konservative und traditionalistische Position Bembos im Laufe des 16. Jahrhunderts, besonders seitens der Florentiner, nicht unumstritten blieb, erhielt sie noch am Ende des Cinquecento einen nahezu offiziellen Status. Leonardo Salviati (1540–1589), bedeutendster Exponent der 1583 gegründeten Accademia della Crusca, vertrat in der Tat eher eine monolinguistisch-restriktive als eine plurilinguistisch-offene Position. Diese schlug sich dann in dem 1612 zum ersten Mal erschienenen *Vocabolario degli Accademici della Crusca* nieder, dessen vornehmste Aufgabe es sein sollte, *farina* (Mehl) und *crusca* (Kleie) voneinander zu trennen. Das Florentiner Vorbild zeigte auch jenseits der italienischen Sprachgrenzen Wirkung. Fürst Ludwig von Anhalt-Köthen, der 1600 unter die Mitglieder der Crusca aufgenommen wurde, gründete 1617 die Fruchtbringende Gesellschaft, Richelieu 1635 die Académie française.

Bembos *Rime*, zum größeren Teil bereits handschriftlich verbreitet, bevor sie 1530 im Druck erschienen, wurden ein kanonisches Vorbild des italienischen und internationalen Petrarkismus. Der Venezianer sah im *Canzoniere*, den er hinsichtlich seiner unübertrefflichen Beispielhaftigkeit in sprachlicher und formaler Hinsicht systematisch erschloß, den vorbildlichen

Text schlechthin, auf dessen Grundlage die wesentlichen Komponenten der Liebeslyrik mit ihrer antithetischen und sprachlichen Kontrastierung der „süßen Bitternis" in ihrer Typenhaftigkeit zu erlernen seien. Es gehört dazu, daß Bembo in einige seiner Gedichte auch den konkreten landschaftlichen Rahmen des *Canzoniere* übernahm, ohne sich um eine Transposition in eine andere räumliche Umgebung zu bemühen. Von hier bis zur schablonenhaften Verwendung des von Petrarca geschaffenen sprachlichen und formalen Fundus durch einfallslose Nachahmer war es nicht mehr weit. Die Verhöhnung und Persiflage der Petrarkisten ließ denn auch nicht lange auf sich warten.[25]

Teofilo Folengo und das „latino maccheronico"

Seit dem Mittelalter war das *latinus grossus*, das Küchenlatein ungebildeter Kleriker, Zielscheibe des Spotts, war es doch eine blamable Bestätigung von Inkompetenz und Ignoranz. Worum es dabei ging, das zeigt der im deutschen Sprachbereich entstandene Vers „Nos binas Sprachas in Wortum einbringimus unum", der die Ausstaffierung des jeweils bodenständigen Wortschatzes durch latinisierende Endungen und auf gut Glück eingestreute lateinische Brocken persifliert.

Nicht dieses relativ primitive Verfahren liegt dem *Baldus* des aus Mantua stammenden Teofilo Folengo (Pseudonym Merlin Cocai, 1491–1544) zugrunde. Es handelt sich um die großartigste Dichtung, die das *latino maccheronico* in der europäischen Literatur aufzuweisen hat. Sie entstand nicht von ungefähr im Umkreis der Universität Padua, einem Ort humanistischen Selbstbewußtseins. Dazu kam, daß in der Poebene die Herausbildung einer Schriftsprache im Volgare eher stockend erfolgte. Das in Hexametern verfaßte Epos *Baldus* erschien zwischen 1517 und 1552 in vier Fassungen. Baldovina, eine Tochter des französischen Königs, flieht mit ihrem Geliebten Guidone di

Montalbano nach Italien, wo sie bei dem Bauern Berto Panada im Dorf Cipada bei Mantua den Titelhelden zur Welt bringt. Baldo heiratet später in der ländlichen Umgebung die Bäuerin Berta und wird Haupt einer Räuberbande, in der sich Cingar, der Riese Fracassus und der aus einem halben Menschen- und einem halben Hundekörper bestehende Falchettus besonders hervortun. Folengos Werk mit seinem handlungsreichen Geschehen und seiner deftigen Sprache vermittelte François Rabelais manche Anregung für seinen Prosaroman *Gargantua* (1534 ff.).

In dieser lateinisch-volkssprachlichen Mischform verfaßt sind auch die *Cantici di Fidenzio Glottocrisio Ludimagistro* des Vicentiners Camillo Scroffa (ca. 1526–1565). Sie verspotten die sprichwörtliche Homosexualität der Pedanten und sind eine burleske Kontrafaktur des Laurakults der Petrarca-Nachahmer. Sie steht in der Tradition der gegen die Verknöcherung des Humanismus gerichteten Pedantensatire, ein wesentlicher Bestandteil der Komödien Aretinos und anderer Stückeschreiber des Cinquecento.

Niccolò Machiavelli und Francesco Guicciardini

Mit dem Italienfeldzug des französischen Königs Karl VIII. begann für die Apenninenhalbinsel 1494 eine lange Epoche kriegerischer Auseinandersetzungen, die 1527 mit der Plünderung Roms im Todesjahr Machiavellis ein katastrophales Ausmaß erreichten. In Florenz wurden die Krisen und Erschütterungen der Zeit mit besonderer Intensität durchlebt. Die glanzvolle Herrschaft des Hauses Medici löste 1494 Girolamo Savonarola (1452–1498) mit seiner theokratischen Republik ab. Die Parteigänger des Dominikanermönchs, die *piagnoni* (Flenner) setzten ein asketisches Regiment religiöser Intoleranz durch. In den letzten Monaten der Herrschaft Fra Girolamos wird der neunundzwanzigjährige Niccolò Machiavelli (1469–1527) zum ersten Mal greifbar. In einem Brief berichtet er am 9. März 1498 dem florentinischen Gesandten in Rom über dessen Predigten und ihren primitiven Dualismus: Savonarola treibe mit seinen Lügen Schönfärberei und teile die Menschheit in zwei Gruppen ein, in eine, die unter Gott kämpfe, nämlich er selbst und seine Gefolgsleute, und in eine andere, die unter dem Teufel streite, das seien die Gegner.

Machiavelli stammte aus einer zwar angesehenen, aber unbegüterten Familie seiner Heimatstadt Florenz. Immerhin war Niccolòs Ausbildung derart, daß er das für seine Zeit unentbehrliche Latein lernte und nach der Hinrichtung Savonarolas im Mai 1498 als Sekretär der Zweiten Kanzlei in die Dienste der wieder konstitutierten Republik treten konnte. Der Sekretär der Ersten Kanzlei, Marcello Virgilio, Nachfolger von Coluccio Salutati und Angelo Poliziano, hatte Machiavelli gegenüber Weisungsrecht. Bei den Missionen des Sekretärs der Zweiten Kanzlei, die ihn in den folgenden fünfzehn Jahren in zahlreiche Städte Italiens, mehrere Male nach Frankreich und einmal sogar an den Hof Kaiser Maximilians nach Deutschland führten, ging es darum, in möglichst kurzer Zeit ein Maximum an Informationen zu sammeln.

Für den Florentiner gab es keine Zweifel darüber, daß Politik nur dann erfolgreich sein konnte, wenn man logisch und kohärent die Konsequenzen aus den verfochtenen Prämissen zog. Diese politische Maxime fand Machiavelli in beispielhafter Weise von Cesare Borgia (1475–1507) in die Tat umgesetzt, als dieser sich nach der Jahrhundertwende mit kalter Berechnung daran machte, mit der Unterstützung seines Vaters, Papst Alexander VI. (1431–1503), zwischen Venedig, Florenz und dem Kirchenstaat ein eigenes Herzogtum zu schaffen.

Fortuna und *virtù* sind die beiden irrationalen Instanzen, die in Machiavellis Weltbild an die Stelle der Religion getreten sind. Die *fortuna*-Auffassung des Florentiners enthielt noch nichts vom barocken Bewußtsein um die Eitelkeit alles menschlichen Handelns. Dies änderte sich auch dann nicht, als Machiavelli nach dem Umsturz der republikanischen Regierung und der Rückkehr der Medici im Februar 1513 der Teilnahme an der Verschwörung des Pietro Paolo Boscoli verdächtigt, gefoltert und vorübergehend eingekerkert wurde.

In seinen Berichten zur Situation in Deutschland analysiert er die Bedürfnislosigkeit als wesentlichen Aspekt des dortigen Lebens. Dieses Bild des allen überflüssigen Luxus meidenden Deutschen enthält ganz offensichtlich eine versteckte Kritik Machiavellis an den auf Eleganz bedachten toskanischen Zeitgenossen. Von Pasquale Villari (1826–1917) bis zu Federico Chabod (1901–1960) vernahmen italienische Historiker in dieser und ähnlichen Äußerungen des Florentiners einen Anklang an die *Germania* des Tacitus.

Erst in den Jahren nach dem Umsturz in Florenz entstanden Machiavellis große Werke. In einem berühmten Brief vom Dezember 1513 an seinen Freund Francesco Vettori (1474–1539), der als Geschäftsträger seiner Heimatstadt Florenz in Rom akkreditiert war, entwirft der ehemalige *segretario* ein anschauliches Bild von seinem Leben nach dem Verlust seiner Stellung. Er erzählt von der Vogeljagd, seinen Streitereien mit Holzfällern und Bauern, seiner Beschäftigung mit Dante, Petrarca, Tibull und Ovid, die er abwechselnd auf seine Gänge mitnehme und in deren Liebesleidenschaften er sich vertiefe, indem er sich an seine eigenen erinnere. Dann gehe er ins Wirtshaus an der Landstraße und rede dort mit den Leuten, bevor er zu Hause das karge Mahl einnehme, das man sich in dem elenden Dorf San Casciano (er lebte dort in einer Besitzung seiner Familie als Verbannter) mit einem kümmerlichen Vermögen beschaffen könne. Und indem er in dieser lausigen Umgebung versinke, schaffe er sich Luft und freue sich darüber, daß ihn Fortuna mit Füßen trete, um zu sehen, ob sie sich ihres Verhaltens nicht schäme. Machiavelli versteht *fortuna* als Opponentin der *virtù*, als eine Widersacherin, die freilich nach seiner Ansicht gewisse Spielregeln zu beachten habe, wenn sie sich nicht disqualifizieren wolle. Im 25. Kapitel des berühmtesten seiner Werke, des Traktats *Il Principe (Der Fürst*, 1532), der wenige Monate nach den turbulenten Florentiner Ereignissen entstand, stellt der Politiker fest: „Ich bin der Meinung, daß es besser sei, herrschsüchtig zu sein, als ehrerbietig, denn die Fortuna ist ein

Weib, und wenn man sie unter sich haben will, muß man sie schlagen und stoßen."

Dem Brief vom Dezember 1513 zufolge schien Machiavelli wie viele Humanisten seiner Zeit ein Leben zu führen, das in der Beschäftigung mit der Antike sein Genüge zu finden vermochte. In Wirklichkeit handelte es sich dabei nur um eine aufgezwungene Lebenshaltung, denn der Techniker der Staatsraison schließt sein Schreiben damit, daß er seinen Korrespondenten daran erinnert, wie sehr er eine Anstellung durch die Medici wünsche, und sei es auch nur, „um einen Stein zu wälzen". Schließlich müsse es doch im Interesse der neuen Herren von Florenz sein, sich eines Mannes zu bedienen, der auf Kosten anderer Erfahrungen gesammelt habe.

Das Schlußkapitel des *Principe* mit der Aufforderung an Lorenzo di Piero de' Medici, die Geschicke Italiens in die Hand zu nehmen und die das Land unterjochenden Barbaren zu vertreiben, wurde oft mißverstanden, da sich der Staatsdenker hier in einem geradezu lyrischen *raptus* an den Papstnepoten wendet und diesen auffordert, Italien zu einen. Wichtigste Voraussetzung dafür scheint ihm die Stärkung der *virtù italica*. Jedem sei diese Herrschaft der Barbaren wie lästiger Gestank, und das illustre Haus der Medici solle daher mit jenem Mut und jener Hoffnung, welche die Kennzeichen gerechter Unternehmungen seien, eine Wende im Schicksal Italiens herbeiführen. Der verrufene und kühle Analytiker politischen Handelns wird hier zum Vorkämpfer eines politischen Konzepts, das drei Jahrhunderte später das italienische Risorgimento beflügelte. Der Vordenker der italienischen Marxisten, Antonio Gramsci, unternahm es dann in einer Zeit, in der faschistischer Personenkult die Parallele Fürst-Duce nahelegen konnte, den *Principe* mit der kommunistischen Partei zu identifizieren.

Daß die Einigung Italiens nur nach der Beseitigung des Kirchenstaates verwirklicht werden könne, das hatte Machiavelli in seinen 1513–1518 verfaßten *Discorsi sopra la prima deca di Tito Livio (Reden über die erste Dekade des Titus Livius)* eindringlich formuliert. Im zwölften Kapitel des ersten Buchs machte er den päpstlichen Hof für die Teilung des Landes ebenso verantwortlich, wie für die Tatsache, daß durch die an ihm herrschende Korruption jeder Glauben und jede Religion unmöglich gemacht worden seien.

Machiavellis diesseitige Moral ist der dramatische Motor der um 1518 entstandenen Komödie *La Mandragola (Die Liebesalraune).* Er stellt hier die Ursachen der spezifisch italienischen Misere dar: die durch Lug und Trug korrumpierten zwischenmenschlichen Beziehungen. Frate Timoteo, der als Vertreter jener römischen Kirche auftritt, die Machiavelli für den Niedergang von Religion und Moral verantwortlich macht, erhält in dieser der toskanischen Novellistik verpflichteten Komödie geradezu diabolische Züge. Erst im Augenblick, als Lucrezia, die Frau des impotenten Messer Nicia, mit selbstbewußter *virtù* ihr Schicksal in die Hand nimmt und Callimaco als Liebhaber „für immer" akzeptiert, wird der Umschlag ins Tragische verhindert.

Die *Mandragola* ist, was ihre Moral betrifft, eines der düstersten literarischen Zeugnisse des 16. Jahrhunderts. In einer derart beschaffenen Welt ist die Selbsterhaltung nur noch um den Preis der Selbstaufgabe möglich. Mag auch der Handlungsverlauf der Komödie auf den ersten Blick an Boccaccio erinnern, in Machiavellis Weltbild ist kein Platz für jene optimistische, ungetrübte Lebensfreude, die einen großen Teil der *Decamerone*-Novellen belebt. Der *Mandragola* kann man trotz ihrer Zugehörigkeit zur Gattung Komödie nicht froh werden.

Mochten es die Medici auch abgelehnt haben, den ehemaligen Sekretär der Republik in ihre Dienste zu nehmen, so konnte Machiavelli doch im Mai 1525 in Rom dem Mediceer-Papst Klemens VII. (1478–1534) die ersten acht Bücher seiner *Istorie fiorentine* überreichen, die von den Anfängen bis zum Tod von Lorenzo de' Medici reichten. Sie sind nicht so sehr wegen ihres Quellenwertes, als vielmehr wegen der Weiterentwicklung von Machiavellis zentralen staatspolitischen Gedanken von Belang und verzichten auf jedwede Lobhudelei späterer barocker Geschichtsschreibung.

Die wechselvolle Geschichte der internationalen Rezeption des *segretario fiorentino* stand nicht zuletzt im Zeichen der von den Hugenotten als „machiavellistisch“ angeprangerten französischen Königin Katharina de' Medici, die für die Greuel der Bartholomäusnacht verantwortlich gemacht wurde. Die Entmythisierung von Machiavellis Persönlichkeit und Werk ist auch heute noch nicht abgeschlossen.

Während der dem humanistisch gebildeten Florentiner Bürgertum entstammende Niccolò Machiavelli in seinen historischen und politischen Schriften die Gesetzmäßigkeiten politischen Handelns beschrieb und analysierte, beschränkte sich sein aristokratischer Mitbürger Francesco Guicciardini (1483–1540) darauf, die vielfältigen Erfahrungen seiner diplomatischen Laufbahn unter Verzicht auf jedes Systemdenken zu beschreiben. Seine bereits in jungen Jahren begonnene Karriere führte den Diplomaten im Auftrag der Republik nach Spanien, später nach der Restauration der Medici-Herrschaft an den Hof Leos X. Schließlich ernannte ihn Klemens VII. zum Generalkommissar im Heer der gegen Karl V. gerichteten Liga von Cognac, die 1527 unterlag und damit jene *finis Italiae* besiegelte, welche Machiavelli noch in der utopischen Erwartung eines Retters abzuwenden gehofft hatte.

Das unvorhergesehene Scheitern seiner politischen Bestrebungen warf Guicciardini auf sich selbst zurück. In den zwischen 1512 und 1530 entstandenen und in fünf verschiedenen Fassungen erhaltenen *Ricordi civili e politici* wird die *fortuna* zunehmend zur beherrschenden Macht, welche sich der *virtù* entgegenstellt. Der Rückzug in den privaten und begrenzten Bereich des *particulare* ist für den Menschen bei Guicciardini daher die einzige Möglichkeit, sich dem blinden Zugriff der geschichtlichen Entwicklungen zu entziehen.

Mag den *Ricordi* auch noch der Schliff eines Baltasar Gracián oder eines La Rochefoucauld abgehen, so hat Guicciardini doch dank seiner tiefschürfenden *discrezione*, seines Unterscheidungsvermögens, erkannt, „daß die menschliche Wirklichkeit, dieses rätselhafte, vom Zufall bestimmte, täglich wechselnde, vom Schein verhüllte Gewirr sich jedem umfassenden Begriff wie jeder kausalen oder prognostizierenden Deutung entzieht und sich nur der bescheidenen Beobachtung öffnet“.[26]

Die letzten Lebensjahre widmete Guicciardini der Niederschrift seiner *Storia d'Italia (Geschichte Italiens*, postum 1561) in zwanzig Büchern. Er geht dabei als Historiker mit der größtmöglichen sprachlichen Prägnanz zu Werke. Im Gefolge der stilistischen Gebote von Pietro Bembos *Prose della volgar lingua* schildert der Florentiner die psychologischen Motivationen der geschichtlichen Protagonisten aufs sorgfältigste. Die *Storia d'Italia* umfaßt den Zeitraum von der Invasion Karls VIII. (1494) bis zum Tod Klemens VII. (1534), der dann durch Paul III. abgelöst wurde, jenen Farnese-Papst, der 1540 den Jesuitenorden von Ignaz von Loyola (1491–1556) anerkannte und 1545 das Konzil von Trient einberief, womit der Übergang von der Renaissance zur Gegenreformation eingeleitet und endgültig markiert war.

Baldassarre Castiglione und Giovanni della Casa

Neben Machiavellis *Principe* hat kaum ein anderes Werk der italienischen Renaissance eine vergleichbare Wirkung gezeigt wie *Il libro del cortegiano (Das Buch vom Hofmann*, 1528) des in Casatico bei Mantua beheimateten und mütterlicherseits mit der Familie des dortigen Markgrafen verwandten Baldassarre Castiglione (1478–1529). Während Machiavelli in seiner unerbittlichen Darstellung der Technik der Staatsraison schon bald dämonisiert wurde, galt der von Raffael porträtierte Verfasser des *Cortegiano* als Idealtypus des aristokratischen, harmonisch ausgewogenen, Extreme vermeidenden und bei Konfrontationen vermittelnden Diplomaten. Castiglione wählte für sein zwischen 1513 und 1516 entstandenes und dann zwischen 1521 und 1524 überarbeitetes Meisterwerk, wie schon Bembo in seinen *Asolani*, die Form des Gesprächs. Es findet am Hof des Herzogs Guidobaldo di Montefeltro in Urbino unter der die kontrastierenden Meinungen stets moderierenden Leitung der Gemahlin des Fürsten, Elisabetta Gonzaga, statt. Castiglione läßt den Dialog zu jenem Zeitpunkt spielen, als er 1506/07 im Auftrag des Herrn von Urbino für diesen nach England reiste, um dort an dessen Stelle den Hosenbandorden in Empfang zu nehmen. Als der *Cortegiano* 1528 veröffentlicht wurde, war bereits ein großer Teil der illustren Gesellschaft, die im Mittelpunkt des *Cortegiano* steht, verstorben, eine Tatsache, welche das Gespräch in eine wehmütige Distanz entrückt. In seinem Widmungsschreiben an den befreundeten portugiesischen Diplomaten Michel De Silva versichert Castiglione ausdrücklich, sein Versuch, den idealen Hofmann in den Mittelpunkt seines Gesprächs zu stellen, sei eine bewußte Nachahmung Platos, Xenophons und Ciceros, die ja auch Werke über die vollkommene Staatsform, den vollkommenen König und den vollkommenen Redner verfaßt hätten.

Die Form des Gesprächs bot sich Castiglione als ideale Gattung an, um jede dogmatisch festgefahrene Ausschließlichkeit zu umgehen. Liebenswürdig, ironisch und offen werden so verschiedene gesellschaftliche Themen wie die Eleganz in der Kleidung, die Vermeidung von Affektiertheit, der angemessener Gebrauch der Sprache und die Kunst der Konversation abgehandelt. Selbst als gegen Ende des vierten und letzten Buchs Pietro Bembo, Gedanken Platos und Ficinos aufgreifend und variierend, in einer Raum und Zeit aufhebenden Vision ein hohes Lied auf die Liebe anstimmt, wird er von einer Freundin der Gastgeberin im wahrsten Sinne des Wortes wieder auf den Boden der Wirklichkeit zurückgeholt: „Paßt auf, Messer Pietro, daß mit diesem Gedanken sich nicht gar die Seele vom Leib trennt."

Das Lebensende Castigliones wurde von dem welthistorischen Ereignis der Plünderung Roms verdüstert. Der Diplomat weilte zu dem fatalen Zeitpunkt als Nuntius des Papstes in Spanien und wurde von Klemens VII. beschuldigt, er habe es nicht verstanden, die Katastrophe durch angemessene Schritte abzuwenden. Karl V. soll hingegen nach dem Tod des in Toledo verstorbenen Schriftstellers geäußert haben: „Yo vos digo que es muerto uno de los mejores caballeros del mundo" („Ich sage Euch, daß einer der besten Ritter der Welt gestorben ist").[27]

Auf den *Cortegiano* Castigliones folgte eine Reihe von Werken, die in und außerhalb Italiens das Verhalten in der Gesellschaft thematisierten. Am berühmtesten ist ein kleines Werk des Giovanni della Casa (1503–1556), der als versierter Diplomat unter anderem päpstlicher Nuntius in Venedig war und von den Literarhistorikern zu Recht wegen seiner originellen Stellung im Rahmen des italienischen Petrarkismus, etwa durch virtuose Verwendung des Enjambements, gerühmt wird. Dem Titel seines Werkes über den rechten Umgang mit Menschen, dem *Galateo,* kommt auch noch im heutigen Italienisch die Bedeutung zu, die im Deutschen bei der Nennung des Namens Knigge mitklingt. Der genaue Titel von della Casas 1558 erschienener Abhandlung lautet: *Trattato di Messer Giovanni Della Casa nel quale, sotto la persona d'un vecchio idiota ammaestrante un suo giovanetto, si ragiona de' modi, che si debbono o tenere o schifare nella comune conversazione, cognominato Galateo ovvero de' costumi (Traktat des Herrn Giovanni Della Casa, worin von einem alten Analphabeten die Rede ist, der einen jungen Mann in den Formen unterweist, die man beim Umgang mit anderen wahren oder meiden muß. Diese Abhandlung ist betitelt: Galateo oder von den Sitten).* Im Gegensatz zu Castigliones berühmtem Dialog argumentiert hier nicht eine elitäre Hofgesellschaft, sondern ein Mann einfachen Standes, der seine Lebenserfahrung weitergeben will. Die Verhaltensnormen entsprachen denen der jesuitischen Erzieher, die den *Galateo* in ihren Erziehungskanon aufnahmen, was seiner Verbreitung im protestantischen Deutschland nicht gerade förderlich war, aber diese auch nicht ganz zu unterbinden vermochte.[28]

Ruzante und Andrea Calmo

Eine herausragende Erscheinung in der italienischen Theaterlandschaft des 16. Jahrhunderts ist aus heutiger Sicht der unter seinem Künstlernamen Ruz(z)ante (1500–1542) in die Theatergeschichte eingegangene *attore-autore* Angelo Beolco. Er verwaltete die Güter des auf seinen paduanischen Besitzungen lebenden venezianischen Adligen Luigi Cornaro (Alvise Corner, 1475–1566) Verfasser des bis heute unvergessenen Traktats *De vita sobria.*[29]

Erst sechs Jahre nach Beolcos Tod erschien ein erster Text dieser erstaunlichen Doppelbegabung im Druck, und es bedurfte nach Jahrhunderten des Vergessens langwieriger und geduldiger Forschungsarbeit, ehe Ludovico Zorzi 1967 für Einaudi in Turin eine Gesamtausgabe betreuen konnte. Sie erschien just zu einem Zeitpunkt, als sich an verschiedenen Theatern Regisseure darum bemühten, Italien zu einem gesellschaftlich engagierten Repertoire zu verhelfen.

Beolco trat vor dem kleinen literarischen Hofstaat Cornaros in den von ihm selbst verfaßten Stücken als der durch den rohen Dialekt des paduanischen Hinterlands gekennzeichnete Bauer auf. In *Il Parlamento de Ruzante* (1527 oder 1529) kehrt der in der Hoffnung auf leichte Beute in den Krieg gezogene Protagonist verdreckt und verelendet zu seiner Frau zurück, die sich inzwischen mit einem bramarbasierenden *bravaccio* eingelassen hat. In dem Einakter *Bìlora* will der Titelheld seine nach Venedig gezogene Lebensgefährtin wieder heimholen. Diese hat sich aber dort mit einem Kaufmann eingelassen, den der aufgebrachte Bìlora während einer tätlichen Auseinandersetzung ersticht.

Bereits in seinem ersten um 1518 entstandenen Werk *La Pastoral* hatte Beolco in einer Szenenfolge typische Episoden der sich zunehmender Beliebtheit erfreuenden Hirtendichtung aufgegriffen und mit der kruden Wirklichkeit und Sprache der Landbevölkerung konfrontiert. Auch die Komik der späten Komödien basierten im wesentlichen auf der sprachlichen Kontrastierung verschiedener Gesellschaftsschichten. So machen sich in *La Betìa* verschiedene Bauern die schöne Protagonistin streitig, in *La Moscheta* wird Ruzante durch einen Rivalen gezwungen, sich in einem als *moscheto* verspotteten eleganten Florentinisch auszudrücken, während es in *La Vaccaria* um die Auseinandersetzung im Zusammenhang mit einem Handel um Kühe geht.

Ruzante stellt den Bauern nicht mehr vorwiegend klischeehaft zur Erheiterung eines gebildeten und städtischen Publikums dar, sondern zeigt diesen auch in seiner realen sozialen Not. Es sind Themen, die insbesondere im Zusammenhang mit den kriegerischen Auseinandersetzungen und wiederholten Hungersnöten in den ersten Jahrzehnten des 16. Jahrhunderts eine brennende Aktualität erhielten.

Während Ruzante seine Komödien noch im Dienst eines Gutsherrn der venezianischen Aristokratie inszenierte und interpretierte, machte der venezianische *attore-autore* Andrea Calmo (um 1510–1571) aus seiner theatralischen Begabung einen Beruf und Broterwerb. Er knüpfte Kontakt zu den vornehmen Theaterliebhabern der venezianischen Compagnie della calza und richtete für deren Bedürfnisse Aufführungen ein. So schrieb er etwa mit *La pozione (Der Zaubertrank)* Machiavellis *Mandragola* – durch Streichung der Rolle Timoteos – zu einer für die Zensur weniger provozierenden Fassung um. Calmo stellt in gewisser Hinsicht den Beginn der bald internationale Erfolge erzielenden Commedia dell'arte dar, die dann um die Jahrhundertwende mit dem Schauspieler Francesco Andreini (1548–1624) und seiner von Dichtern und hochgestellten Persönlichkeiten gepriesenen und verehrten Frau Isabella Canali (1562–1604) die wohl ersten Stars des europäischen Theaters aufweisen konnte.

Pietro Aretino

Ferdinand Gregorovius (1821–1891) bezeichnete in seiner *Geschichte der Stadt Rom im Mittelalter* Pietro Aretino (1492–1556) noch als „Cesare Borgia der Literatur des 16. Jahrhunderts" und befand, daß die Knechtschaft das notwendige Los einer Nation war, „worin ein so unwissender, schamloser, jedem käuflicher Bettler als Tyrann den Thron der Literatur einnahm". Ohne sich seine klare kritische Sicht durch moralische Verdikte trüben zu lassen, vermochte hingegen Karl Voßler dem erstaunlichen Phänomen Aretino Interesse abzugewinnen, indem er mit ihm „die große Demokratisierung der humanistischen Bildung" beginnen ließ, was insofern richtig ist, als kaum ein anderer toskanischer Schriftsteller seiner Zeit das ihm bereits durch die Geburt zukommende volkssprachliche Selbstbewußtsein radikaler gegen pedantische Gelehrtenweisheit und normative Sprachgängelung ausspielte.

Aretino hatte sich in Rom durch seine Stimmungsmache als Verfasser von Pasquillen, mit denen er 1521/22 die nicht enden wollenden Konklavesitzungen der Kardinäle vor der Wahl Hadrians VI. (1459–1523) sarkastisch kommentierte, einen berühmt-berüchtigten Namen gemacht. Nach dessen Tod brüskierte er die keineswegs prüde Umgebung des Medici-Papstes Klemens VII. (1478–1534) durch seine *Sonetti lussuriosi (Wollüstige Sonette)*, die sechzehn von Giulio Romano entworfene und von Marcantonio Raimondi gestochene Illustrationen erläuterten. Inzwischen hatte er sich auch die persönliche Feindschaft des wegen seiner Schweifsonette gefürchteten Francesco Berni (ca. 1497–1535) und des päpstlichen Datars Giovan Matteo Giberti zugezogen, den Aretino dafür verantwortlich machte, daß er fast einem gedungenen Mörder zum Opfer gefallen wäre, ein Tatbestand, der es ihm geraten scheinen ließ, das gefährliche Pflaster Roms zu verlassen und vorübergehend an den Hof des Markgrafen von Mantua zu flüchten, ehe er sich ab 1527 in Venedig niederließ, wo er bis zu seinem Tod lebte. In dieser für den Buchdruck bedeutendsten italienischen Stadt fand der Toskaner die idealen Voraussetzungen, um sich als Großschriftsteller zu etablieren. Hier und in anderen Städten der Markusrepublik erschienen seine Oktavendichtungen, seine fünf Komödien, seine Tragödie *Orazia* (oder: *L'Horatia, Die Horatier*, 1546), die Dialoge, die Schriften erbaulichen Charakters sowie zwischen 1538 und 1557 sechs Bände mit gesammelten Briefen, in denen er sich prahlerisch als *segretario del mondo* bezeichnete und sich bei Kaiser und Papst, Künstlern und Dichtern für Geschenke und Auszeichnungen bedankte, die er zum Teil durch Drohschreiben erpreßt hatte.

La cortigiana (Die Kurtisane, 1525/34), die erste von Aretinos Komödien, setzt in einer geradezu schwindelerregenden Abfolge von Szenen und mit einer großen Personenzahl das Leben in der Hauptstadt des Kirchenstaats dramatisch um. Betrüger und Geprellte, Herren und Diener, Dirnen und Zuhälter mit ihrem jeweiligen typischen sprachlichen Zungenschlag tauchen für einige Augenblicke auf und verschwinden dann wieder von der Bühne. Opfer der Umtriebe ist der aus Siena angereiste dümmliche Messer Maco, der Kardinal werden möchte und nun in die raffgierigen Hände von Beutelschneidern beiderlei Geschlechts fällt.

Wesentlich straffer strukturiert ist die in Mantua entstandene und dort spielende Komödie *Il marescalco (Der Stallmeister,* 1533). Der wegen seiner homosexuellen Neigungen bekannte und verspottete Protagonist wird auf Befehl des Markgrafen gegen seinen Willen verheiratet. Die verschleierte Braut stellt sich dann bei näherer Betrachtung zur Erleichterung des Stallmeisters als ein in das Spiel eingeweihter Page heraus.

Welches Ansehen Aretino in Theaterangelegenheiten genoß, das belegt die Tatsache, daß er von den *sempiterni,* den „Immerwährenden", einer der für aufwendige Karnevalsveranstaltungen Sorge tragenden aristokratischen Compagnie della calza beauftragt wurde, eine Komödie zu verfassen, für deren Aufführung der im Winter 1541/42 in Venedig weilende Landsmann Aretinos, Giorgio Vasari, das Bühnenbild entwarf.

Aretinos 1534 und 1536 in zwei Teilen erschienene *Ragionamenti (Gespräche),* die in Auszügen auch im Deutschland des 17. Jahrhunderts in lateinischer Fassung *(Pornodidascalus)* bzw. deutscher Übersetzung *(Italiänischer Huren-Spiegel)* erschienen, haben über ihrer obszönen Thematik allzu häufig ihren erstaunlichen volkssprachlichen Fundus übersehen lassen, der freilich nicht selten bereits manieristische Ausmaße annimmt.

Solange man die virtuos auftrumpfende Formulierungskunst von Aretinos Dialogen (1538 erschienen außerdem das *Gespräch über die Höfe* und 1543 das *Gespräch über das Karten-*

spiel) übersieht, muß es befremden, daß der Verfasser obszöner Schriften seine Feder auch dazu verwendete, um Heiligenviten zu verfassen. Die mit rhetorischen Kunstgriffen herausgeputzten Lebensgeschichten Christi, Mariae, der heiligen Katherina von Alexandrien und des heiligen Thomas sind ganz offensichtlich ein Zugeständnis Aretinos an den sich im Klima der Gegenreformation rasch ändernden literarischen Geschmack. Wie sehr der Schriftsteller auch hier wieder einmal eine gute Witterung für die sich abzeichnende Trendwende bewies, zeigt schon die Tatsache, daß im 17. Jahrhundert diese effektvoll ausstaffierte Paradeprosa, in der sich die angehäuften Details verselbständigen, unter dem leicht durchschaubaren Anagramm Partenio Etiro verbreitet wurde. Das Pseudonym war unerläßlich, da Paul IV. ein Jahr nach dem Tod des Dichters *Petri Aretini opera omnia* auf den eben erst verabschiedeten Index der verbotenen Bücher gesetzt hatte.[30]

Die Novelle im Cinquecento

Die Novellensammlung *Le piacevoli notti (Die vergnüglichen Nächte,* 1550/53) des als Person kaum greifbaren Giovan Francesco Straparola (nach 1480 – nach 1557) bemühte sich, durch Einführung bekannter Persönlichkeiten wie Pietro Bembo dem Erzählrahmen die Glanzlichter bedeutender Namen aufzusetzen. Sie zeichnet sich aber weder durch originelle Schilderung des Palazzos von Ottaviano Maria Sforza in Murano noch durch psychologische Differenzierung der dort anwesenden Damen und Herren aus. Neu ist hingegen die Einführung märchenhafter Komponenten in die erzählten Geschichten und die Verwendung des bergamaskischen bzw. paduanischen Dialekts in den Novellen V,3 und V,4.

Die umfangreichste Novellensammlung der italienischen Literatur seit Boccaccios *Decamerone* veröffentlichte 1554 in drei Bänden der Dominikaner, Höfling, Diplomat und spätere Bischof Matteo Bandello (1485–1561). Der Verfasser stellt die historischen Fakten und die zwischenmenschlichen Beziehungen vor allem im sexuellen und kommerziellen Bereich mit krudem Realismus dar. Bandello hatte nach eigenem Bekunden keine stilistischen Ambitionen, um so offener schilderte er die Wirklichkeit in seinen Novellen als hartes und brutales Aufeinanderprallen von Interessen. Dazu kommt, daß der Schriftsteller zugunsten von Widmungsbriefen an verschiedene zeitgenössische Persönlichkeiten, die er den einzelnen Erzählungen vorausschickt, auf einen Rahmen in der Tradition des *Decamerone* verzichtet und damit auch auf die Reflexion über die berichteten Ereignisse. Ebenso unterbleibt die Einbettung in einen ritualisierten Tagesrhythmus. Wie sehr Bandello zeitgenössischem Geschmack entgegenkam, belegt der internationale Erfolg seiner Novellen vor allem in Frankreich, Spanien und England, wo die Dramatiker der Shakespeare-Zeit mehr als einmal auf seinen Fundus an tragischen Geschichten zurückgriffen.

Nicht nur umfangreiche Novellensammlungen wie die Straparolas und Bandellos belegen die anhaltende Beliebtheit der Gattung. Sie findet sich auch in anderen zeittypischen literarischen Formen, wie etwa in den großen Dialogen von Baldassarre Castiglione und Pietro Aretino als beliebtes Mittel zur Illustration und exemplarischen Bestätigung einzelner Aussagen.[31]

Die Rezeption der aristotelischen Poetik und die italienische Tragödie des Cinquecento

Im Gegensatz zur Komödie des 16. Jahrhunderts kommt der italienischen Tragödie der Epoche auf den nationalen und internationalen Spielplänen keine Bedeutung mehr zu. Nicht nur Adolf Gaspary hat in seiner verdienstvollen *Geschichte der italienischen Literatur* (II, 1888) ihren „Mangel an innerer Kraft und Wärme“ und „falsche[n] äußere[n] Putz“ bedauert. Benedetto Croce ließ in einer viel beachteten Abhandlung seiner Aufsatzsammlung *Poesia popolare e poesia d'arte* (1932) die italienischen Tragödien Revue passieren und kam zu dem Ergebnis, alle Versuche, unter ihnen vergessene Meisterwerke aufzuspüren, seien zum Scheitern verurteilt, weil es solche einfach nicht gegeben habe. Das Fazit seiner Bestandsaufnahme war nicht dazu angetan, Forschungen oder Inszenierungen zu beflügeln oder anzuregen.

Die italienischen Tragödien des Cinquecento entstanden vor dem Hintergrund der Rezeption der aristotelischen Poetik. Sie wurde 1498 von dem Paduaner Rhetorikprofessor Giorgio Valla ins Lateinische übersetzt, der griechische Originaltext erschien 1508 bei Aldo Manuzio in Venedig, und nach einer Reihe von lateinischen Kommentaren wurde sie mit Lodovico Castelvetros (1505–1571) *Poetica d'Aristotele volgarizzata e sposta* (1570) auch in der Volkssprache erläutert. „Dieser an Umfang und Dauer einmaligen Aneignung und Verarbeitung der aristotelischen Poetik haben Frankreich und Spanien nichts auch nur annähernd Vergleichbares gegenüberzustellen.“ [32]

Angesichts des hohen Stellenwerts, welcher der Tragödie in der Gattungshierarchie der Zeit zukam, ist es kaum erstaunlich, daß es nicht an Versuchen fehlte, sie in den nationalsprachlichen Literaturen zu neuem Leben zu erwecken.

Von der gräzisierenden *Sofonisba* (1524) des Vicentiners Gian Giorgio Trissino (1478–1550) über Pietro Aretinos aufdringlich rhetorisches Römerdrama *Orazia* (1546) bis zu Torquato Tassos *Re Torrismondo* (1587) und zur *Merope* (1589) des Parmensers Pomponio Torelli (1539–1608) verläuft die Geschichte der Tragödie im italienischen Cinquecento durchaus wechselreich und in ständiger Reaktion auf die zeitgenössischen Kommentare zur Poetik des Aristoteles. Dies zeigt sich besonders eindrucksvoll im Werk des in Ferrara als Rhetorikprofessor tätigen Giovanni Giraldi Cinzio (1504–1573). In seiner Tragödie *Orbecche,* die Senecas *Thyestes* verpflichtet ist und 1541 im Hause Giraldi Cinzios uraufgeführt wurde, hat der Verfasser Greuel auf Greuel gehäuft. Nicht jedoch ein blindes Fatum, sondern menschliches Versagen werden für die entsetzlichen Ereignisse verantwortlich gemacht. Furcht und Mitleid werden dessen ungeachtet ausgelöst, weil Schuld und Sühne in einem erschreckenden Mißverhältnis zueinander stehen. Selbstbewußt konnte Giraldi Cinzio für sich in Anspruch nehmen, er sei es gewesen, der als erster die Aufführung einer Tragödie wieder verwirklicht habe, ein Unterfangen, das nicht nur für Italien, sondern auch für ganz Europa beispielhaft geworden ist. Aus stilkritischer Sicht kommt der italienischen Tragödie eine richtungweisende Bedeutung zu, wie am Beispiel des friaulischen Dramatikers Vincenzo Giusti (1532–1619) aufgezeigt werden konnte, in dessen Werk sich die Krisenhaftigkeit des Manierismus exemplarisch nachweisen läßt.[33]

Die Congrega dei Rozzi
und die Accademia degli Intronati in Siena

Die Stadtrepublik Siena bewahrte sich, ehe sie 1555 dem benachbarten Herzogtum Toskana einverleibt wurde, eine unübersehbare kulturelle Eigenständigkeit, die in der überwiegend von Handwerkern getragenen Congrega dei Rozzi und der aristokratischen Accademia degli Intronati ihren gesellschaftlichen Rückhalt besaß. Die Congrega inszenierte auf derbe Situationskomik angelegte und in deftiger Sprache verfaßte Theaterstücke über das Alltagsleben, die Intronati hingegen führten mit dem wohl als Gruppenarbeit entstandenen Stück *Gli ingannati (Die Getäuschten,* 1531) ein auch in Frankreich und England rezipiertes Werk auf, das neben den Raffinements einer nicht zuletzt auf Verkleidung beruhenden Komödie der Irrungen auch die von Dienern und Wirten getragene volkstümlichere Farcentradition ins Spiel bringt.

Eines der geistreichsten Mitglieder der Accademia degli Intronati war Alessandro Piccolomini (1508–1578), der 1536 aus Anlaß eines Besuchs von Karl V. in der Stadt die Komödie *L'amor costante (Beständige Liebe)* verfaßte, welche die Rührstücke des 18. Jahrhunderts antizipierte und unter anderem auch auf die konkrete politische Situation Bezug nahm, so auf die von Kaiser und Papst eben in die Wege geleitete Konzilsdiskussion und die zunehmende Bedeutung der spanischen Sprache, „die es verdient, von der gesamten Christenheit gekannt und verstanden zu werden", wie Karl V. kurz zuvor in Rom verkündet hatte.

Den Konversationsstil der Accademia degli Intronati vermag der von Piccolomini verfaßte Dialog *La Raffaella, dialogo della bella creanza delle donne (Raffaella, Gespräch über die feine Erziehung der Frauen* 1539) zu belegen, in dem die im Titel genannte Kupplerin die eben erst verheiratete und schon betrogene Margherita mit stichhaltigen Argumenten davon überzeugt, sie solle sich schon um der ausgleichenden Gerechtigkeit willen einen Liebhaber nehmen, freilich ohne irgendwie nach außen den Anschein des moralischen Anstands zu verletzen.

Künstlerbiographien und Künstlerselbstbiographie: Giorgio Vasari und Benvenuto Cellini

In den Briefen Pietro Aretinos finden sich zahlreiche Beschreibungen von Werken zeitgenössischer Maler, die von beachtlicher Sensibilität hinsichtlich des Kolorits der venezianischen Künstler zeugen. Aber erst der ebenfalls in Arezzo beheimatete Maler und Architekt Giorgio Vasari (1511–1574) skizziert in seinen *Vite de' più eccellenti architetti, pittori et scultori italiani da Cimabue insino a' tempi nostri (Leben der hervorragendsten italienischen Architekten, Maler und Bildhauer von Cimabue bis in unsere Zeit,* 1550 und 1568) zum ersten Mal auf der Grundlage von zweihundert einzelnen Künstlerviten eine umfassende Geschichte der italienischen Kunst seit ihren Anfängen. Das Werk ist nach wie vor eine unersetzliche Fundgrube an Informationen, mag die Bevorzugung der von Vasari grenzenlos bewunderten zeichnerischen Qualitäten Michelangelos auf Kosten anderer Komponenten der bildenden Kunst in der Folge auch kritisiert worden sein. Wie aber etwa die zwar ironisch distanzierte, aber keineswegs ausschließlich negative Beurteilung des Werks und der Persönlichkeit von Piero di Cosimo belegt, hinderte der für Vasari im wesentlichen verbindliche Renaissanceklassizismus den Biographen keineswegs daran, eine ihm befremdlich erscheinende makabre *maniera*, wie Vasari den persönlichen Stil eines jeden Künstlers nannte, angemessen zu beschreiben. Vasaris Stil ist bestimmt vom sprachlichen Selbstbewußtsein des Toskaners, das es ihm erlaubte, eventuelle kritische Vorbehalte der Puristen mit der Bemerkung und dem Wortspiel zurückzuweisen, sein Maßstab sei der der Malerei und seine Hände verstünden sich besser auf die Pinsel *(pennelli)* als auf die Feder *(penna)*.

Goethe war es, der für Schillers *Horen* die Selbstbiographie des Florentiner Goldschmieds und Bildhauers Benvenuto Cellini (1500–1571) übersetzte *(Leben des Benvenuto Cellini*, 1803). Das von dem Künstler 1558–1566 einem jungen Gehilfen diktierte Werk war erstmals 1728 erschienen und festigte im 19. Jahrhundert das Bild des jenseits von Gut und Böse stehenden „Renaissancemenschen". Bereits Goethe schildert Cellini in seinem Anhang zur Übersetzung als typischen Repräsentanten seines Jahrhunderts, als eine jener Naturen, die als „geistige Flügelmänner" angesehen werden und „die uns mit heftigen Äußerungen dasjenige andeuten, was durchaus, obgleich oft nur mit schwachen unkenntlichen Zügen, in jedem menschlichen Busen eingeschrieben ist".

Ohne sich von irgendwelchen Selbstzweifeln oder moralischen Bedenken lähmen zu lassen, bahnte sich Cellini seinen Weg. Er prahlt in seiner *Vita* damit, daß er 1527 während des *sacco di Roma* bei der Verteidigung der Engelsburg den Connétable von Bourbon erschossen und seinen Nachfolger verletzt habe. In der nämlichen Engelsburg wurde Cellini später von dem Farnese-Papst Paul III. gefangengehalten und setzte als neuer Dädalus einen sensationellen Fluchtversuch ins Werk, wurde aufgegriffen und wieder eingekerkert, war dann aber von 1540–1545 am Hof von Franz I. in Paris. Nach Florenz zurückgekehrt, goß er im Auftrag von Cosimo de'Medici 1553 den Perseus, indem er wie Vulkan das Feuer seinen Zwecken dienstbar machte. Cellinis aufbrausendes und unbändiges Naturell schlägt sich auch im Stil der *Vita* nieder, der andererseits jedoch in der Beschreibung von Gegenständen und Personen die Präzision des Goldschmieds verrät. Dies gilt auch für die Schilderung irrealer Vorgänge, wie z.B. einer Geisterbeschwörung, die der Künstler, als wäre sie Wirklichkeit, genauestens darstellt.

Torquato Tasso

Wie kein anderer Dichter hat Torquato Tasso (1544–1595) die Bestrebungen und Spannungen seiner Epoche in seinem Werk verarbeitet. Als Sohn des in den Diensten Ferrantes di Sanseverino, Fürsten von Salerno, stehenden Hofmanns Bernardo Tasso (1493–1569) geboren, war seine Kindheit und Jugend vom frühen Tod seiner Mutter, aber auch von den literarischen Ambitionen seines Vaters geprägt, der 1560 sein zwischen 1543 und 1552 entstandenes Ritterepos in hundert Gesängen *Amadigi di Gaula* veröffentlichte (die Erstausgabe des sehr bald international rezipierten *Amadís de Gaula* erschien 1508 in Saragossa). Im Gefolge des Vaters lernte Torquato den in Castigliones *Cortegiano* als beispielhaft gefeierten Hof von Urbino mit seinen künstlerischen Raffinements kennen. Anschließend stand er in engem Kontakt zum intellektuellen Leben seiner Zeit, als der Vater Sekretär der venezianischen Accademia della fama geworden war. Torquato immatrikulierte sich außerdem im nahen Padua als Jurastudent, lernte dort unter anderem den einflußreichen Kritiker Sperone Speroni kennen, so daß er als Achtzehnjähriger sein Ritterepos *Rinaldo* in zwölf Gesängen veröffentlichen konnte. Bereits hier in diesem Werk wurden zentrale Themen seines späteren Meisterwerks *La Gerusalemme liberata* vorweggenommen und schon bald durch kritische Reflexionen ergänzt.

Tassos frühe Lyrik für Laura Peperara und Lucrezia Bendidio (eine von ihm selbst autorisierte Ausgabe erschien erst 1591 in Mantua) weist ihn als den originellsten Dichter seiner Zeit aus. Es wäre müßig, in Tassos Versen Lebensunmittelbarkeit und traditionelle Typik zu trennen, die bei einer der beiden besungenen Damen bereits durch den Namen Laura vorgegeben war. Tasso begnügte sich keineswegs mit bloßer Nachahmung des verehrten Vorbilds Petrarca. Er setzte in seinen zahlreichen, häufig pointenhaft zugespitzten Madrigalen auch jene anakreontisch-scherzhaften Akzente in der Nachfolge Catulls und der *Anthologia Graeca*, die dem urbanen Lebensstil der italienischen Renaissancehöfe besonders entgegenkamen.

Seit 1565 war Tasso, ähnlich wie bereits einige Jahrzehnte vor ihm Ariost, in den Diensten eines Kardinals aus dem Hause Este, und in Ferrara nahm er die Arbeit an seiner bereits 1559 skizzierten epischen Dichtung *Il primo libro del Gierusalemme* über den ersten Kreuzzug wieder auf. In Ferrara entstand auch das Hirtendrama *Aminta*, das am 31. Juli 1573 auf der Po-Insel Belvedere vor Herzog Alfons II. und seinem Hofstaat uraufgeführt wurde. Bereits 1545 war in der Residenzstadt der Este vor Alfons II. das in Arkadien angesiedelte Schäferdrama *Egle* in fünf Akten von Giovanni Giraldi Cinzio, eine Imitation des *Kyklopen* von Euripides, inszeniert worden. In dem Drama von Giraldi Cinzio werden die Titelheldin und ihre Begleiterinnen von Silen und den zu seinem Gefolge gehörenden Satyrn bedrängt, sich einem Leben sinnlicher Ausschweifung hinzugeben. Die Nymphen entziehen sich den zudringlichen Nachstellungen durch Metamorphosen. In Tassos *Aminta* werden der Titelheld und die scheue Nymphe Silvia durch die lebenserfahrenen Schäfer Dafne und Tirsi zu einem alle Zwänge ablegenden Leben ermuntert. Vergeblich, bis die Handlung nach einem Vergewaltigungsversuch eines Satyrs an Silvia und nach einem Selbstmordversuch des von der prüden Schäferin zurückgewiesenen Aminta einen glücklichen Ausgang findet. Die zarte Dichtung, die alle grellen Farben und realistischen Exzesse meidet, enthält am Ende des ersten Akts in den Worten des Chors einen Lobpreis auf das Goldene Zeitalter, der in einem programmatischen „Erlaubt ist, was gefällt" gipfelt.

Als Tasso, der mittlerweile zum Lektor für Geometrie und zum Historiographen ernannt worden war, sich 1575 in Bologna und zwei Jahre später in Ferrara spontan einem Examen durch die Inquisition unterwarf, die ihn in beiden Fällen von jedem Häresieverdacht freisprach, konnte dies noch als die ängstliche Vorsichtsmaßnahme eines Intellektuellen im Zeitalter der Gegenreformation erscheinen. Bald zeigten sich jedoch erste Symptome eines sich in verbalen und handgreiflichen Aggressionen entladenden Verfolgungswahns, der schließlich zu einer sieben Jahre währenden Internierung durch Ercole II. führte. In dieser Zeit erschien ohne Autorisation durch den Dichter die Erstausgabe seines zwischen 1565 und 1575 entstandenen Epos in zwanzig Gesängen *La Gerusalemme liberata, (Das befreite Jerusalem,* 1580).

Der Protagonist der Handlung ist Gottfried von Bouillon, der 1099 im Ersten Kreuzzug nach langer Belagerung der palästinischen Hauptstadt das Heilige Grab befreite. Diese zentrale Thematik, mit der Tasso den großen antiken Vorbildern Homer und Vergil nacheiferte, die aber auch durch aktuelle historische Ereignisse wie die Seeschlacht bei Lepanto (1571) zusätzliche Brisanz erhielt, wird von zahlreichen Episoden umrankt, welche mit der eigentlichen Handlung nur am Rande zu tun haben. Vor allem die Frauen des sarazenischen Lagers, die kriegerische Clorinda, die verführerische Armida und die schwermütige Erminia bringen die Ritter des christlichen Lagers, allen voran die für ein Gelingen der Gottfried gestellten Aufgabe unentbehrlichen Tancredi und Rinaldo, dazu, über Liebe und Sinnenlust ihren hehren Auftrag zu vergessen. Tasso erweist sich als Meister in der Beschreibung seelischer Empfindungen und der ihnen zugeordneten Landschaften. Er schildert den Nuancenreichtum wechselhafter Stimmungen, die fließenden Übergänge zwischen den Tageszeiten, unter denen er das Halbdunkel der Dämmerung und die Nacht mit ihrem Grauen bevorzugt. Tasso bietet das vielfältige Instrumentarium seiner lyrischen Dichtung auf, um die Sinnenreize, Verführungskünste und schwermütigen Anwandlungen seiner Frauengestalten sprachlich um so betörender umzusetzen. Optisches und Akustisches wird in einem vagen, sich jeder Präzisierung entziehenden „non so che" belassen (es handelt sich dabei um das bereits von Cicero häufig verwandte „nescio quid" der lateinischen Rhetorik).

Es kennzeichnet Tassos psychische Befindlichkeit, daß er nach seiner jahrelangen Internierung sein unstetes Leben wieder aufnahm. Nicht zuletzt auch infolge der von verschiedenen Seiten vorgebrachten Kritik an der *Gerusalemme liberata* unterzog er schließlich sein großes Epos einer eingehenden Revision, in deren Verlauf er die episodenreiche Handlung straffte, um dadurch Gottfried von Bouillon als die beherrschende Persönlichkeit des Geschehens deutlicher herauszustellen. Das Kardinal Aldobrandini gewidmete überarbeitete Werk erschien mit dem Titel *La Gerusalemme conquistata (Das eroberte Jerusalem)* 1593 in Rom.

Eine noch weitergehende Abkehrung von den Idealen der Ritterepik vollzog Tasso schließlich in seinem erst postum veröffentlichten Epos *Le sette giornate del mondo creato (Die sieben Schöpfungstage)*, dessen eigentlicher Protagonist Gott selbst ist, vor dem der Mensch nur als Objekt religiöser Unterweisung bestehen kann, so daß er ohne wirkliches Eigenleben bleiben muß. Die Dichtung ist ein katholisches Pendant zu dem Epos *La sepmaine (Die Schöpfungswoche)* des südfranzösischen Hugenotten Du Bartas (1544–1590), weist aber auch voraus auf Miltons *Paradise Lost (Das verlorene Paradies)* und Klopstocks *Messias.*

Die erste deutsche Übertragung der *Gerusalemme liberata* von Diederich von dem Werder erschien 1626 in den zeittypischen Alexandrinern anonym unter dem Titel *Glücklicher Heerzug in das Heylig Landt oder das Erlösete Jerusalem.* Goethes dem italienischen Dichter gewidmetes Drama gab mit den Anstoß für Tassos spätere Kanonisierung im Umkreis der europäischen Romantik als Prototyp des von einer verständnislosen Umgebung in die tragische Vereinzelung getriebenen oder, wie in einem berühmten Gemälde von Eugène Delacroix, in den Kerker verbannten Künstlers.[34]

Vom Hirtendrama zur Oper

Tasso hatte seinen *Aminta* der Gattung *favola boschereccia* zugeordnet. Als siebzehn Jahre später der in Ferrara geborene und ebenfalls im Dienste der Este stehende Battista Guarini (1538–1612) sein als Anti-*Aminta* angelegtes Werk *Il pastor fido (Der treue Schäfer)* veröffentlichte, bezeichnete er es als *tragicommedia pastorale*. Aus der Sicht der Poetiken der Renaissance handelte es sich bei diesem Genre um einen unzulässigen widernatürlichen Zwitter, wie vor allem Guarinis streitbarster Gegner, der Paduaner Aristoteliker Giason de Nores befand. Der Verfasser des *Pastor fido* führte jedoch im Geiste der Gegenreformation auch ideologische Gründe an, um die Gattung Tragödie als überholt zu verwerfen: „[...] wozu müssen wir heutzutage noch durch den Anblick tragischer Ereignisse den Schrecken und das Mitleid läutern, da wir die hochheiligen Gebote unserer Religion haben, die uns dies mit den Worten des Evangeliums lehrt“, fragte er herausfordernd in seinem 1602 als Anhang zur zwanzigsten (!) Auflage des Dramas veröffentlichten, die Auseinandersetzung um das Werk rekapitulierenden *Compendio*.

Verglichen mit der schlichten *Aminta*-Handlung ist die des *Pastor fido* ungleich komplizierter. Arkadien soll erst dann von einem Fluch Dianas, in dessen Folge das Land der Göttin Jahr um Jahr eine Jungfrau zu opfern hat, befreit werden, wenn die alte Schuld einer treulosen Frau durch die tiefe Frömmigkeit eines treuen Schäfers gesühnt wird. In Guarinis Drama ist Mirtillo bereit, für die zu Unrecht zum Tode verurteilte Amarilli zu sterben. Arkadien kann damit entsühnt werden. Durch die unter den Hirten lebende buhlerische Städterin Corisca verkompliziert sich das Geschehen zusätzlich. Erst am Ende des Dramas entsagt die skrupellose Verführerin unter dem Eindruck einer dramatischen Wendung der Ereignisse ihrem sündigen Leben. Gegen das in Tassos *Aminta* vom Chor verkündete permissive „S' ei piace, ei lice" (Erlaubt ist, was gefällt) wird in Guarinis Drama die Einheit von Ehre und Liebe gefordert: „Piaccia, se lice" (Erlaubt ist, was sich ziemt). Der ideologische Kontrast wurde dann von Goethe in seinem *Torquato Tasso* thematisiert und dramatisiert.[35]

Während Guarini in weltanschaulicher Hinsicht den gegenreformatorischen Forderungen entgegenkam, bedeutete die von ihm durchgeführte Vermengung der Gattungen eine folgenreiche und revolutionäre Wende. Als 1600 anläßlich der Hochzeitsfeierlichkeiten zu Ehren von Heinrich IV. und Maria de'Medici im Palazzo Pitti in Florenz das von Ottavio Rinuccini (1562–1621) verfaßte und von Jacopo Peri vertonte „melodramma" *Euridice* aufgeführt wurde, war damit ein neues Kapitel der internationalen Theatergeschichte eingeleitet. Das war ganz im Sinne der Postulate Guarinis, für den es keineswegs verwunderlich war, wenn die Hirten Arkadiens, vor allem die adligen, ihre Gespräche mit poetischen Schönheiten ausschmückten, da sie mehr als alle anderen Völkerschaften mit den Musen vertraulichen Umgang gepflegt hätten, und ihre Lieblingsbeschäftigung von Kindheit an die Musik gewesen sei. Die außergewöhnliche Verbreitung des *Pastor fido* (das Hirtendrama wurde im 17. Jahrhundert allein in Deutschland fünfmal vollständig übertragen) ist aufs engste mit dem gleichzeitigen Triumph der italienischen Oper verknüpft.

Die Intellektuellen im Zeitalter der Gegenreformation

Die mit Hilfe der spanischen Krone und des Jesuitenordens in Italien verwirklichten Zielsetzungen der Gegenreformation hatten für das Geistesleben des Landes folgenreiche Konsequenzen. Diese sollen wenigstens an einigen berühmten Episoden und Biographien aufgezeigt werden, die allesamt paradigmatischen Charakter haben.

Giordano Bruno

Der in Nola/Campanien geborene Giordano (eigtl. Filippo) Bruno (1548–1600) trat in jungen Jahren in Neapel als Novize in den Dominikanerorden ein, wurde 1572 zum Priester geweiht und 1575 zum Doktor der Theologie promoviert. Schon bald der Häresie verdächtigt, war er nach mehreren Zwischenstationen in Mittel- und Norditalien zur Emigration gezwungen, um drohender Verhaftung zu entgehen. In Genf wurde er Calvinist, war aber wegen einer Satire gegen einen reformierten Theologen abermals zur Wiederaufnahme seines unsteten Wanderlebens gezwungen. Bruno ließ sich in Toulouse nieder, wo er zum Doktor der Philosophie promoviert wurde. Wegen seiner antiaristotelischen Haltung sah er sich neuen Anfeindungen ausgesetzt, so daß er schließlich nach Paris umsiedelte, wo er 1582 die wohl bereits nach seiner Flucht aus Neapel entstandene Komödie *Il candelaio (Der Kerzenmacher)* veröffentlichte. Auf dem Titelblatt bezeichnet er sich als „Akademiker keiner Akademie". In der Komödie kündigt sich die Stoßrichtung der aus der Tradition der italienischen Novellistik seit Boccaccio und des italienischen Theaters der vergangenen Jahrzehnte wohlbekannten Schwank-*(beffa-)*Thematik an. Der petrarkisierende Bonifazio, der alchimistische Experimentator Bartolomeo und der Aftergelehrte Manfurio, bei denen Bildung und Wissen längst zu schaler Pedanterie und bornierter Autoritätsgläubigkeit verkommen sind, werden zu Zielen einer kleinen Verschwörung der neapolitanischen Unterwelt.

Als Bruno 1583 im Gefolge des französischen Botschafters nach London ging, fand er dort am Hof von Königin Elisabeth I. interessierte Gesprächspartner. Hier entstanden seine italienischen Dialoge, Meisterwerke der Gattung, welche in satirischer Darstellung des Gesprächsrahmens seine literaturkritischen, philosophischen und kosmologischen Visionen zur Diskussion stellten. In *La cena de le ceneri (Das Aschermittwochsmahl)* bekennt sich Bruno wie auch im Dialog *De l'infinito universo et mondi (Über die Unendlichkeit des Weltalls und der Welten)* unmißverständlich zu den revolutionären Lehren des Kopernikus und weist die mittelalterliche Trennung von Himmel und Erde, von lunarer und sublunarer Welt zugunsten eines allumfassenden Universums zurück. In seinem wohl berühmtesten, Sir Philip Sidney gewidmeten Dialog *Degli eroici furori (Von den heroischen Leidenschaften),* distanzierte sich Bruno von der aristotelischen Renaissancepoetik und ihrem Gattungsverständnis, da sich nach seiner Überzeugung Art und Formen mancher Begabung nicht ohne weiteres bestimmten Genera zuordnen lassen. Der Dichter soll sich daher nicht damit bescheiden, wie ein verständnisloser Esel Heiligtümer zu transportieren, sondern versuchen, sich dank des ihn beflügelnden göttlichen Impulses dem Guten und Schönen so weit wie nur irgend möglich anzunähern.

Die polemischen Ausfälle Brunos gegen die englische Gesellschaft und die Gelehrten der Universität Oxford brachten einen Teil der öffentlichen Meinung gegen ihn auf. Er hielt es daher für ratsam, wieder auf das Festland zurückzukehren und kam nach verschiedenen Etappen schließlich nach Deutschland, wo er zum Protestantismus konvertierte und unter anderem in Wittenberg lehrte. Seine dort gehaltene Abschiedsvorlesung ist ein ergriffener und ergreifender Dank an die Deutschen:

> So lebt denn wohl, ihr Wälder! Wie manche Stunde habe ich unter euren Laubgewölben verträumt! Euch, ihr Faune, Satyrn und Götter des Waldes, euch allen rufe ich zu: Behütet diese Äcker, segnet diese Felder, bewacht diese Herden, damit der an gottbegnadeten Geistern so fruchtbare deutsche Boden das glückliche Campanien nicht ferner zu beneiden brauche. [...] Und du geliebte deutsche Erde, du Auge der Welt, du Fackel des Universums: sooft du auch im Umschwunge des Planeten dich noch der Nacht zuwenden magst, kehre immer wieder zum Lichte zurück und bringe diesem Vaterlande so vieler Heroen immer glücklichere Tage, Monate, Jahre, Jahrhunderte.[36]

In Frankfurt, das von Kardinal Roberto Bellarmino, einem von Brunos heftigsten Widersachern, 1614 in einem Brief an den Inquisitor von Modena als jener Ort des von Rom abgefallenen

Auslands bezeichnet wurde, an dem die meisten „verpesteten und gefährlichen Bücher" gedruckt wurden, veranlaßte Bruno die Veröffentlichung seiner lateinischen Schriften und folgte dann einer Einladung des venezianischen Patriziers Giovanni Mocenigo, der jedoch seinen Gast schon bald als angeblichen Häretiker und Gotteslästerer an die Inquisition verriet. Diese lieferte Bruno 1593 nach Rom aus, wo er nach einem jahrelangen Prozeß aufgrund seiner Weigerung, sich durch einen feierlichen Widerruf von seinen als ketzerisch verurteilten Äußerungen zu distanzieren, 1600 bei lebendigem Leibe auf dem Campo de' Fiori verbrannt wurde. Friedrich W. J. Schelling ließ in seinem Dialog *Bruno oder über das göttliche und natürliche Princip der Dinge* (1802) den Italiener als Sprachrohr seiner eigenen philosophischen Überzeugungen zu Wort kommen. Für die Vertreter des italienischen Risorgimento wurde der Name des Nolaners zum Symbol für den Kampf gegen klerikale Bevormundung.

Tommaso Campanella

Süditaliener wie Giordano Bruno war auch der kalabresische Schustersohn Tommaso Campanella (1568–1639), der fünfzehnjährig als Novize in den Dominikanerorden aufgenommen, dann aber schon bald der Häresie bezichtigt wurde. Nicht genug damit. Campanella stellte sich an die Spitze einer Verschwörung, die mit türkischer Hilfe in Kalabrien einen von ihm selbst angeführten kommunistischen Staat gründen wollte, wurde verraten und entging nur mit Hilfe vorgetäuschten Wahnsinns der Exekution. Nach 27 Jahren in verschiedenen Kerkern wurde er durch Vermittlung Urbans VIII. vorübergehend freigelassen, floh jedoch schon bald nach Frankreich, um neuer Verhaftung zu entgehen. Am französischen Hof wurde er von Richelieu und Ludwig XIII. ehrenvoll empfangen. Nach der Geburt des Dauphins (es handelte sich um den zukünftigen Sonnenkönig Ludwig XIV.) prophezeite Campanella, Vergils berühmte

Vierte Ekloge paraphrasierend, den Anbruch eines neuen Zeitalters.

In Paris erschien eine von dem Kalabresen überwachte Version seiner 1602 entstandenen utopischen Schrift *Der Sonnenstaat* (die erste lateinische Ausgabe, *Civitatis solis idea republicae philosophicae*, wurde 1623 in Frankfurt veröffentlicht, die italienische Originalfassung *La città del sole* blieb bis zum letzten Jahrhundert verschollen). Campanellas utopischer Entwurf fußt zwar unter anderem auf Platos *Politeia*, stellt jedoch dessen ungeachtet ein sehr persönliches Werk dar, denn der jeder fiktiven Ausschmückung entbehrende *Sonnenstaat* enthält viel von dem kompromißlosen mönchischen Radikalismus seines Verfassers. Der von Campanella konzipierte Staat ist streng hierarchisch organisiert. Das nahezu allwissende Oberhaupt Sol und die Minister Mor (Amor) und Sinn (Weisheit) überwachen das gesamte Gemeinwesen, mag es sich dabei um Probleme der Architektur oder Fragen der Fortpflanzung handeln. Alles ist auf das rigoroseste und zum Teil in kosmischem Einklang mit den Gestirnen reglementiert.

Campanellas Lyrik ist geprägt von einer kompromißlosen Leidenschaft des Denkens, das kein unverbindliches Spiel mit Formen und sinnentleerten Worten kennt. In zahlreichen, zumeist unter extremen Bedingungen entstandenen Sonetten, wird die traumatische Erfahrung der Verhöre thematisiert. Der leidenschaftliche Dominikaner, der unter der Tortur seine Folterknechte als „Hurensöhne" beschimpfte, erinnert durch die eruptive Direktheit seiner Aussagen an die berühmtesten Beispiele der frühen volkssprachlichen Dichtung Italiens, an die Invektiven Iacopones da Todi und Dantes.[37]

Paolo Sarpi

Der Venezianer Paolo Sarpi (1552–1623) trat schon in jungen Jahren in den Servitenorden ein und gelangte dort schnell zu Ansehen. Er wurde jedoch von der Inquisition schon bald der Häresie verdächtigt, vor das Heilige Offizium zitiert und schließlich 1606 wegen seiner Weigerung, sich abermals vor dem geistlichen Gericht zu rechtfertigen, exkommuniziert. Als Papst Paul V. im gleichen Jahr über die Markusrepublik ein Interdikt verhängte, weil sie sich geweigert hatte, zwei wegen gewöhnlicher Verbrechen abgeurteilte Geistliche an die kirchliche Justiz auszuliefern, wurde Fra Paolo von der venezianischen Regierung als Experte für juristische und theologische Fragen dazu beauftragt, die Unrechtmäßigkeit dieses Vorgehens zu begründen. Paolo Sarpi hatte durch seine zahlreichen brieflichen Kontakte mit dem Ausland und seine darauf basierende eingehende Kenntnis der Reformbestrebungen in den verschiedensten europäischen Ländern hinreichend Material gesammelt, um das auf seiner Autonomie in kirchenpolitischen Fragen bestehende Venedig mit Argumenten versorgen zu können. In einem Brief vom 12. Mai 1609 an Jacques Gillot, einen seiner zahlreichen Korrespondenten, hatte sich Fra Paolo bereits darüber beklagt, daß sich die ganze Wucht des römischen Unterdrückungsapparats inzwischen gegen Italien gewandt habe. Unter diesen Umständen bleibe nichts anderes übrig, als sich wie ein Chamäleon zu verhalten und eine Maske zu tragen, ohne die niemand auskomme, wenn er in Italien lebe.

Ein Meisterwerk der Geschichtsschreibung ist Paolo Sarpis *Istoria del Concilio Tridentino*. Es wurde 1618, im Jahr des Prager Fenstersturzes, nach England geschmuggelt und erschien 1619 in London unter dem Anagramm Pietro Soave Polano (Paolo Sarpio Veneto) unter dem ausführlichen Titel *Istoria del Concilio Tridentino, nella quale si scoprono tutti gli artifici della Corte di Roma, per impedire che né la verità di dogmi si palesasse né la riforma del Papato & della Chiesa si trattasse* (Geschichte des Tridentinischen Konzils, in der all die Ränke des Römischen Hofs aufgedeckt werden, die zu verhindern suchen, daß sowohl die Wahrheit der Dogmen sich offenbare als auch die Reform des Papsttums und der Kirche zur Durchführung gelange).

Sarpi enthält sich in seiner zwar engagierten, dabei jedoch stets um distanzierte Objektivität bemühten Darstellung in der Regel vordergründiger Polemik, er läßt Zeugen und Dokumente aus verschiedenen Lagern zu Wort kommen, wenn er auch bereits im ersten Kapitel das Fazit dieses welt- und kirchenhistorisch bedeutsamen Ereignisses zieht, aus dem man lernen könne, daß es darum gehe, auf Gott und nicht auf menschliche Klugheit zu vertrauen: „Denn dieses Konzil, das von den Frommen gewünscht und durchgeführt wurde, um die Kirche, die auseinanderzufallen begann, zu einigen, hat ganz im Gegenteil das Schisma derart gefestigt und die Parteien derart verhärtet, daß die Zwietracht unversöhnlich geworden ist."

Im Auftrag der römischen Kurie verfaßte dann der ob seines stilistischen Purismus gerühmte Jesuit Pietro Sforza Pallavicino (1607–1667) aus orthodox katholischer Sicht eine als Gegendarstellung zu Fra Paolos Werk konzipierte *Istoria del Concilio di Trento* (1656–1657). Auf der Grundlage von Dokumenten, die Paolo Sarpi nicht zugänglich gewesen waren, konnte Sforza Pallavicino einige Versehen des Venezianers richtigstellen, alles in allem reichte jedoch die *Istoria* des Jesuiten nicht an die großartige historische Leistung des Serviten heran.

Galileo Galilei

Paolo Sarpi hatte unter anderem im Zusammenhang mit der Verwendung des Fernrohrs für astronomische Zwecke Verbindung zu Galileo Galilei (1564–1642) aufgenommen, als dieser von seiner Heimatuniversität Pisa nach Padua berufen worden war, wo er nach eigenem Bekunden von 1592–1610 „die achtzehn besten Jahre" seines Lebens verbrachte. In Padua war die Abhandlung *Sidereus nuncius (Der Sternenbote)* entstanden, die 1610 in Venedig erschien und nicht zuletzt aufgrund der sensationellen Entdeckung der Jupitermonde Galileis internationalen Ruhm begründete, freilich auch die empörte Reaktion konservativer Kreise auslöste. Cosimo I., Großherzog der Toskana, ernannte Galilei zum Hofmathematiker und Hofphilosophen. Ein Jahr später folgte der Wissenschaftler einer Einladung nach Rom, wo er zunächst durchaus erfolgreich seine

Thesen erläutern konnte. Die einzelnen Etappen von Galileis wissenschaftlicher Laufbahn können und sollen hier nicht erläutert und kommentiert werden. An die Verurteilung der astronomischen Thesen Galileis und den Widerruf des nach Rom vor die Inquisition zitierten neunundsechzigjährigen, nahezu erblindeten Greises sei wenigstens erinnert, werfen sie doch ein Schlaglicht auf eine Epoche, die ihre Intellektuellen jahrzehntelang einkerkerte oder öffentlich verbrannte und wider besseres Wissen zur Distanzierung von revolutionären wissenschaftlichen Entdeckungen und zu permanenter Selbstzensur zwang.

Nach der Rückkehr in die Toskana veröffentlichte Galilei gegen alle Gepflogenheiten der damaligen internationalen Gelehrtenrepublik den größten Teil seiner Werke auf Italienisch. Der 1624 begonnene *Dialogo sopra i due massimi sistemi (Dialog über die beiden hauptsächlichen Weltsysteme,* 1632) ist über seine wissenschaftliche Bedeutung hinaus ein brillantes Zeugnis für Galileis konkrete, zupackende und bilderreiche Sprache, die jeden überflüssigen Aufwand an gelehrter Terminologie vermeidet und außerdem mit dramaturgischem Geschick Rede und Widerrede der Kontrahenten inszeniert.

In der gegen einen jesuitischen Wissenschaftler gerichteten, Urban VIII. gewidmeten Streitschrift über die Natur der Kometen, *Il saggiatore (Die Goldwaage,* 1623) erweist sich Galilei als witziger Polemiker, der sich über die neuen Entdeckungen überholter aristotelischer Autoritäten lustig macht. Es überrascht nicht, daß zu den Lieblingsautoren dieses vitalen und souveränen Wissenschaftlers Ludovico Ariosto gehörte.

Manierismus, Barock, Marinismus

Giorgio Vasari benutzte den Terminus „maniera" in seinen Viten ohne abwertende Konnotation, um den individuellen Stil eines Künstlers zu kennzeichnen. Der Florentiner Kritiker Raffaello Borghini (ca. 1537 – ca. 1588) verurteilte hingegen *maniera* bereits als den lediglich vom Intellekt gesteuerten, auf bloße Wirkung abgestellten Einsatz formaler und rhetorischer Mittel. Dazu kam um 1600 auch ein Umschlag in der Bewertung antiker Autoren und Autoritäten. Zwar wurden die Anweisungen der aristotelischen Poetik nach wie vor befolgt, immer mehr setzte sich jedoch das Bestreben durch, das Herkömmliche durch verblüffende rhetorische Kunstkniffe zu übertrumpfen und in den Schatten zu stellen: „Wie bei jeder Art von Manierismus, so handelt es sich auch bei der barocken um ein Gebilde, worin der normale Abstand zwischen Stil und Sache (ohne den es keine Kunst gäbe) zu einem übermäßigen geworden ist. Eine Autarkie und Überfunktion des Stiles – der elocutio – breitet sich aus. Das umfassende Gesetz lautet hier: nicht einem Inhalt zu dienen, sondern die Selbstbewegung und Parade der Sprache zu steigern. Die Ausdrucks- und Darstellungsziele der Kunstsprache weichen der Diktatur der Sprachkünste. Jeder Manierismus, auch der barocke, ist nicht als Unnatur zu fassen, sondern als Übermaß an Kunst.“ [38]

Hugo Friedrich ist nicht der einzige, der den Terminus Manierismus epochenübergreifend benutzt, obwohl gerade in den fünfziger und sechziger Jahren von kunst- und literarhistorischer Seite vermehrt argumentiert wurde, der Manierismus lasse sich als eigenständige, durch ihre Krisenhaftigkeit und Ambiguität gekennzeichnete Periode zwischen Renaissance und Barock ausgrenzen.[39]

Der aus adliger Turiner Familie stammende Jesuit Emanuele Tesauro (1592–1675) hat in seinem Traktat *Il cannocchiale aristotelico (Das aristotelische Fernrohr,* 1654) die Rhetorik und Poetik des barocken Manierismus ausführlich formuliert. Er preist die *argutezza*, den Scharfsinn, als göttlichen Ausfluß des *ingegno*, der natürlichen Begabung und Erfindungskraft. Oberstes Gebot ist für Tesauro die kunstvolle Verschlüsselung der Rede, „[...] denn bei allzu klaren Wendungen verliert die ‚arguzia' ihr Licht, so wie die Sterne, die in der Dunkelheit blinken und bei Tag verlöschen“. Als die höchste der dem Dichter und Rhetoriker zu Gebot stehenden Figuren stellt Tesauro die

Metapher heraus, die in ihrer vollkommensten Form in der bewundernswerten Verbindung von zwei gegensätzlichen, nahezu unvereinbaren Begriffen, Dingen oder Wesen besteht. Was er damit meint, erläutert er etwa am Beispiel des Schiffes, „[...] das wie ein Fisch in die Höhe schnellt und kein Fisch ist, wie ein Vogel fliegt und kein Vogel ist, auf dem Land entstanden ist, das Meer durchschreitet, die Menschen sicher trägt, obwohl es nur vier Finger breit vom Tod entfernt ist". Ovid, Lukan und Statius erhielten aus dieser Sicht wegen der manieristischen Aspekte ihrer Werke einen neuen Stellenwert in der dichterischen Hierarchie antiker Autoren.

In dem Traktat *Delle acutezze, che altrimenti spiriti, vivezze e concetti volgarmente si appellano* hatte hingegen Matteo Peregrini (ca. 1595–1652) bereits 1639 vor der die Prosa verderbenden Affektiertheit gewarnt, nicht zuletzt, weil er die an den Höfen grassierende Schmeichelrede als eines ihrer verhängnisvollen Ergebnisse verurteilte. Er war allenfalls ein Rufer in der Wüste, denn inzwischen hatte sich der mit allen Mitteln der Rhetorik prunkende Stil des Manierismus auch international verbreitet.

Der Neapolitaner Giambattista Marino (1569–1625) überstrahlte mit seinem vorübergehend weit über die italienischen Sprachgrenzen hinausreichenden Ruhm alle dichtenden Zeitgenossen. Nach den zum Teil abenteuerlichen Anfängen seiner Laufbahn, die ihn wiederholt mit der Justiz in Konflikt brachten, war er von 1608 bis 1611 am Hof des Herzogs Carlo Emanuele I. in Turin, fiel dort in Ungnade, erlangte dann aber in Paris, wo er sich seit 1615 aufhielt, die Gunst von Maria de' Medici, der Witwe Heinrichs IV. Die französische Hauptstadt war für den Neapolitaner die ideale Plattform, um seinem Werk die notwendige Resonanz zu verschaffen und sich selbst wirkungsvoll in Szene zu setzen. Berühmt sind jene programmatischen Verse, in denen er dem Dichter (und zwar dem herausragenden, nicht dem ungeschickten) die Aufgabe zuweist, Verblüffung zu erzeugen, und demjenigen, der kein Erstaunen zu provozieren vermag, nahelegt, er solle Pferde striegeln. „È del poeta il fin la maraviglia / (parlo del eccellente e non del goffo): / chi non sa far stupir, vada alla striglia!“

In Paris erschien 1623 die von Marino Ludwig XIII. gewidmete Oktavendichtung *L'Adone (Adonis)* in 20 Gesängen. Das episodenreiche Epos erzählt die Beziehung zwischen der Liebesgöttin und dem schönen Jüngling Adonis. Marino schwelgt in prunkvollen Beschreibungen der Palastarchitektur und gibt in dem der Vermählung des Paares gewidmeten sechsten Gesang eine detaillierte Schilderung der von der Liebesgöttin eingesetzten sinnlichen Reize; so werden duftspendende Essenzen wie Ambra und Aloe, aufgeboten, um Adonis zu betören. Die gesamte Natur wird im *Adone* zum Kontinuum erotischer Verknotungen und Verbindungen. Menschen, Tiere, Pflanzen, Elemente durchdringen und begatten sich in ständigen Umarmungen.

Kabinettstücke seiner spezifischen Manier enthält Marinos im Lauf eines Vierteljahrhunderts entstandene Lyrik *(Le rime,* 1602, spätere Ausgaben unter dem Titel *La lira,* 1614), etwa in den verschiedenen Maria Magdalena gewidmeten Versen, in denen die bußfertige Sünderin unter Verwendung eines bereits von Catull benutzten Bildes auch noch unterm Kreuz als „schöne untröstliche Liebende wie Efeu den teuren Stamm“ umfaßt. Die Antithese Sünderin–Büßende gehört wie der von allen Dichtern der Zeit bemühte Kontrast Tag–Nacht als ein die Pointe der Aussage wirkungsvoll unterstreichendes Oxymoron ebenso zu den rhetorischen Lieblingsfiguren manieristischer bzw. barocker Dichtung wie fließende Übergänge, erstaunliche Verwandlungen und verblüffende Mißbildungen, wie die zahllosen Gedichte auf Wind und Wasser, Zwerge und Zwitter belegen können. Um des Effektes willen wird blendende Schönheit dem abstoßend Häßlichen, makellose Jugend dem Alter und dem Tod gegenübergestellt.[40]

Während Marino und seine zahlreichen Nachahmer bei den Mitgliedern der Académie française bald nur noch als abschrekkende Beispiele schlechten Geschmacks in Erinnerung blieben, wurde der Neapolitaner in der zweiten Hälfte des 17. Jahrhunderts in Deutschland vor allem durch Christian Hofmann von

Hofmannswaldau (1617–1679) nachgeahmt. Dieser beutete den *Adone* unter anderem für seine zahlreichen Hochzeitscarmina als ergiebige Fundgrube für frivole Bilder und *concetti* aus. Noch 1742 erschien Barthold Heinrich Brockes' (1680–1747) Übertragung von Marinos postum veröffentlichter Dichtung *La strage degl'innocenti (Bethlehemitischer Kindermord)*, obwohl inzwischen auch nördlich der Alpen im Umkreis der Frühaufklärung das „Gifft" der Marinischen Schriften und deren „schwülstige Metaphoren, falsche Gedancken, gezwungene Künsteleyen" nicht nur von Johann Ulrich Koenig (1688–1744) verurteilt worden waren.

Der in Ligurien beheimatete Gabriello Chiabrera (1552–1638) war zwar entschlossen, als Dichter wie sein Landsmann Kolumbus „eine neue Welt zu entdecken oder zu ersaufen", wie er herausfordernd bekannte, aber er versuchte dies nicht so sehr wie Marino mit Hilfe von Bravourleistungen seines Ingeniums, sondern durch metrische Neuerungen zu erreichen. In seiner Lyrik bemühte er sich einerseits, die antiken Strophenformen wiederaufzunehmen, andererseits ahmte er die tänzelnden Verse der *Odes* von Pierre de Ronsard (1524–1585) in seiner Muttersprache mit überraschenden Klangwirkungen nach, was ihn freilich nicht selten dazu verleitete, seine Lyrik in leeres Wortgeklingel und nichtssagende Sprachspielerei aufzulösen.

Alessandro Tassoni und das heroisch-komische Epos

Unter dem Eindruck der *Gerusalemme liberata* stieg in Italien die Flut epischer Oktavendichtungen. Tasso selbst war es, der im fünfzehnten Gesang des bewunderten Werks seinen Nachfolgern die Entdeckung Amerikas durch Christoph Kolumbus als literarischen Stoff ans Herz gelegt hatte. Tommaso Stigliani (1573–1661) griff die Anregung auf und veröffentlichte 1617 in 20 und 1628 in 34 Gesängen sein glanzloses Epos *Il mondo nuovo (Die neue Welt)* in bewußter Distanzierung von Marinos manieriertem *Adone.*

Auch Alessandro Tassoni (1565–1635) aus Modena versuchte sich in einer Fragment gebliebenen Dichtung *L'Oceano (Der Ozean)* an dem Thema. In die Literaturgeschichte eingegangen ist er dann jedoch mit der seit 1615 handschriftlich verbreiteten, 1622 im Druck erschienenen Dichtung *La secchia rapita (Der geraubte Eimer).* Er begründete mit ihr die erfolgreiche Gattung des heroisch-komischen Epos, in dem Akteure und Handlungsmuster der erfolgreichen Vorlagen persifliert wurden. Vorbild war dabei die wohl im 6. vorchristlichen Jahrhundert entstandene anonyme *Batrachomyomachia (Der Froschmäusekampf),* in der sich Frösche und Mäuse wie Iliashelden befehden. Bei Tassoni bricht aus dem im Titel seiner Dichtung genannten geringfügigen Anlaß zwischen den nach ihren jeweiligen Stadtheiligen Gemignesi beziehungsweise Petronioni benannten Modenesi und Bolognesi ein leidenschaftlicher Konflikt aus, an dem auch ohne Rücksicht auf chronologische Faktentreue historische Personen des Mittelalters wie etwa König Enzo, Sohn Kaiser Friedrichs II., teilnehmen. Tassoni, ein erklärter Gegner der Petrarkisten und der Sprachpuristen strenger toskanischer Observanz, schuf in seinem *Geraubten Eimer* mit dem in die Kriegerin Renoppia verliebten Conte Culagna ein besonders lächerliches Exemplar einer seit dem frühen 15. Jahrhundert verspotteten Dichterspezies.

Tassonis heroisch-komisches Epos wurde auch außerhalb Italiens nachgeahmt: von Nicolas Boileau-Despréaux (1636–1711) in der zwischen 1674 und 1683 erschienenen Dichtung *Le lutrin (Das Chorpult),* in der sich Kämmerer und Kantor der Pariser Kirche La Sainte-Chapelle in die Wolle geraten und von Alexander Pope (1688–1744) in *The Rape of the Lock (Der Lockenraub,* 1712–1714). Pope thematisiert das Bagatell-Ereignis mit den durch die Tradition sanktionierten gattungsspezifischen Stilmitteln, Musenanruf und Prophezeiungen, und transponiert die ernsten Vorbilder in die der Galanterie ergebene Welt des englischen Rokokos.[41]

Zwischen Volksliteratur und Dialekt: Giulio Cesare Croce und Giambattista Basile

Nur wenige Texte der italienischen Prosa des 17. Jahrhunderts sind über den Augenblick ihrer Entstehung hinaus im Bewußtsein eines internationalen Publikums haften geblieben. Zu einem Zeitpunkt, als in zahlreichen Teilen des Landes an die Stelle der einheimischen Dynastien die massive Einflußnahme oder gar die Fremdherrschaft der großen europäischen Monarchien, allen voran Spaniens, traten, erhielten die regionalen Dialekte neue Bedeutung. Dem übergreifenden, nicht zuletzt auf der Forderung nach einer einheitlichen Sprache beruhenden Begriff Italien wurde durch die politischen Realitäten der Zeit zusehends die konkrete Grundlage entzogen.

Das Werk des Bologneser Bänkel- und Straßensängers Giulio Cesare Croce (1550–1609) ist für diese Entwicklung und Situation repräsentativ. Auf Einblattdrucken verkaufte der aus einfachen Verhältnissen stammende Gelegenheitsdichter aus dem Hinterland der emilianischen Hauptstadt, dessen vielköpfige Familie ein ärmliches Dasein fristete, seine Verse, mit denen er er aktuelle Probleme im Dialekt oder auf Italienisch kommentierte. Seine bedeutendsten Werke sind *Le sottilissime astuzie di Bertoldo* und *Le piacevoli e ridicolose semplicità di Bertoldino figliolo del già astuto Bertoldo* (1606). *Bertoldo* ist eine Bearbeitung des seit dem 12. Jahrhundert auf Latein, aber auch in den Volkssprachen verbreiteten *Dialogus Solomonis et Marcolphis*, in dem die Welt des Hofs durch das ungenierte Auftreten und die mit Mutterwitz gespickten Kommentare eines unverbildeten Bauern bloßgestellt wird. Marcolfo Bertoldo erteilt dem Langobardenkönig Salomone Alboino, in ähnlicher Weise wie Sancho Panza am Hof des Herzogs im zweiten Teil von Cervantes' *Don Quijote* (1605–1615), mit Hilfe seiner auf handfester Sprichwortweisheit beruhenden Schlagfertigkeit Lektionen in der Regierungskunst, bei der es vor allem darum geht, die Lügen und Truggespinste ehrgeiziger Höflinge und intriganter Frauen zu entlarven.

Der Neapolitaner Giambattista Basile (ca. 1575–1632) kehrte nach bewegten Jahren, die er zum Teil in venezianischen Diensten als Militär und anschließend in Mantua als Hofmann verbrachte, 1613 in seine Heimatstadt zurück. Dort machte er sich als ein in nahezu sämtlichen literarischen Formen und Gattungen seiner Zeit bewanderter Dichter bald einen Namen. Dem Beispiel seines Freundes Giulio Cesare Cortese (ca. 1575– ca. 1625) folgend verfaßte er unter anderem Texte im Dialekt seiner Heimatstadt, in dem er auch seine Märchensammlung *Lo cunto de li cunti ovvero Lo trattenemiento de' peccerille (Das Märchen aller Märchen oder Unterhaltung für die Kleinen,* 1634–1636) niederschrieb. Es handelt sich bei diesem Werk, das als *Pentamerone* in die Literaturgeschichte eingegangen ist, um die erste umfassende europäische Märchensammlung, in der Nachfolge orientalischen und italienischen Erzählens. In einem sorgfältig komponierten Rahmen sind fünf mal zehn *fiabe* versammelt, die dann teilweise von Wieland, Brentano und den Brüdern Grimm bearbeitet wurden. Jacob Grimm wies in seiner Vorrede zur deutschen Übersetzung des *Pentamerone* durch Felix Liebrecht (1846) auf die „fast morgenländisch heiszen und sprudelnden bilder, gleichnisse, wortspiele, kosewörter, schelten und flüche" hin, die sich nicht zuletzt aus dem stilistisch manierierten Sprachgestus der neapoletanischen Marinisten erklären lassen. Basiles neapolitanischer Dialekt ist gewiß kein spontanes, volkstümliches Idiom, sondern ein kunstvoll eingesetztes Stilmittel, aber „dasz von Basile alle stoffe und grundlagen lebendiger überlieferung entnommen wurden, merkt man auf der stelle, und eben darin bewährt sich deren unverwüstliche natur, dasz ein selbst für ihre einfachheit ungeeigneter schwulst des vortrags ihnen gar nichts zu benehmen oder anzuhaben vermag".

Gegen die stilistischen Exzesse des Manierismus wurde 1690 von einer Literatengruppe in Rom die Accademia dell'Arcadia gegründet. Sie wurde von der nach ihrem Thronverzicht zum Katholizismus übergetretenen und in die Hauptstadt des Kirchenstaats übergesiedelten Christine von Schweden (1626–1689) protegiert. „Natürlichkeit" und „Wahrscheinlichkeit" sollten ganz im Sinn der *doctrine classique* der Franzosen Exzentrik und Manier ablösen. Schon bald kam es jedoch zu einer Polarisierung der zunächst vorwiegend im Kirchenstaat rekrutierten Mitglieder, deren Wortführer der Jurist Gian Vincenzo Gravina (1664–1718) und der Abt Giovan Maria Crescimbeni (1663–1728) waren. Gravina, dem die Akademie ihre Statuten verdankte, trat für eine grundsätzliche, auch politische Erneuerung der öffentlichen Institutionen ein. Crescimbeni hingegen wollte die Aufgaben der Arcadia ausschließlich auf die Reinigung des Geschmacks und Stils beschränken. „Kolonien" der Akademie wurden auch in entlegenen Provinzen gegründet. Immer mehr wurden diese Ableger jedoch von der römischen Kurie instrumentalisiert, um dem Eindringen frühaufklärerischer Ideen Einhalt zu gebieten. Durch eine in Rom konzentrierte verlegerische Tätigkeit wurde das Geistesleben der Zeit geschickt überwacht. Bevorzugte Gattung der bekanntesten arkadischen Lyriker wie etwa Paolo Rolli (1687–1765) und Carlo Innocenzo Frugoni (1692–1768) war die galante und enkomiastische Poesie im Dienst eines Fürsten und im Rahmen höfischer Feste, wie sie der Absolutismus des Ancien Régime überall in Europa förderte. Es war daher nur folgerichtig, daß die Arkadier Goethe während seines zweiten römischen Aufenthalts zu ihrem Mitglied ernannten und der deutsche Dichter sich nicht sträubte, die damit verbundenen Ehrungen und Feierlichkeiten, wenn auch ironisch-distanziert, über sich ergehen zu lassen.

Keinem anderen Mitglied der römischen Akademie wurde größerer internationaler Ruhm zuteil, als dem aus kleinen Verhältnissen stammenden, bei Rom geborenen Pietro Metastasio (1698–1782), dessen bürgerlicher Name Pietro Trapassi von seinem Mentor Gian Vincenzo Gravina gräzisiert wurde. Gravina war schon früher auf die außergewöhnliche Begabung dieses lyrischen Wunderkinds aufmerksam geworden und hinterließ dem Zwanzigjährigen nach seinem Tod seine Bibliothek und einen Teil seines Vermögens. Eine einschneidende Zäsur in der literarischen Laufbahn des als Jurist ausgebildeten Dichters stellte die in Neapel geknüpfte Bekanntschaft mit der Sängerin Marianna Benti Bulgarelli (gen. „La Romanina") dar, für die Metastasio 1723 die *Didone abbandonata (Die verlassene Dido)*, ein *melodramma*, verfaßte, das im Jahr darauf in Neapel in einer Vertonung von Domenico Sarro uraufgeführt und in der Folge von mindestens sechzig weiteren Komponisten musikalisch bearbeitet wurde. Metastasios Name war bald weit über die Grenzen seiner Heimat hinaus bekannt, zumal er in den folgenden Jahren eine Reihe neuer, kaum weniger erfolgreicher Texte schrieb. Einer Empfehlung des *poeta cesareo* Apostolo Zeno (1668–1759) hatte er es schließlich zu verdanken, daß er als dessen Nachfolger in die österreichische Hauptstadt berufen wurde, wo er sich 1730 niederließ und bis zu seinem Tode wirkte.

Zu einem Zeitpunkt, als die Institution Oper unter dem Druck von Impresarios, Komponisten, Sängern, Bühnenbildnern und Maschinisten den Dichter nur noch als Handlanger betrachtete, verhalf Metastasio dem Textbuch wieder zu herausragender Bedeutung, mochte auch die gebräuchliche Bezeichnung für die Gattung *dramma per musica* bereits einen Hinweis darauf enthalten, daß es sich um eine Theatergattung handelte, die ihr Genüge nicht in sich selbst fand und daher erst mit Hilfe einer angemessenen Vertonung realisiert werden sollte. Metastasio fand am kaiserlichen Hof in Wien die ideale Umgebung und Förderung seiner Bestrebungen. Erschreckt distanzierte sich der Italiener von jenen aufklärerischen Zeitgenossen, die, wie er in zahlreichen Briefen an seine Verwandten und Freunde in der Heimat beklagte, „die Menschheit vom Joch der Religion, dem Gehorsam gegenüber dem eigenen Fürsten und von all jenen ehrbaren Pflichten befreien möchten, welche die festesten und notwendigsten Bande der Gesellschaft darstellen". Metastasio wurde später wegen dieser sich problemlos in die Gesellschaft des Ancien Régime einfügenden Haltung von den Vertretern der italienischen Einigungsbewegung scharf verurteilt und der Servilität bezichtigt. Dazu gehört auch, daß Richard Wagner Metastasio verhöhnte, weil er sich dazu hergegeben habe, lediglich „der allerergebenste und verwendbarste Diener" der Komponisten zu sein. In Wirklichkeit leistete im 18. Jahrhundert gerade das anschmiegsame Entgegenkommen des Dichters an die Erfordernisse der Institution Opernbühne einen entscheidenden Beitrag zur internationalen Verbreitung der italienischen Sprache.[42]

Giambattista Vico

Der Neapolitaner Giambattista Vico (1668–1744), dessen Hauptwerk *Principi d' una scienza nuova d'intorno alla comune natura delle nazioni (Grundzüge einer neuen Wissenschaft von der gemeinsamen Natur der Völker)* in einer ersten Ausgabe 1725 und in dritter, endgültiger Fassung 1744 erschien, erfüllte kaum die Voraussetzungen, um im Jahrhundert der Aufklärung rezipiert zu werden. Der von hohem Ernst beseelte Süditaliener verglich sein eigenes Jahrhundert mit den Zeiten des Tacitus, der, ebenfalls in einer Epoche der Dekadenz, den Römern die Germanen als Vorbilder empfohlen habe, weil sich bei ihnen niemand über das Laster amüsiert und das Verderben und Sich-Verderben-Lassen eine Mode genannt habe. Einer Zeit, in der eine Salonphilosophie vorherrsche, die nur das erörtere, worüber man auch mit Damen plaudern könne, stellte Vico sein eigenes Weltbild gegenüber, das die Entwicklung der Völker als einen zyklischen Ablauf beschreibt, in dem auf eine Epoche der Barbarei eine heroische Phase folgt, in der sich die Aristokratien der Kriegerkaste herausbilden. Erst an sie schließt sich dann eine auf die Vernunft gegründete Periode an, mit welcher freilich auch die Dekadenz und ein neuerlicher Rückfall in die Barbarei einsetzt. Vico beschrieb mit visionärer Kraft das auf dem Mythos basierende Weltbild des Urmenschen. In Religion, Eheschließung und Bestattungsriten sah er die grundlegenden Merkmale, die den Menschen vom Tier unterscheiden. Während der Verfasser der *Scienza nuova* verneinte, der Mensch könne eine volle Erkenntnis der Natur erlangen, da diese nur ihrem Schöpfer zukomme, schloß er dies im Hinblick auf die Geschichte keinesfalls aus, da Institutionen Menschenwerk sind.

Vicos nicht zuletzt auch als Polemik zu Descartes' materialistisch-mechanistischer Naturphilosophie konzipiertes Hauptwerk wurde ohne didaktisches Geschick, in einem durch labyrinthisch-barocke Satzperioden und höchst persönliche Neologismen geprägten Stil verfaßt und lange Zeit bestenfalls fragmentarisch rezipiert oder gar als bloßes Kuriosum abgetan. Es ist kein Zufall, daß sein Name in Deutschland zum ersten Mal in einem Brief Hamanns an Herder fällt. Vicos Größe wurde freilich von seinen ersten deutschen Bewunderern eher erahnt als wirklich begriffen.

Einer Anregung des Venezianers Giovan Artico Graf Porcía folgend veröffentlichte Vico 1728 seine Autobiographie, die, ähnlich wie die *Scienza nuova* im Leben der Völker, in der eigenen Vita eine stringente Entwicklungslogik aufzeigt. Er schildert darin seinen geistigen Werdegang im intellektuellen Leben Neapels und an der dortigen Universität. Dabei unterstreicht und übertreibt er seine angeblich radikale geistige Isolierung, die er selbstbewußt akzeptiert.[43]

Vico, der trotz seines originellen anthropologischen Beschreibungsmodells die biblische Chronologie nie in Frage stellte, blieben ernste Auseinandersetzungen mit der römischen Kirche erspart – im Gegensatz zu dem aus Apulien stammenden Pietro Giannone (1676–1748), der ähnlich wie Vico in Neapel zum Juristen ausgebildet worden war, dann aber wegen seiner die Eingriffe des Klerus in weltliche Angelegenheiten verurteilenden, in mehrere Sprachen übersetzten *Istoria civile del regno di Napoli (Politische Geschichte des Königreichs*

Neapel, 1723) exkommuniziert, zur Flucht gezwungen, schließlich von Genf nach Savoyen gelockt und dann in verschiedenen piemontesischen Gefängnissen eingekerkert wurde. Seine in der Haft verfaßte *Vita scritta da lui medesimo (Leben von ihm selbst geschrieben)* ist eine der beeindruckendsten Selbstbiographien des 18. Jahrhunderts.

Mit dem in der Nähe von Modena geborenen Geistlichen Ludovico Antonio Muratori (1672–1750), der nach kirchengeschichtlichem und juristischem Studium 1695 von Carlo Borromeo Graf Arese als Präfekt an die Mailänder Biblioteca Ambrosiana berufen wurde, trat ein neuer Gelehrtentyp an die Öffentlichkeit. Ab 1700 stand der Geistliche als Bibliothekar und Hofarchivar im Dienst der Este in Modena, deren dynastische und territoriale Interessen er stets loyal vertrat, auch wo es darum ging, diese gegen päpstliche Machtansprüche zu verteidigen. In einer Reihe von Veröffentlichungen belegte Muratori, unter weitgehendem Verzicht auf die im barocken Zeitalter übliche enkomiastische Geschichtsklitterei, auf der Grundlage sorgfältig recherchierter Dokumente die historische Tradition des Herzogtums und schuf damit die Voraussetzungen zu einer ernstzunehmenden Beschäftigung mit dem Mittelalter, das seit dem Humanismus und der Renaissance als finsteres Zeitalter abqualifiziert und kaum noch der Aufmerksamkeit für würdig erachtet wurde. Die 25 Bände der monumentalen Sammlung *Rerum italicarum scriptores* (1723–1751) und die zwölf Bände der *Annali d'Italia (Annalen Italiens,* 1744–1749) dokumentieren neben zahlreichen anderen auf lateinisch oder italienisch verfaßten Schriften die enorme Belesenheit des Gelehrten, der keinesfalls zum weltfremden Bücherwurm geworden war. Seine umfassende Korrespondenz führte er nicht nur mit fortschrittlichen Vertretern der römischen Kurie, sondern auch mit international angesehenen Geistesgrößen wie Leibniz. Kurz vor seinem Tod faßte Muratori seine einen aufgeklärten Absolutismus vertretenden staatspolitischen Ideen in dem erfolgreichen Traktat *Della pubblica felicità, oggetto de' buoni principi (Über das allgemeine Glück als Ziel der guten Fürsten, 1749)* zusammen.

Der Adlige Scipione Maffei (1675–1755), Autor der auch international beachteten Tragödie *Merope* (1713) und des imponierenden kulturgeschichtlichen Standardwerks *Verona illustrata* (1732) über seine Heimatstadt, verstand es, ähnlich wie Muratori, Gelehrsamkeit mit gesellschaftlichem Verantwortungsbewußtsein zu verbinden. In seinem *Consiglio politico presentato al governo veneto* (1738) trat er für eine venezianische Verfassung nach englischem Vorbild ein und nahm in seiner Schrift *Dei teatri antichi e moderni* (1753) das Theater als Institution gegen die pauschalen Anklagen des Dominikaners Daniele Concina in Schutz.

Zwischen Arcadia und Vorromantik

In mehreren Schüben vollzog sich in Italien die allmähliche Infragestellung der die Frühaufklärung beherrschenden Autorität der französischen Klassik zugunsten englisch- und deutschsprachiger Vorbilder. Die 1725 entstandene und 1742 veröffentlichte *Apologia del Edippo di Sofocle contro le censure del Signor di Voltaire* des bergamaskischen Adligen Pietro dei Conti di Calepio (1693–1762) sind zum Teil das Ergebnis eines ausführlichen Briefwechsels mit den Schweizer Gottsched-Gegnern Bodmer und Breitinger über das richtige Aristotelesverständnis.

Einen Sonderfall stellt der in Turin geborene Giuseppe Baretti (1719–1789) dar, der ab 1751 den größten Teil seines Lebens in London verbrachte, sich dort mit dem bedeutendsten Kritiker seiner Zeit, Samuel Johnson (1709–1784), anfreundete und während eines längeren Italien-Aufenthalts 1763–1765 in Venedig die Zeitschrift „*La frusta letteraria*" (Die literarische Peitsche) herausgab, in der er unter dem fiktiven Namen Aristarco Scannabue ohne nüchtern abwägende Besonnenheit polemisch und unwirsch mit seinen Landsleuten ins Gericht ging. Nicht von ungefähr erkor sich Baretti Benvenuto Cellini und dessen 1728 erstmals erschienene *Vita* zum persönlichen Vorbild, jenen Renaissancekünstler, „der die Natur stets mit frommem Sinn anrief und, obschon ignorant und plebejisch, von ihr zum größten Meister des Stils herangebildet wurde, den Italien besitzt".

Die umfangreiche, mit den Etruskern einsetzende *Storia della letteratura italiana (Geschichte der italienischen Literatur,* 1772–1781 und 1787–1794) des Jesuiten Girolamo Tiraboschi (1731–1794), der als Nachfolger Muratoris die Leitung der Biblioteca Estense in Modena übernahm, ist in bewußter Distanzierung von der philosophisch orientierten Kulturgeschichte Voltaires und seiner Nachfolger noch einmal ein Werk imponierender Erudition, das Christian Joseph Jagemann unter dem Titel *Die Geschichte der freyen Künste und Wissenschaften in Italien* (Leipzig 1777–1781) in Auszügen ins Deutsche übersetzte. Bis zu einem gewissen Grad läßt sich mit diesem Datum auch der Beginn der deutschsprachigen Italianistik ansetzen.[44]

Von außergewöhnlicher Bedeutung war die Übersetzungstätigkeit des in Padua Griechisch und Latein lehrenden Melchiorre Cesarotti (1730–1808). Die Ossian-Gedichte von James Macpherson (1736–1796), die wohl folgenreichste literarische Fälschung aller Zeiten, waren 1760 unter dem Titel *Fragments of Ancient Poetry* erschienen. Sie wurden von Samuel Johnson zwar mit stichhaltigen Argumenten hinsichtlich ihrer Authentizität alsbald in Frage gestellt, aber die gutgläubige Ossian-Gemeinde wollte sich einen Dichter nicht streitig machen lassen, der so sehr ihren Erwartungen entsprach. Erstaunlich ist, daß Cesarotti seine partielle Übersetzung in Italien bereits 1762 veröffentlichen konnte (die erste deutsche Übertragung erschien erst 1768/69 in drei Bänden in Wien). Der Italiener kam zwar mit seiner Fassung dem klassizistischen Geschmack der Zeit entgegen, wollte seinen Lesern aber den Kontakt mit einem nicht nur von ihm als ursprünglich empfundenen und gepriesenen Werk nicht vorenthalten, da seiner Meinung nach die italienische Sprache noch weit davon entfernt war, die in ihr schlummernden Möglichkeiten verwirklicht zu haben.

Da für den Rationalismus der Aufklärung letzten Endes alle

Völker vor der Vernunft gleichberechtigt waren, wurde bereits im Laufe des 18. Jahrhunderts die Grundlage für einen kosmopolitischen Gedankenaustausch geschaffen und eine vorurteilsfreie Rezeption fremder Kulturen und Literaturen entschieden gefördert, die dann später in Goethes Postulat einer „Weltliteratur" ihre Krönung fand. Seitdem Giovan Pietro Tagliazucchi (1716–1768) im Jahre 1755 in Potsdam seine Übertragung von Ewald von Kleists *Frühling* veröffentlicht hatte, rissen in Italien auch die Übertragungen aus dem Deutschen nicht mehr ab, mochten sie zunächst auch noch zum Teil auf dem Umweg über das Französische erfolgen. Der für die Ideen der Vorromantik aufgeschlossene Geistliche Aurelio de' Giorgi Bertola (1753–1798), der Edward Youngs *Night Thoughts (Nachtgedanken)* und Salomon Geßners *Idyllen* übersetzt hatte, war der erste, der in zwei umfangreichen Essays *(Idea della poesia alemanna*, 1779 und *Idea della bella letteratura alemanna*, 1784) seine Landsleute nachdrücklich auf die neueste deutsche Literatur, auf Klopstock, Lessing und Wieland, hinwies. Daß er Goethes *Götz von Berlichingen* wegen der Maßlosigkeit seines Freiheitsstrebens nicht vorbehaltlos zu bewundern vermochte, kann bei einem im Zeitalter der Arcadia aufgewachsenen Literaten kaum verwundern.[45]

Die Aufklärung in Italien und Giuseppe Parini

Die Aufklärung in Süditalien hatte in dem noch von Vico beeindruckten Antonio Genovesi (1713–1769) ihren repräsentativsten Vertreter. Er wurde 1754 in Neapel auf den ersten europäischen Lehrstuhl für Wirtschaftswissenschaften (Cattedra di meccanica e di commercio) berufen. In seinen Vorlesungen trat Genovesi für die liberalen Ideen der Physiokraten ein. Vor allem mit Hilfe des weltoffenen Professors leitete der für Reformpläne aufgeschlossene Minister Bernardo Tanucci eine Bildungsreform in die Wege.

Als diplomatischer Vertreter der neapoletanischen Bourbonen wurde 1759 der Abate Ferdinando Galiani (1728–1787) von Tanucci in die französische Hauptstadt entsandt. Mit seiner Abhandlung *Della moneta libri cinque (Fünf Bücher über das Geld,* 1751) hatte Galiani auch über Neapel hinaus die Aufmerksamkeit seiner Zeitgenossen erregt. In Paris nahm der brillante Süditaliener alsbald Kontakt zu den Zirkeln der Enzyklopädisten auf, wo „le petit abbé napolitain" als „Platon mit dem Brio und der Mimik Arlecchinos" (Melchior Grimm), vor allem bei Baron d'Holbach ein stets gerngesehener Gast war. Als der Diplomat 1769 nach Neapel zurückbeordert wurde, entlud er seinen Unmut über die tödliche Einförmigkeit und die geistlose Umgebung seiner Heimatstadt vor allem in seinen zahlreichen auf französisch geschriebenen Briefen an Mme. d'Épinay (1726–1783).

In den sechziger Jahren des 18. Jahrhunderts wurde die Lombardei das bedeutendste Zentrum der italienischen Aufklärung. Hier taten sich 1761 die wohlhabenden Mailänder Aristokraten Pietro Graf Verri (1728–1797), sein Bruder Alessandro (1741–1816), Cesare Marchese Beccaria (1738–1794) und einige Gesinnungsgenossen zu der Società dei Pugni (Gesellschaft der Fäuste) zusammen, die sich als Gegengründung zu den obsoleten Akademien in der Nachfolge der römischen Arcadia verstand. Die streitbaren Intellektuellen schufen sich schließlich in der zwischen 1764 und 1766 erscheinenden Zeitschrift Il Caffè ein Diskussionsforum, dessen Aufgabe vor allem in der zügigen Vermittlung des Ideenguts der englischen und französischen Aufklärung gesehen wurde. Ausdrücklich wurde Il Caffè auch mit Blick auf das weibliche Publikum konzipiert: „Glücklich zu preisen ist jener Philosoph, der von den liebenswürdigen Frauen gelesen wird: Er darf einer großen Leserschaft sicher sein und kann daher eine große Zahl überzeugen."

Die Mailänder Aufklärer begnügten sich keineswegs mit der passiven Übernahme der Gedanken ausländischer Vorkämpfer für Emanzipation und Fortschritt, wie der außergewöhnliche Nachhall belegt, den Cesare Beccaria mit seiner Schrift *Dei delitti e delle pene (Über Verbrechen und Strafen,* 1764) erzielte, mit der er unter anderem für die Abschaffung der Todesstrafe eintrat. Der lombardische Aristokrat wurde bei einem Parisbesuch in Begleitung Alessandro Verris nicht nur von seinem französischen Übersetzer André Morellet, sondern auch von d'Alembert, Diderot und bei Baron d'Holbach begeistert empfangen.

Der aufgeklärte Absolutismus Maria Theresias und Josephs II. stellte die Mailänder Intellektuellen in den Dienst der eigenen Reformbestrebungen. In diesen Zusammenhang gehören etwa Pietro Verris *Osservazioni sulla tortura (Bemerkungen zur Folter,* postum 1804). Der Aristokrat, dessen Vater als Mitglied des Mailänder Senats noch gegen die 1776 von der Kaiserin dekretierte Abschaffung der Folter eintrat, argumentiert hier auf der Grundlage der entsetzlichen Justizmorde an den *untori* (Schmierern), die während des Mantuanischen Erbfolgekriegs als angebliche Verursacher der Pest angeklagt und hingerichtet wurden, konkret und eindrucksvoll, daß die Folter ein denkbar untaugliches Mittel zur Wahrheitsfindung ist, da sie notwendigerweise in Form einer Kettenreaktion zur Denunziation und Hinrichtung neuer Unschuldiger führen muß. Die Schrift mit den auszugsweise veröffentlichten Protokollen der Verhöre, in denen das Latein der Juristen den zum Teil mundartlichen verzweifelten Hilferufen der Befragten gegenübergestellt wird, ist jener dokumentarischen Literatur zuzuzählen, die dann zweihundert Jahre später Leonardo Sciascia meisterhaft in den Dienst seiner Polemik gegen die Mafia stellen wird.

Kleinbürgerlicher Herkunft war der aus dem lombardischen Voralpenland der Brianza stammende Giuseppe Parini (1729–1799), der 1753 erste Gedichte veröffentlichte. Unter dem auf den heimatlichen Lago di Pusiano hindeutenden Pseudonym Ripano Eupilino fand er Aufnahme in die Mailänder Accademia dei Trasformati (Akademie der Verwandelten). Nach einem durch eine Tante ermöglichten Theologiestudium wurde er zum Priester geweiht und trat anschließend eine Stelle als Erzieher im Hause des Herzogs Serbelloni an. Die Tätigkeit erlaubte dem Provinzler aufschlußreiche Einblicke in den verwöhnten Lebensstil des lombardischen Adels. Graf Firmian, der als „ministro plenipotenziario" Wiens das Herzogtum Mailand verwaltete, protegierte den besonnenen und verantwortungsbewußten Parini, der durch einige Oden und die beiden ersten Teile seiner dann unvollendet gebliebenen, anonym erschienenen Dichtung *Il giorno (Der Tag*, 1763/65) bekannt geworden war, ernannte ihn zum Redakteur der Gazzetta di Milano und betraute ihn mit ehrenvollen und einflußreichen Lehraufträgen.

Die Ode *La salubrita dell' aria (Die Gesundheit der Luft*, 1759) belegt über den äußeren Anlaß hinaus (die Accademia dei Trasformati hatte 1759 das Thema im Rahmen eines Wettbewerbs vorgegeben) Parinis Engagement im Sinn der Physiokraten, welche das wirtschaftliche Leben eines Landes mit dem Blutkreislauf im Körper verglichen. Technische Neuerungen und egoistisches Gewinnstreben dürfen nach der Überzeugung des Dichters nicht dazu führen, daß die Natur und ihre Ressourcen einseitig belastet und ausgebeutet werden. Mit bislang unbekannter Präzision führte der Aufklärer unter dem Eindruck der *Encyclopédie*, etwa in der Ode *L'innesto del vaiuolo (Die Pockenimpfung*, 1765), auch in Italien die Terminologie der Wissenschaftssprache in die Dichtung ein. Ausdrücklich und wiederholt faßte er sein literarisches Credo dahingehend zusammen, daß über den das Ohr erfreuenden melodischen Komponenten einer Ode ihr praktischer Nutzen für die Allgemeinheit nicht vergessen werden dürfe. Um dieses Nützlichkeitsideals willen verfaßte Parini seine in der lombardischen Hauptstadt und ihrem Hinterland angesiedelten Dichtungen nicht in dem noch sehr lebendigen Dialekt seiner Heimat, sondern in Italienisch, in das er allerdings zahlreiche typische lokale Wendungen und Redensarten übertrug.

Mit *Mattino (Morgen)* und *Mezzogiorno (Mittag)*, dem ersten und zweiten Teil seiner in *endecasillabi sciolti*, reimlosen Elfsilbern, verfaßten Dichtung *Il giorno*, weitete Parini den bereits in einigen seiner Oden thematisierten Gegensatz Stadt–Land zu dem allgemeineren Kontrast Müßiggang – tätiges Leben aus. Nach einleitenden Versen, in denen der beginnende

Arbeitstag von Handwerkern und Bauern geschildert wird, apostrophiert der Dichter direkt den jungen Aristokraten, der im Mittelpunkt der Dichtung steht: „[...] Ah il tuo mattino, / Signor, questo non è. [...] (Ach, dein Vormittag, / Signor, ist dies nicht)." Im *Mezzogiorno* macht sich dann der endlich von weichem Pfühl aufgestandene und als Rokokogalan herausgeputzte junge Herr auf den Weg, um seiner Dame, die in nicht weniger strikter Befolgung der Modegebote eben erst ihre Morgentoilette abgeschlossen hat, seine Aufwartung zu machen. Der Dichter fordert den sich zu anderen Verehrern der begehrten Schönheit Gesellenden ironisch auf, doch ja nichts zu versäumen, um seine verzärtelte Anmut und Eleganz ins richtige Licht zu rücken. Der blasierte Adlige hat an den emanzipatorischen Bestrebungen der Aufklärung nur insofern Anteil, als er gerne erotische Romane französischer Herkunft liest. Unmißverständlich kritisiert Parini hier die hedonistischen Aspekte in den Werken der „neuen Weisen" Galliens und distanziert sich ausdrücklich von dem „weichlichen Aristipp" (Voltaire) und dem „neuen Diogenes" (Rousseau).

Der an Iuvenal und Persius geschulte satirische Impetus Parinis wich zusehends einer gemäßigteren Haltung, so daß die zunächst geplante Fortsetzung des *Giorno* in den abschließenden Teilen *Vespro (Abend)* und *Notte (Nacht,* beide postum 1801) nur fragmentarisch ausgeführt wurde und keine geschlossene Einheit bildet. Unverkennbar zeichnet sich hier eine klassizistisch distanzierte Haltung ab, die aufklärerischem Engagement nur noch einen sekundären Platz einräumt. Auch Parinis späte Oden sind zunehmend einem horazianischen goldenen Mittelmaß verpflichtet. Es überrascht daher nicht, daß der Lombarde, dessen literarischer Horizont im wesentlichen mit dem seiner engeren Heimat identisch war, jenseits der italienischen Sprachgrenzen kaum rezipiert wurde. Paul Heyses Übertragung des *Dialogo sopra la nobiltà* (1757) unter dem Titel *Vom Adel. Ein Gespräch* von 1889 stellt eine Ausnahme dar.[46]

Carlo Goldoni und die Widersacher seiner Theaterreform

Carlo Goldoni (1707–1793), in Venedig geboren und aufgewachsen, knüpfte schon in jungen Jahren Kontakt zum Theaterleben seiner Zeit, für das er sich nach seiner in Padua erfolgten Promotion zum Doctor juris und einer längeren Tätigkeit als Rechtsanwalt in Pisa (1745–1748) endgültig entschied. Eine Reform des Prosatheaters schien ihm notwendig, denn das im vorausgehenden Jahrhundert zu außerordentlicher Blüte gelangte Musiktheater der barocken Bühnen ließ dem Verfasser zahlreicher Librettos, die Goldoni unter dem Pseudonym Polisseno Fegejo sammelte und veröffentlichte, nur noch geringen Spielraum, da er die Anweisungen des Impresarios nicht weniger zu berücksichtigen hatte als die Wünsche der auf wirkungsvolle Auftritte bedachten Sänger. Nicht weniger verhängnisvoll für die dichterische Autonomie waren die zahlreichen Theatertruppen, die auf der Grundlage der dürftigen Rahmenhandlung eines Kanevas ihre *lazzi* genannten pantomimischen Nummern inszenierten. Paradoxerweise war es einer der berühmtesten Vertreter dieses Komödientyps, der *truffaldino* Antonio Sacchi, der den in Pisa tätigen künftigen Theaterreformer dazu animierte, zwei Kanevas für ihn zu verfassen: Es handelte sich um die bis zum heutigen Tag auch auf unseren Bühnen beliebten, erst in späteren Jahren völlig ausformulierten Komödien *Il servitore di due padroni (Der Diener zweier Herren*, 1745) und *I due gemelli veneziani (Die venezianischen Zwillinge*, 1747). Den entscheidenden Anstoß, die bürgerliche Existenz eines Rechtsanwalts mit dem riskanten Leben eines Theaterautors zu vertauschen, erhielt Goldoni dank der Vermittlung des *pantalone* Cesare von dem Theaterdirektor Gerolamo Medebach, der 1748 das Teatro Sant' Angelo in Venedig angemietet hatte und den Dichter vertraglich verpflichtete, im folgenden Jahr acht Komödien zu liefern und einzustudieren. Zudem mußte er wegen der beschränkten Theaterspielzeit in Venedig das Ensemble auf den Tourneen auf dem Festland begleiten. In ähnlicher Form, wenn auch mit einigen Erleichterungen, verpflichtete sich Goldoni dann nach Ablauf des Engagements mit Medebach bei den Eigentümern des Teatro San Luca, Antonio und Francesco Vendramin, für die er von 1753 bis 1762 tätig war.

Bereits 1743 hatte Goldoni für das Teatro San Samuele in Venedig mit der Komödie *La donna di garbo (Die liebenswürdige Frau)* zum ersten Mal ein vollständig ausgeschriebenes Stück verfaßt und sich bald davon überzeugt, daß dies der einzige Weg war, um die Willkür der Schauspieler einzudämmen und die vom Verfasser gewünschte Werktreue zu sichern. Dazu gehörte, daß der Theaterreformer allmählich die konventionellen Theatermasken in seinen Stücken reduzierte und mit unermüdlicher Aufmerksamkeit die Möglichkeiten des Ensembles studierte. Hinzu kam, daß er stets die Publikumsreaktionen in seine Überlegungen mit einzubeziehen hatte.

Goldonis einmalige Schaffenskraft ist wohl in der Theatergeschichte lediglich von Lope de Vega übertroffen worden. Eine Tour de force sondergleichen bewältigte der Venezianer in der Spielzeit 1750/51 mit den Inszenierungen von 16 neuen Stükken am Teatro Sant' Angelo, unter denen sich Meisterwerke befinden, die bis zum heutigen Tag zu Goldonis erfolgreichsten Texten zählen, wie *Il bugiardo (Der Lügner)* und *La bottega del caffè (Das Kaffeehaus).* Die Spielzeit des Jahres 1750/51 eröffnete der Dichter mit dem programmatischen Stück *Il teatro comico (Die komische Bühne),* das ähnlich wie Molières *L'impromptu de Versailles* eine Theaterprobe mit ihren Spannungen und Querelen zum Gegenstand hat und zugleich das Reformprogramm des Dichters erläutert.

Nach dem Erfolg seiner in Florenz spielenden Komödie *La locandiera (Die Wirtin,* 1753) und unter dem Druck der zunehmenden Erfolge des Rivalen Pietro Chiari bereicherte Goldoni sein Repertoire neben den zum Teil in venezianischem Dialekt verfaßten volksnahen Stücken auch durch empfindsame und exotische Komponenten. Dies war nötig, da nach dem Wechsel zum Teatro San Luca ein für seine Kammerstücke zu großer Saal und ein mediokres Ensemble es nicht immer leicht machten, das geräumige Haus zu füllen. Erfolge blieben jedoch auch hier nicht aus. In exotischer oder in fremder Umgebung spielende Stücke, wie die Tragikomödie *La sposa persiana (Die persische Braut,* 1753) oder *Il medico olandese (Der holländische Arzt,* 1756), faszinierten das Publikum ebenso wie die bezaubernde, auf einem kleinen Platz spielende Verskomödie *Il campiello* (1756) in venezianischem Dialekt.

Goldonis seit den frühen fünfziger Jahren – nicht zuletzt auch aufgrund seiner Librettos – internationaler Ruhm ließ ihm die venezianischen Verhältnisse zunehmend beengend erscheinen, zumal es ihm rigoros untersagt war, die Vertreter der Aristokratie zu kritisieren. Es ist daher verständlich, daß er dank seines ungebrochenen theatralischen Sendungsbewußtseins und wegen des verlockenden Glamours der französischen Hauptstadt fünfundfünfzigjährig einer Einladung an die Comédie-Italienne nach Paris als Theaterdichter Folge leistete. Obwohl er gerade in den beiden letzten Spielzeiten 1760/61 und 1761/62 das venezianische Publikum verschwenderisch mit Meisterwerken wie der Trilogie über die *Villeggiatura (Die Sommerfrische)* oder den *Baruffe chiozzotte (Streit- und Raufhändel in Chioggia)* verwöhnt hatte, machte in der Markusrepublik niemand Anstalten, den zum Aufbruch in die Fremde Entschlossenen durch ein entsprechendes Angebot zurückzuhalten.

Die letzten Endes enttäuschenden Erfahrungen, die aus einem verhängnisvollen Mißverständnis und dem allzu großen Selbstbewußtsein der Schauspieler der Comédie-Italienne resultierten, machten Goldoni schon bald deutlich, daß er sich in Paris auf ein Abenteuer eingelassen hatte, das einer Selbstaufgabe gleichkam, da von ihm, dem international anerkannten Verfasser erfolgreicher bürgerlicher Komödien, verlangt wurde, er solle für die spezifischen Zwecke des italienischen Theaters in Paris Kanevas verfassen, mit denen dann die Interpreten nach Gutdünken schalten und walten konnten. Kein Wunder, daß er sich nach Ablauf seines zunächst auf zwei Jahre befristeten Vertrags resigniert damit zufriedengab, Angehörige der französischen Königsfamilie in italienischer Sprache zu unterrichten. Vertreter des Pariser Theaterlebens und verschiedene Intellektuelle wie Crébillon fils oder Charles-Simon Favart entschädigten ihn jedoch für manche Enttäuschung.

Es zeugt von Goldonis Ansehen in Paris, daß seine auf französisch verfaßte Komödie *Le bourru bienfaisant (Der herzensgute Unwirsch)* 1771 mit beachtlichem Erfolg an der Comédie française aufgeführt wurde. Seine im achten Lebensjahrzehnt auf französisch verfaßten *Mémoires* (1787) stellen seinen bewegten Lebensweg zwar sehr harmonisierend dar, sind aber dessen ungeachtet eine der farbigsten unter den zahlreichen Selbstdarstellungen des endenden Ancien Régime.

Goldonis Theater ist nach seiner Diskreditierung durch die Romantiker im 20. Jahrhundert von Literatur- und Theaterwissenschaftlern, Regisseuren und Schauspielern in seiner stupenden Vielfalt neu gedeutet und erschlossen worden. Kein anderes Werk des italienischen 18. Jahrhunderts ist in ähnlicher Weise bei uns gegenwärtig geblieben.[47]

Pietro Chiari (1711–1785) suchte als Rivale Goldonis dessen Vormachtstellung an den venezianischen Theatern zu untergraben, indem er möglichst publikumswirksame Themen dramatisierte. Nicht um die Bühne als moralische Anstalt und Instrument der Aufklärung im Dienst der Gesellschaft ging es ihm, sondern darum, unliebsame Konkurrenten auszustechen. Carlo Graf Gozzi (1720–1806) hingegen feindete Goldonis Reformtheater schon deshalb an, weil es ihm scheinen wollte, daß der Verfasser zahlreicher Stücke, in denen die venezianische Gesellschaft in ihrer Dekadenz bloßgestellt wurde, ein gefährlicher Nestbeschmutzer sei, der sich in sträflicher Weise mit dem Pöbel gemein mache. Nach einigen handschriftlich oder gedruckt zirkulierenden satirischen Ausfällen gegen den Advokaten schickte er sich an, mit Hilfe der Truppe von Antonio Sacchi dem venezianischen Theaterreformer zu beweisen, daß er mit seiner weitgehenden Eliminierung der traditionellen Masken das Publikum um sein liebstes Theatervergnügen gebracht habe. Der überraschende Erfolg des Märchendramas *L'amore delle tre melarance (Die Liebe zu den drei Pomeranzen)*, das am 25. 1. 1761 am Teatro San Samuele mit sensationellem Beifall bedacht wurde und Goldoni wie Chiari lächerlich machte, schien ihm recht zu geben und trug wohl mit dazu bei, daß Goldoni die Einladung an die Comédie-Italienne nach Paris annahm, obwohl sein Reformtheater durch das Auftreten Gozzis keinesfalls bedeutungslos geworden war, wie die unverminderte Publikumsgunst am Teatro San Luca auch noch in Goldonis letzter Spielzeit 1761/62 zeigte. Tatsache ist freilich, daß die „Gozzische Manier", wie sie sich in Ludwig Tiecks Märchenspielen und in E.T.A. Hoffmanns Bewunderung für die Theatermasken „in Callots Manier" niederschlug, den der Aufklärung verpflichteten Theatertyp Goldonis während der Romantik in Mißkredit brachte. Dabei war sich zumindest August Wilhelm Schlegel sehr wohl bewußt, daß die Bedeutung, die seine romantischen Gesinnungsgenossen den Märchendramen des Venezianers unterschoben, sich nicht unbedingt auch mit den Intentionen Gozzis deckte.[48]

Vittorio Alfieri

Der in einer peripheren Region des italienischen Sprachbereichs geborene Piemontese Vittorio Graf Alfieri (1749–1803), der wie der Großteil der führenden Gesellschaftsschichten des Ancien Régime zunächst französisch schrieb, ist wiederholt und mit guten Gründen den deutschen Stürmern und Drängern an die Seite gestellt worden, mochte er von deren Existenz auch keinerlei Kenntnis besitzen. Bereits mit siebzehn brach der Aristokrat seine Ausbildung an der Turiner Militärakademie ab. In seiner *Vita* wurde das dort übliche Erziehungskonzept als *ineducazione* (Unerziehung) und *non-studi* (Nichtstudien) erbarmungslos abqualifiziert. Während eines Jahrzehnts reiste Alfieri durch halb Europa. Plutarchs *Lebensbeschreibungen der wahrhaft Großen*, „das Buch der Bücher", lieferte ihm für seinen eigenen Lebensentwurf die verpflichtenden Vorbilder. Die angemessene Umgebung fand Alfieri gewiß nicht an den europäischen Höfen, zu denen er als Aristokrat über die

Auslandsvertretungen seines Landes mühelos Zugang hatte, sondern in seinem leidenschaftlichen Umgang mit Pferden und in extremen Landschaftserlebnissen in Schweden und Spanien.

Die Tragödie *Cleopatra,* die am 16. Juni 1775 am Turiner Teatro Carignano uraufgeführt wurde, nachdem der Dichter die französisch verfaßten Prosaentwürfe auf Italienisch versifiziert hatte, verstand Alfieri wie die zahlreichen weiteren Versuche in dieser Gattung als seinen persönlichen Beitrag für eine Anbindung des heimatlichen Piemont an die bislang nur als kulturelle Vision bestehende italienische Nation. Nahezu alle Tragödien Alfieris sind einem kompromißlosen *in tyrannos* verpflichtet. Konsequenterweise kaufte er sich durch einen Verzicht auf seine piemontesischen Besitzungen zugunsten seiner Schwester von jeder Vasallenpflicht gegenüber seinem Monarchen frei. Während langjähriger Aufenthalte in der Toskana, in Rom und in Frankreich, zum Teil in Gesellschaft seiner Lebensgefährtin Luisa Stolberg, Gräfin d'Albany, entstanden seine beiden Tragödien *Saul* (1782) und *Mirra* (1789). Saul trägt zwar durchaus Züge der von Alfieri gehaßten Tyrannen, er sieht aber nach seiner zunehmenden Isolierung infolge der Verbannung des jungen David und der militärischen Niederlagen gegen die Philister im Selbstmord die letzte Möglichkeit, seine persönliche Integrität zu behaupten. Selbstmord begeht auch die aus Ovids *Metamorphosen* bekannte, in inzestuöser Liebe zu ihrem Vater entbrannte Titelheldin der Tragödie *Mirra.* Mirra hat, im Gegensatz zu Saul, nicht einmal die Genugtuung, durch den Tod die eigene Integrität zu bewahren, da sie zu wissen glaubt, ihre „ruchlose“ Schuld könne durch ihren verzweifelten Entschluß in Wirklichkeit nicht gesühnt werden.

Alfieri hat sich in seinen insgesamt neunzehn Tragödien an die klassizistische Forderung der drei Einheiten gehalten, die im Grunde seinem zu höchster Konzentration tendierenden dramatischen Konzept im Innersten entsprach. Seine kahle Handlungsführung hat allerdings eine internationale Rezeption dieser Werke verhindert. Goethes Stoßseufzer aus dem Jahr 1819, er habe sich „genügsam an ihm herumgequält“, kommt dabei repräsentative Bedeutung zu: „[...] der Widerspruch eines großen Charakters bei mächtigem Streben, eine gewisse Trockenheit der Einbildungskraft bei tiefem leidenschaftlichen Sinn, der Lakonismus in Anlage sowohl als Ausführung, das alles läßt den Zuschauer nicht froh werden."

Die Sprödigkeit von Alfieris Temperament schlug sich auch in seinen zum großen Teil zwischen 1785 und 1792 entstandenen *Rime* nieder. Er, der 1769 in seiner „plutarchisierenden" Phase in Schönbrunn mißbilligend den alten Metastasio in Gegenwart von Maria Theresia „mit einem durchaus heiteren und schmeichlerischen Gesicht die übliche kleine Kniebeuge" machen sah, und der stets die auf den melodischen Belcanto der Oper abgestellten Verse der Arcadia unwirsch verurteilte, wollte seinen Leser nicht durch melodischen Sinnenzauber betören, sondern durch die Kraft der Argumentation aufrütteln. In polemischen Epigrammen, beißenden Sonetten und schließlich in insgesamt 17 Satiren in Terzinen kommentierte Alfieri, der zwischen 1785 und 1792 in Frankreich lebte, die sich zuspitzenden politischen Ereignisse. Schon bald distanzierte er sich von den als *sesqui-plebe* geschmähten Vertretern des Mittelstands, die die Aristokratie des Ancien Régime liquidierten, und schmähte sie als die jüngste Verkörperung der Tyrannei. In selbstbewußtem Dünkel hielt er es weit eher mit „den Großen und den Reichen", die wenigstens von der eigenen Substanz zu leben in der Lage seien und daher den anderen keinen Schaden zufügten. Alfieri sammelte seine zahlreichen, zunächst handschriftlich verbreiteten Invektiven in Vers und Prosa gegen die neuen französischen Machthaber unter dem Titel *Il misogallo (Der Franzosenfeind,* 1793–1798).

Alfieris *Vita scritta da esso (Leben, von ihm selbst verfaßt,* 1804), schon bald in die wichtigsten europäischen Sprachen übersetzt, wurde aufgrund ihrer leitmotivischen Absage an jede Form der Fremdherrschaft und der Unterwerfung unter despotische Willkür zum Vademecum der Vertreter des Risorgimento. So war für Francesco De Sanctis Alfieri ein Mann, „bei dessen bloßer Namensnennung wir stolz sind, Italiener zu sein". Dies ungeachtet der Tatsache, daß der selbstherrliche und standesbewußte Solipsismus des Aristokraten aus Asti in Wirklichkeit in krassem Widerspruch zu den Bestrebungen der italienischen Einigungsbewegung stand.[49]

Vorromantik und Neoklassizismus

Alessandro Verri, ehemals temperamentvoller Mitarbeiter der Mailänder Zeitschrift Il Caffè, ließ sich nach Aufenthalten in Paris und London 1767 in Rom nieder, wo er sich unter anderem als Übersetzer Shakespeares hervortat. Wie sehr der ehemalige Mailänder Aufklärer von der durch Johann Joachim Winckelmanns archäologische Entdeckungen und kunsthistorische Schriften geprägten Umgebung beeindruckt wurde, zeigte bereits sein Roman *Le avventure di Saffo poetessa di Mitilene (Die Erlebnisse der Dichterin Sappho aus Mitilene,* 1780) und schließlich ganz besonders der durch die sensationellen Ausgrabungen der Scipionen-Gräber angeregte Roman *Le notti romane al sepolcro de' Scipioni (Die römischen Nächte am Grab der Scipionen),* der 1792 in drei Teilen und 1804 in erweiterter Fassung in sechs Teilen erschien. In den *Notti romane* stellen vor der Kulisse des Grabmals Repräsentanten der antiken Welt wie Cicero und Caesar Betrachtungen über die Vergänglichkeit irdischer Größe an. Das Werk ist eines der eindrucksvollsten literarischen Zeugnisse der vorromantisch-klassizistischen Beschreibungen heroischer Landschaft und Architektur und wurde nicht zu Unrecht mit Giovanni Battista Piranesis großartigen Stichen römischer Ruinen verglichen.

In den Jahren vor dem Zusammenbruch des Ancien Régime war Vincenzo Monti (1754–1828) der bedeutendste Vertreter der italienischen Literatur am päpstlichen Hof. Nach einem Theologiestudium im Seminar von Faenza wurde der musisch Begabte aus der Provinz bereits 1775 in die Arcadia aufgenommen. Seine ein Jahr darauf veröffentlichte religiöse Dichtung *La visione di Ezechiello (Die Vision Ezechiels)* verschaffte ihm die Protektion des Kardinals Scipione Borghese. 1778 ließ sich

Monti in Rom nieder, wo er Sekretär von Luigi Braschi, einem Nepoten von Papst Pius VI., wurde. Die anpassungsfähige Virtuosität des Dichters erfüllte in geradezu idealer Weise die Voraussetzungen, um die geforderten repräsentativen und künstlerischen Aufgaben wahrzunehmen. Als 1793 der französische Legationssekretär vom römischen Pöbel gelyncht wurde, nahm Monti das Ereignis zum Anlaß, um in der umfangreichen Terzinendichtung *Il morte di Ugo Bassville* mit den neuen französischen Machthabern abzurechnen. Der außergewöhnliche Erfolg der visionären Verse, die den Tod von Nicolas-Jean Hugon de Baseville als Sühne für die frevelhafte Guillotinierung des französischen Monarchen deuteten, bestärkte die Bewunderer des Dichters in dem Glauben, mit ihm sei Italien ein neuer Dante erstanden.

Mit erstaunlicher Wendigkeit näherte sich der Literat unter dem Druck der welthistorischen Ereignisse zunehmend jakobinischen Positionen an, verließ 1797 Rom und wurde noch im gleichen Jahr in der Dichtung *Prometeo (Prometheus)* zum Lobredner Bonapartes, dessen Kriegsglück er dann unter dem Eindruck der Schlacht bei Jena und Austerlitz in der Klopstock und Ossian nachempfundenen, unvollendet gebliebenen Dichtung *Il Bardo della Selva Nera (Der Schwarzwaldbarde,* 1806) rühmte.

Nach der Rückkehr der Österreicher wurde Monti vorübergehend Mitherausgeber der Monatsschrift „Biblioteca Italiana", in deren erster Nummer (Januar 1816) Mme. de Staëls Aufsatz *Sulla maniera e l' utilità delle traduzioni (Über Art und Nutzen des Übersetzens)* erschien, mit dem die folgenreiche Auseinandersetzung zwischen Klassikern und Romantikern in Italien begann.

Die italienischen Intellektuellen des Risorgimento haben Monti als politischen Wendehals angeprangert und darüber vergessen, daß seine mit anderen Gesinnungsgenossen verfaßte *Proposta di alcune correzioni ed aggiunte al vocabolario della Crusca (Vorschlag für einige Verbesserungen und Ergänzungen des Wörterbuchs der Crusca,* 1817–1826) eine wichtige Etappe auf dem Weg zu einer italienischen Nationalsprache darstellte.

In bester aufklärerischer Tradition distanzierte sich hier Monti von dem munizipalistischen Ausschließlichkeitsanspruch der Florentiner wie von dem passatistischen Versuch des Veroneser Oratorianers Padre Antonio Cesari (1760–1828), der nicht so sehr das Toskanische der großen mittelalterlichen Schriftsteller, als vielmehr die Sprache der damaligen Kaufleute, Händler und Zöllner und deren „ursprüngliche Reinheit und Schönheit" als Vorbild anpries, an dem es sich zu orientieren gelte, auch wenn es für alle Zeiten verloren sei.

Ugo Foscolo

Vierzehnjährig, „ohne jede Kenntnis des Toskanischen", kam der auf der ionischen Insel Zante als Sohn eines venezianischen Schiffsarzts und einer griechischen Mutter in griechischer Umgebung aufgewachsene Ugo Foscolo (1778–1827) nach dem Tod seines Vaters mit seinen Angehörigen nach Venedig. Bald schon verkehrte er im Salon der gebildeten Isabella Teotochi, von wo aus er Kontakte mit dem Ossianübersetzer Melchiorre Cesarotti und anderen Paduaner Intellektuellen aufnahm. Foscolos Leben wurde durch seine Enttäuschung über den Verrat Bonapartes an den revolutionären Idealen von 1789 wie durch seine Weigerung geprägt, nach dem Wiener Kongreß mit den Österreichern zusammenzuarbeiten. Die langen Jahre des Exils in der Schweiz und in England, wo er völlig verarmt starb, machten aus dem Dichter für die nachfolgende Generation des Risorgimento den bewunderten Vorkämpfer und unbestechlichen Propheten der hehren Ziele der italienischen Einigungsbewegung.

Foscolo lieferte seinen künftigen Hagiographen selbst einige Stichworte für die Porträtierung seiner Persönlichkeit, so etwa in einem Brief des Siebzehnjährigen an einen Freund, der bereits eine Vorstellung von den Kontrasten dieses Charakters vermitteln kann: „Nicht schön von Angesicht, sondern extravagant und frei heraus, nicht blond, sondern rothaarig [...]". In einer Reihe von Sonetten setzte der junge Dichter diese unverkennbar in der Nachfolge Alfieris stehende Selbstinszenierung und Selbstdarstellung fort. Dem piemontesischen Dichter eiferte er auch in der *in tyrannos* (in diesem Fall Agamemnon) verfaßten Tragödie *Tieste (Thyestes)* nach. Das Werk wurde im Januar 1797 mit beachtlichem Erfolg am Teatro Sant'Angelo in Venedig uraufgeführt.

Inzwischen hatte Foscolo in der Nachfolge der Briefromane des 18. Jahrhunderts seine *Ultime lettere di Jacopo Ortis (Letzte Briefe von Jacopo Ortis)* verfaßt, die aller Wahrscheinlichkeit nach auf der Grundlage eines auf das Jahr 1796 zu datierenden autobiographischen Versuchs *Laura, lettere (Laura, Briefe)* entstanden. Das Werk erschien in einer ersten unvollendeten Ausgabe 1798 in Bologna, dann vollständig 1802 in Mailand, schließlich 1816 überarbeitet in Zürich und endlich 1817 in London mit weiteren Textvarianten. Der Verfasser sandte den ersten Teil des Romans am 16. Januar 1802 mit einem durchaus selbstbewußten Brief an den Verfasser des *Werther*, dem er versicherte, er habe die Handlung dem wirklichen Leben entnommen und *Jacopo Ortis* mit seinem „Herzblut" geschrieben. Den naheliegenden Vorwurf, er habe lediglich den Roman Goethes plagiiert, wies Foscolo stets mit dem Hinweis zurück, es sei ihm darum gegangen, seine eigene Zeit zu schildern, jene Zeit, die Jacopo bereits im ersten Brief (11. Oktober 1797) wegen der fatalen Folgen des Friedens von Campoformio, mit dem das Ende der Markusrepublik besiegelt wurde, beklagt: „Unser Vaterland ist nun geopfert: alles ist verloren." Die von Jacopo geliebte, vom Vater mit einem Adligen verlobte und dann verheiratete Teresa wird in vollendeter neoklassizistischer Stilisierung geschildert: „Sie war lässig in Weiß gekleidet. Der über Schultern und Brust fließende Schatz ihres goldblonden Haares, ihre in Wonne schwimmenden göttlichen Augen, ihr mit süßem Schmelz übergossenes Antlitz, ihr Rosenarm, ihr Fuß, ihre sanft harpeggierenden Finger, alles, alles war Harmonie, und ich verspürte ein neues Entzücken, als ich sie betrachtete."

Im zweiten Teil des Romans ist die Geliebte nur noch in der Erinnerung gegenwärtig, ehe Jacopo in die heimatlichen Colli Euganei zurückkehrt, um Selbstmord zu begehen. Der Adressat und postume Herausgeber der Briefe schildert den Freitod durch Erdolchen und die Beisetzung des Verbluteten ohne Pomp und transzendente Tröstungen: „Nachts schleppte ich mich hinter dem Leichnam her, der von drei Arbeitern auf dem Pinienberg begraben wurde".

Das Nocturno von Jacopos einsamen Tod steht in der Tradition der inzwischen auch in Italien mehrfach rezipierten Kirchhofsdichtung. Sie hat zweifellos neben dem Dekret von Saint-Cloud, das Bestattungen innerhalb bewohnter Bezirke verbot und die Form der Grabinschriften reglementierte, den Anstoß zu Foscolos berühmtestem Werk gegeben, den 295 reimlosen Elfsilbern der vom Verfasser als *epistola* beziehungsweise *carme* bezeichneten, zwischen März und Mai 1806 entstandenen Dichtung *Dei Sepolcri (Die Gräber,* 1807). Der Lyriker hat in diesem Werk sein weltanschauliches Programm in vollkommener Weise umgesetzt. Ohne jegliche christliche Jenseitströstungen und in enger Anlehnung an den Materialismus des Lehrgedichts *De rerum natura (Von der Natur der Dinge)* von Lukrez, sowie Gedanken Vicos aufgreifend, denen zufolge die Menschen in eigener Verantwortung ihr Geschick gestalten, sind Gräber für Foscolo, ganz im Gegensatz zu der gleichmacherischen Haltung radikaler Extremisten, aus der Anonymität herausgehobene Orte, an denen sich künftige Geschlechter erbauen und stärken können. Empörend ist daher für den Dichter der *Sepolcri*, daß Mailand es nicht über sich brachte, Parini ein würdiges Denkmal zu setzen, während die Florentiner in Santa Croce neben Machiavelli und Galilei auch Vittorio Alfieri bestatteten. Die Dichtung klingt aus mit einer Evokation Hektors, dessen heldenhaften Tod im Dienst der Gemeinschaft Foscolo, der mehrfach Homer auszugsweise ins Italienische übertrug, als beispielhaft darstellt. Was der in Griechenland beheimatete Dichter für das italienische Risorgimento bedeutete, unterstreicht schon die Tatsache, daß seine sterblichen Überreste 1871 aus England nach Santa Croce überführt wurden.

Foscolo, der 1805 Laurence Sternes Roman *A Sentimental Journey through France and Italy (Eine empfindsame Reise durch Frankreich und Italien,* 1768) übersetzte und dann 1813 eine überarbeitete Fassung in Pisa publizierte, schuf sich nach Jacopo Ortis in Didimo Chierico eine weitere Ich-Projektion, die er freilich nicht mehr in der Unmittelbarkeit der ersten, sondern aus der Distanz der dritten Person und unter dem Namen eines alexandrinischen Grammatikers darstellte und in einer *Notizia* folgendermaßen skizzierte: „Er stellte niemals Fragen, ‚um' wie Didimo sagte, ‚die Personen nicht zum Lügen zu verleiten'. Und auf Fragen antwortete er mit Sprichwörtern oder er sah dem ins Gesicht, der mit ihm sprach."

Foscolo hat während seines englischen Exils durch persönliche Kontakte, Vorträge und Zeitschriftenaufsätze einen bedeutenden Beitrag zum näheren Verständnis der italienischen Literatur in seinem Gastland geleistet. Er stellte in seinem *Discorso sul testo della Commedia di Dante (Rede auf Dantes Komödie)* ganz im Sinne der Geschichtsphilosophie Vicos den Dichter als den urzeitlichen Homer des Mittelalters dar, während für ihn, der hier Gedanken von Francesco De Sanctis antizipierte, mit Petrarca und Boccaccio der Weg in die Knechtschaft bereits einsetzte.

Unvollendet geblieben ist das dem Bildhauer Antonio Canova gewidmete Werk *Le Grazie (Die Grazien,* 1848), dessen Fragmente hauptsächlich 1812/13 während Foscolos florentinischem Aufenthalt entstanden. Die Phasen der Ausarbeitung, die Veröffentlichung erster Proben als angebliche Übersetzung aus dem Griechischen in der Abhandlung *Di un antico inno alle Grazie (Eine antike Hymne an die Grazien)* und die mit der Bruchstückhaftigkeit verbundenen Probleme haben die Foscolo-Forschung immer wieder beschäftigt.

Mailand, seit der Aufklärung ein bedeutender Mittelpunkt des intellektuellen Lebens, büßte seine herausragende kulturelle Stellung auch während der napoleonischen Ära nicht ein. Ugo Foscolo und Vincenzo Monti hatten hier für längere Zeit ihren Wohnsitz, und die in der Folge des Wiener Kongresses wieder in ihre ehemaligen Rechte eingesetzten Österreicher taktierten zunächst einmal abwartend, um bei der Durchsetzung der restaurativen Ziele der Heiligen Allianz Zeit und Sympathien zu gewinnen.

Im Oktober 1816 lud der aus aristokratischer Familie stammende Abate Ludovico di Breme (1780–1820) anläßlich eines Mailand-Aufenthalts von Lord Byron eine Gruppe von Literaten zu einem Festbankett, bei dem neben seinen romantischen Gesinnungsgenossen und dem nach wie vor als literarische Autorität verehrten Monti auch Stendhal anwesend war. Di Breme hatte mit seiner wenige Monate zuvor erschienenen Streitschrift *Intorno all'ingiustizia di alcuni giudizi letterari italiani (Über die Unrichtigkeit einiger literarischer Urteile der Italiener)* Aufsehen und Ärgernis bei den konservativen Neoklassizisten erregt. Die Diskussionen wurden zusätzlich angeheizt, als kurz danach Pietro Borsieri (1788–1852) seine *Avventure letterarie di un giorno o consigli di un galantuomo a vari scrittori (Literarische Abenteuer eines Tages oder Ratschläge eines Galantuomo an verschiedene Schriftsteller)* sowie die umfangreiche Schrift *Sul „Cacciatore feroce" e sulla „Leonora" di Goffredo Augusto Bürger: Lettera semiseria di Grisostomo al suo figliuolo (Über den „Wilden Jäger" und die „Leonore" von Gottfried August Bürger. Halbernster Brief des Grisostomo an sein Söhnchen,* 1816) von Giovanni Berchet (1783–1851) erschienen. Borsieris *Abenteuer* vermitteln einen lebendigen und differenzierten Einblick in die damaligen Auseinandersetzungen, indem sie in einem an Sterne geschulten humorvoll-distanzierten Stil und aus der Perspektive verschiedener beruflicher und sozialer Milieus die aktuellen Fragen und Probleme anvisierten. Die Schrift steht in der besten Tradition der Aufklärer Gasparo Gozzi (1713–1786) und Giuseppe Baretti, ohne die Leser durch dessen kaustischen Ingrimm zu brüskieren. Schroffer intellektueller Hochmut widersprach dem Programm Berchets, der sich ganz bewußt an einen Halbwüchsigen wandte, um das Argumentationsniveau nicht unnötig zu verkomplizieren. Nicht um eine Konfliktverschärfung, sondern um einen überlegten und abwägenden Kompromiß ging es dem Verfasser der *Lettera*, der denn auch als Fazit seiner Überlegungen seinen Landsleuten davon abriet, eine so extreme Gespensterthematik wie die der beiden von ihm in einer Prosaversion veröffentlichten Balladen Bürgers nachzuahmen. Er warnte freilich gleichzeitig seinen Sohn davor, daraus den verallgemeinernden Schluß zu ziehen, „daß die gesamte deutsche Literatur mit unserem Geschmack unvereinbar sei".

Eine um Vermittlung der Gegensätze bemühte Position kennzeichnete auch die von den Mailänder Romantikern herausgegebene kurzlebige Zeitschrift „Il Conciliatore", deren erste Nummer im September 1818 herauskam. Ihr Erscheinen wurde von Anfang an von der österreichischen Zensur mit größtem Mißtrauen verfolgt. „Il Conciliatore" rezensierte und kommentierte internationale Neuerscheinungen verschiedener Provenienz und nahm dabei ständig Bezug auf aktuelle politische Fragen. So wandte sich etwa Berchet im Rahmen einer ausführlichen Würdigung der *Geschichte der Poesie und Beredsamkeit seit dem Ende des dreizehnten Jahrhunderts* (1801–1819) von Friedrich Bouterwek (1766–1828) gegen jene, die andere Völker erobern und unterdrücken. Für die Leser war dies ein kaum überhörbarer Hinweis auf den von den Mitarbeitern der Zeitschrift geforderten italienischen Nationalstaat. Die Österreicher machten derartige Hoffnungen vorerst zunichte, als die meisten der romantischen Intellektuellen entweder, wie Borsieri, zur Emigration gezwungen oder gar, wie Silvio Pellico (1789–1854), Redaktionssekretär des „Il Conciliatore", wegen ihrer Verbindungen zum Geheimbund der Carboneria zum Tode verurteilt wurden. Obwohl begnadigt, wurde Pellico zu langjähriger Kerkerhaft verdammt. Nach seiner Entlassung aus der Haft verfaßte er *Le mie prigioni (Meine Gefängnisse*, 1832), das ergreifende Dokument der Erfahrungen eines für politisch radikalere Leser allzu leidensfähigen Menschen. Pellico, der auch unter extremen Existenzbedingungen seine liebenswerten Eigenschaften nie verlor, errang sich mit dem Bericht über die Jahre auf dem Spielberg in Brünn mit Recht einen Ehrenplatz im Pantheon der exemplarischen Protagonisten und Märtyrer der italienischen Einigungsbewegung.

Dichtung im Mailänder Dialekt: Carlo Porta

Die historischen Dramen und Romane der italienischen Romantik sind heute, von Manzonis *Verlobten* abgesehen, vergessen, nicht hingegen, trotz des rapiden Rückgangs des Mailänder Dialekts, die Mundartdichtung Carlo Portas (1775–1821). Als Sohn eines Beamten in österreichischen Diensten geboren und bald selbst mit Verwaltungsaufgaben betraut, begrüßte Porta die Liberalisierungen der französischen Machthaber unter Napoleon, ohne sich damit die erneute Übernahme in den Staatsdienst nach der Rückkehr der Österreicher zu verscherzen. Portas Dialektdichtung steht in der Tradition des spätbarocken Komödienautors Carlo Maria Maggi (1630–1699) und der von ihm in zahlreichen Stücken eingesetzten ambrosianischen Theatermaske Meneghino. Als Schauspieler machte sich Porta mit der in der Figur angelegten *vis comica* direkt vertraut, als Übersetzer Dantes und Parinis testete er das in der Sprache seiner Heimat angelegte Ausdruckspotential. Die Gesellschaftssatire des Dialektdichters richtete sich, ganz in der Tradition der lombardischen Aufklärung, gegen Kleriker und Aristokraten, nun jedoch im Vorfeld des Risorgimento auch gegen die Schikanen der französischen und österreichischen Besatzer. In den *Desgrazi de Giovannin Bongee (Die Mißgeschicke Giovannin Bongees*, 1812–1813) erzählt ein von allen getretener und mißhandelter Handwerker einem „Lustrissem"

(Illustrissimo) die nicht abreißende Folge von Kränkungen, die er zu erdulden hatte. Ein kleines Epos ergeben die Erlebnisse und Erfahrungen der Prostituierten *Ninetta del Verzee (Ninetta vom Gemüsemarkt,* 1814), die in einer in der Hochsprache unvorstellbaren Direktheit auch über die unzumutbaren sexuellen Ansinnen ihrer Kunden berichtet. Erbarmungslos und in bester Parini-Tradition stellt *La nomina del cappelan (Die Ernennung des Hauskaplans,* 1819) die Hungerleiderexistenzen des niedrigen Klerus und die Arroganz des Adels und seiner Bediensteten dar.

Porta empfing in seiner Wohnung regelmäßig einen Freundeskreis, die Cameretta, zu der Giovanni Berchet, Ermes Visconti (1784–1841) und Tommaso Grossi (1790–1853) gehörten. In engem Kontakt mit Manzoni wurde hier die romantische Bewegung vorbereitet, deren Belange Porta in seinem Gedicht *Il romanticismo* als jene Kunst definierte, die es verstehe, die im Herzen verborgenen Leidenschaften aufzurühren. Portas, für das 19. Jahrhundert schockierender Realismus, hat zunächst eine größere Verbreitung seines Werks ebenso verhindert wie die Sprachbarriere des Mailänder Dialekts, in dem er schrieb.

Alessandro Manzoni

Der bedeutendste und repräsentativste Exponent der italienischen Romantik, der Mailänder Adlige Alessandro Manzoni (1785–1873), hat aufgrund seiner Herkunft und seiner persönlichen Beziehungen das Ideengut der europäischen Aufklärung und der ideologischen Auseinandersetzungen in der Folge der Französischen Revolution zum Teil noch direkt rezipiert. Seine Mutter war eine Tochter des international renommierten Juristen Cesare Beccaria, sein Vater war, wie man in Mailand zu wissen glaubte, nicht Giulia Beccarias Mann, Pietro Graf Manzoni, von dem sie 1792 gesetzlich geschieden wurde, sondern

Giovanni Verri, ein Bruder der beiden Aufklärer Pietro und Alessandro.

Nach durchlaufener Schulausbildung in verschiedenen Internaten zog Alessandro zu seiner Mutter nach Paris, lernte dort zahlreiche Intellektuelle kennen, die Mme. de Staël nahestanden, unter anderem seinen späteren Übersetzer Claude Fauriel und Victor Chauvet, mit dem er 1819 eine 1823 veröffentlichte Kontroverse über die Einheit von Zeit und Raum in der Tragödie austrug, bei der er den klassizistischen Standpunkt des Franzosen zurückwies. In die Pariser Jahre fällt auch Manzonis Vermählung mit der Genfer Kalvinistin Enrichetta Blondel und die Konversion des Agnostikers zum Katholizismus, die ihn jedoch nie dazu veranlaßte, nach Art einiger deutscher Romantiker schwärmerische, bigotte oder gar exzentrische Positionen zu beziehen.

Seit 1810 lebte Manzoni mit seiner Familie wieder in der Lombardei zwischen Mailand und dem nördlich davon gelegenen Landsitz Brusuglio und veröffentlichte 1815 (von seinen neoklassizistischen Jugenddichtungen hat er sich später distanziert) vier von insgesamt zwölf geplanten *Inni sacri (Heilige Hymnen), La Risurrezione (Die Auferstehung), Il nome di Maria (Mariae Namen), Il Natale (Weihnacht), La Passione (Die Passion).* Nur noch eine fünfte Hymne, *La Pentecoste (Pfingsten,* 1822), hat der Dichter später vollendet und veröffentlicht. Die *Inni sacri* stellen in der italienischen Lyrik thematisch und formal einen Neuansatz dar. Während die Neoklassizisten nach wie vor ihrer Poesie antike Mythologie und Heroen zugrunde legten, griff Manzoni auf die christliche Liturgie zurück, wobei er sich zugleich von der petrarkistischen Tradition entfernte und eine der Bibel und der französischen Kanzelberedsamkeit des 17. Jahrhunderts nacheifernde Sprache schuf.

Manzonis fortan nicht mehr abreißende Beschäftigung mit religiösen Fragen schlug sich auch in seiner umfangreichen Streitschrift *Osservazioni sulla morale cattolica (Anmerkungen zur katholischen Moral,* 1819; erweiterte Neuausgabe 1855) nieder, zu der er sich durch den Genfer Charles-Léonard Simonde de Sismondi (1773–1842) herausgefordert sah. Dieser hatte in seiner mehrbändigen *Histoire des républiques italiennes du moyen âge* (1809–1818) die These vertreten, der Niedergang Italiens im Mittelalter sei vorwiegend durch die verhängnisvolle Rolle der katholischen Kirche verursacht worden.

Der religiöse Geist der *Inni sacri* beherrscht auch Manzonis berühmte Ode *Il cinque maggio,* die der Mailänder im Juli 1821 unter dem Eindruck der Nachricht von Napoleons Tod in wenigen Tagen verfaßte und die Goethe, der inzwischen mit dem Italiener korrespondierte, alsbald ins Deutsche übertrug. Das Gedicht ist eine in der Nachfolge von Bossuets *Trauerreden* stehende Reflexion über die Eitelkeit menschlichen Tuns, die auch die 1820 veröffentlichte Tragödie *Il conte di Carmagnola (Der Graf von Carmagnola)* bestimmt. Der Titelheld wird ein Opfer politischen Kalküls und machiavellistischer Ränke während der kriegerischen Auseinandersetzungen zwischen Venedig und Mailand im 15. Jahrhundert (neuere Geschichtsschreibung hält allerdings den Hochverratsprozeß gegen den Condottiere durchaus für begründet). Manzoni umgibt seinen Helden, der sich in sein Geschick fügt, mit einer romantischen Aura, indem er ihn über die Niederungen irdischen Machtstrebens erhebt, das unsägliches Leid über die Menschen bringt, wie der die blutige Schlacht von Maclodio (1427) kommentierende Chor beklagt.

In Manzonis zweiter Tragödie, *Adelchi (Adelgis,* 1822), geht es um den Konflikt zwischen den Langobarden und der römischen Kirche, die den Franken Karl zu Hilfe ruft. Wie bereits im *Conte di Carmagnola* wird auch hier individuelles Glück und lautere Gesinnung im Räderwerk kalter Berechnung zerstört. Dies gilt insbesondere für den langobardischen Titelhelden und seine von Karl schmachvoll zurückgewiesene Schwester Ermengarda. Adelchi und Ermengarda sind zu politischer Untätigkeit entschlossen, um ihre hehren Ideale nicht zu verraten. Ermengarda stirbt in einem Kloster, Adelchi opfert sterbend Gott seine „müde Seele". Chorlieder heben auch hier die subjektiven Empfindungen auf eine höhere, das Geschehen *sub specie aeternitatis* objektivierende Ebene.

Während seines zweiten Paris-Aufenthalts vom September

1819 bis Juli 1820 lernte Manzoni den französischen Historiker Augustin Thierry (1795–1856) kennen, der in seinen damals erscheinenden *Lettres sur l'histoire de France (Briefe zur französischen Geschichte)* beklagte, daß sich die Historiker nur mit den Taten der Herrschenden beschäftigen und die Schicksale der von diesen Beherrschten ignorieren. Der Mailänder sah sich durch diese Überlegungen in seiner eigenen Geschichtsauffassung bestätigt, die er seinem zwischen April 1821 und September 1823 niedergeschriebenen Roman *Fermo e Lucia* zugrunde legte. Es handelt sich bei diesem Werk um die erst später aus dem Nachlaß veröffentlichte Erstfassung des 1827 mit dem Titel *I promessi sposi. Storia milanese del secolo XVII, scoperta e rifatta. (Die Verlobten, Mailander Geschichte aus dem 17. Jahrhundert, entdeckt und neu gestaltet)* veröffentlichten Romans. Manzoni hatte das Werk, verglichen mit der Urfassung, nicht nur einer gründlichen und durchgreifenden sprachlichen Revision unterzogen, sondern auch allzu grelle Zugeständnisse an die Schauerromantik gedämpft oder getilgt und einige zu selbständig gewordene Episoden energisch beschnitten beziehungsweise ganz aus dem Roman herausgelöst.

Die Arbeit an *Fermo e Lucia* fiel in eine Zeit höchster politischer Anspannung. Manzoni nahm ganz im Sinne des Risorgimento-Gedankens in der Ode *Marzo 1821 (März 1821)* zu den Ereignissen Stellung. Er vernichtete das Gedicht jedoch aus Angst vor der Polizei und rekonstruierte es später aus dem Gedächtnis. Es handelte sich dabei keineswegs um eine von neurotischer Ängstlichkeit diktierte Reaktion, denn inzwischen wurde von den Österreichern der romantische Zirkel in Mailand durch die Verhaftung von Confalonieri, Pellico und Berchet brutal zersprengt. Manzoni zog sich, vor Verfolgung durchaus nicht sicher, nach Brusuglio zurück, wo er sich in die Geschichtswerke des von Kardinal Federico Borromeo protegierten Giuseppe Ripamonti (1573–1643) vertiefte, der unter anderem eine ausführliche Schilderung der Pest von 1630 verfaßt hatte: *De peste Mediolani quae fuit anno MDCXXX* (1640).

Die von Walter Scott 1814 mit *Waverley* eröffnete Reihe historischer Romane vermittelte dem Mailänder den Anstoß für sein in der Zeit des Mantuanischen Erbfolgekriegs unter spanischer Herrschaft spielenden Werk, in dem er, wie der Schotte, historisch Verbürgtes und frei Erfundenes vermengte, eine Tatsache, die Manzoni im nachhinein Skrupel und Unbehagen verursachte und ihn schließlich dazu veranlaßte, das historische Drama und den historischen Roman um der stets zu fordernden „Wahrheit“ willen zu verwerfen.

Die Handlung des Romans wird dadurch ausgelöst, daß sich Don Abbondio durch zwei gedungene *bravi* des jungen und arroganten Adligen Don Rodrigo soweit einschüchtern läßt, daß er sich weigert, seinen pastoralen Auftrag wahrzunehmen und die bereits festgesetzte Trauung der beiden Verlobten, Renzo Tramaglino und Lucia Mondella, vorzunehmen. Durch den unerschrockenen Kapuzinerpater Cristoforo, eine Kontrastfigur zu dem ängstlichen Don Abbondio, wird die Flucht der beiden Verlobten in die Wege geleitet. Der tumbe, redliche und aufbrausende Renzo wird während seines kurzen, aber abenteuerlichen Aufenthalts in Mailand Zeuge eines Volksaufstands und beinahe Opfer einer Denunziation wegen angeblicher Aufwiegelung der aufgebrachten Menge. Lucia findet in einem Kloster in Monza Zuflucht, aus dem die Ahnungslose im Einvernehmen mit Gertrude, der jungen, in kriminelle Machenschaften und Handlungen verwickelten *signora*, zu dem mit Don Rodrigo paktierenden rätselhaften und unheimlichen *Innominato*, dem Ungenannten, verschleppt wird. Dessen Bekehrung leitet eine Peripetie der Ereignisse ein, deren glücklicher Ausgang nun aber durch die inzwischen wütende Pest und ihre Folgen hinausgezögert wird.

In die Geschichte der *Monaca di Monza (Die Nonne von Monza)*, die erst aus dem Nachlaß veröffentlicht wurde, übt Manzoni aufklärerische Kritik an der Institution des Klosters, wenn dieses dazu dient, Kinder gegen ihren Willen abzuschieben. Ein sozialer Mißstand reicht jedoch nach der festen Überzeugung des Schriftstellers nie aus, das Individuum aus seiner persönlichen Verantwortung zu entlassen und menschliches Versagen zu rechtfertigen. Dies gilt selbst für die unter scheußlichen Foltern hingerichteten *untori*, die durch Schmierereien die Pest verbreitet haben sollen und deren entsetzliche, unschuldig erlittene Qualen einen an der Vorsehung verzweifeln lassen können, was freilich für den überzeugten Katholiken Manzoni einem „Delirium" gleichkäme. Die erschütternde Episode wurde von Manzoni in der endgültigen Ausgabe des Romans von 1840–1842 unter dem Titel *Storia della colonna infame (Geschichte von der Schandsäule)* im Anhang veröffentlicht.

Nicht nur die Rolle der *Promessi sposi* im Lektürekanon der Schulen des geeinten Italien haben Manzonis Roman zu einer gewissen Popularität verholfen. Auch die Illustrationen des Werks von Francesco Gonin bis zu Renato Guttuso und spätere Verfilmungen des Stoffs haben dazu beigetragen. Nicht unwesentlich ist schließlich die Tatsache, daß mit den Mitteln der *gothic novel* und effektvoller Kontrastierung im Roman auch vordergründige Spannung erzeugt wird. Die Gegenüberstellung der stillen, vom rechten Weg auch nicht um Haaresbreite abweichenden Lucia Mondella (*lux* – Licht und *mondo* – rein) mit der in Sünde verstrickten Gertrude gehört ebenso dazu wie der Gegensatz zwischen der idyllischen Landschaft am Comer See und der diese überragende Burg des Innominato inmitten wildzerklüfteter Berge. Manzonis auktorialer Erzählstil ist jedoch darauf angelegt, den Leser im Auge zu behalten und zu belehren, was nicht nur Antonio Gramsci dazu veranlaßte, von „literarischem Paternalismus" zu sprechen. Aber das ist nur die halbe Wahrheit, da die ironische Distanz zu dem Geschehen ganz besonders in den Schilderungen der Dorfbewohner und in den Darstellungen ihrer Reaktionen voll menschlicher Teilnahme und humorvoller Wärme ist, die selbst dem furchtsamen Don Abbondio nicht vorenthalten werden. Ungleich strenger und unerbittlicher wird vom Erzähler der übertriebene Formalismus und der manierierte Umgangston der hispanisierten lombardischen Aristokratie und ihrer Helfershelfer angeprangert.

Die Rezeption der *Promessi sposi* ist Teil des sprachlichen Einigungsprozesses Italiens. Manzoni bezog in der seit Dante von nahezu allen bedeutenden Schriftstellern diskutierten *questione della lingua* insofern eine überraschende Position, weil gerade er seinen in der Lombardei spielenden Roman zum Anlaß nahm, diese radikal zugunsten des zeitgenössischen gesprochenen Florentinisch zu entscheiden. Nach den Ur-*Verlobten* von 1821–1823 näherte er sich mit der von Goethe bewunderten Erstfassung von 1827 und der endgültigen Version von 1840–1842 zusehends einer alle Extreme vermeidenden Form. Bereits während der Arbeit an *Fermo e Lucia* hatte der Mailänder in einem Brief an Fauriel (3. 11. 1821) geklagt, es sei eines der schwierigsten Unterfangen, einen Roman auf Italienisch zu schreiben, weil sich ein italienischer Schriftsteller nicht sicher sein könne, daß er über ein sprachliches Instrument verfüge, das seinem Leser ebenso vertraut sei wie ihm selbst. Entsprechend bemerkte er in der zweiten Fassung seiner Einleitung zu *Fermo e Lucia* selbstkritisch, der Roman sei ein unverdauliches Gemisch von Sätzen, die „ein wenig lombardisch, ein wenig toskanisch, ein wenig französisch und auch ein wenig lateinisch" seien. Ein derartiges Flickwerk war für Manzoni denkbar ungeeignet, um den erstrebten sprachlichen Einigungsprozeß voranzutreiben. Konsequenterweise lehnte er es auch ab, wie Pietro Bembo im Cinquecento, eine historisierende Option zu ergreifen. Der Mailänder durchschnitt den gordischen Knoten, indem er als verbindliche Norm das gesprochene zeitgenössische Florentinisch der toskanischen Hauptstadt festsetzte. Er „toskanisierte" seinen Roman zunächst mit Hilfe des 1814 erschienenen *Vocabolario milanese-italiano* von Francesco Cherubini (1789–1851) und gab während eines mehrere Monate währenden Aufenthalts am Arno seinem Text den notwendigen Schliff, wobei er die Sprache besonders in den Dialogen über alle Standesschranken hinweg dem urbanen Ton des Florentiner Bürgertums anglich, so daß trotz aller individuellen Eigenheiten im Ausdruck im wesentlichen die Einheit der Sprache gesichert blieb.

Bereits hochbetagt wurde Manzoni 1862 zum Präsidenten einer Kommission ernannt, die sich mit den Problemen der Sprachpolitik des kurz zuvor proklamierten Königreichs Italien befassen sollte. Auch als die italienischen Truppen am 20. September 1870 durch die Porta Pia in Rom einmarschierten, wurde Manzoni an seinen politischen Überzeugungen nicht irre und nahm zur Enttäuschung der katholischen Reaktion die Ernennung zum Ehrenbürger der Stadt an. Als der Dichter 1873 starb, erhielt er ein Staatsbegräbnis, zum Jahrestag seines Todes komponierte Giuseppe Verdi ein Requiem.[50]

Giacomo Leopardi

Als Mme. de Staël durch ihren programmatischen Artikel in der „Biblioteca Italiana" die leidenschaftliche Reaktion der Neoklassizisten provozierte, entwarf der damals mit der Übersetzung des ersten Gesangs der *Odyssee* und des zweiten Gesangs der *Aeneis* beschäftigte Giacomo Leopardi (1798–1837) einen erst 1906 veröffentlichten Brief an die Herausgeber der Zeitschrift, in dem er seinen Landsleuten nahelegte, die Griechen, Lateiner und Italiener zu lesen, die Schriftsteller aus dem Norden beiseite zu legen und den göttlichen Dichtungen Homers, Vergils und Tassos nicht Fingal und Temora aus Macphersons *Ossian* aufzupfropfen, „sofern ihr keine Monstren hervorbringen wollt, die lächerlicher sind als die Satyrn und obszöner als die Harpyien". Zwei Jahre später griff Leopardi in seinem ebenfalls erst postum erschienenen *Discorso di un Italiano sopra la poesia romantica (Rede eines Italieners über die romantische Dichtung),* die in seiner *Lettera* festgehaltenen Gedanken wieder auf. Bei seiner Beschäftigung mit den gepriesenen Dichtern ging es Leopardi nicht darum, diese nachzuahmen, sondern sich mit ihrer Hilfe jenen „himmlischen Funken", jenen „übermenschlichen Impuls" der Urzeiten des Menschengeschlechts zu eigen zu machen, aus denen allein echte Dichtung entspringen könne. Dabei blieb ihm freilich das Wissen darum, ein Nachgeborener zu sein, schmerzlich bewußt: „[...] denn wenn sie (die antiken Dichter) den Himmel, das Meer, das Land beschreiben wollten, beobachteten sie diese aufmerksam, wir hingegen nehmen uns einen Dichter vor, und wenn sie eine Leidenschaft ausdrücken wollten, stellten sie sich vor, diese selbst zu verspüren, wir aber machen uns daran, eine Tragödie zu lesen [...]."

Der Heimatort Recanati, wo der junge Aristokrat unter der Fuchtel seines zwar literarisch ambitionierten, aber reaktionären Vaters Monaldo und beschränkter geistlicher Erzieher sowie einer gefühlskalten, bigotten Mutter heranwuchs, wurde für den kränkelnden und sensiblen Literaten zum Gefängnis, wie seine Briefe an den Mentor seiner frühen Jahre, den liberalen Ex-Benediktiner und vorübergehenden Mitherausgeber der „Biblioteca Italiana", Pietro Giordani (1774–1848), zeigen: „Hier [...] hat man das Wort Literatur nie gehört. Die Namen Parini, Alfieri, Monti, Tasso und alle anderen muß man erklären" (30. 4. 1817).

Von 1817 bis 1832 hielt Leopardi seine Reflexionen über die eigene psychische Befindlichkeit und die Aufzeichnungen über seine, dank der reichlich ausgestatteten väterlichen Bibliothek, vielseitigen Lektüreeindrücke in seinem *Zibaldone di Pensieri (Gedankensammelsurium,* erschienen erst 1898–1907) fest. Bereits um 1820 entstanden in Recanati einige seiner berühmten *Idilli (Idyllen), L'infinito (Das Unendliche), La sera del dì di festa (Der Abend nach dem Fest)* und *Alla luna (An den Mond).* Zwischen 1820 und 1822 verfaßte er auch erste *canzoni* (Gesänge) wie etwa *Bruto Minore (Brutus der Jüngere)* und *Ultimo canto di Saffo (Letzter Gesang der Sappho),* deren Protagonisten sich gegen das blinde Walten des Schicksals auflehnen. Bereits 1818 entstand das Gedicht *All'Italia (An Italien),* das Leopardi dann 1831 an den Beginn der ersten in Florenz erschienenen Ausgabe seiner *Canti* stellte.

Seit 1824 faßte Leopardi seine pessimistische Weltsicht in den *Operette morali (Kleine moralische Werke),* einer Sammlung von Dialogen und anderen Lehrstücken, zusammen. Eine erste Ausgabe dieser in krassem Gegensatz zu den Lehren der Kirche stehenden Prosatexte erschien 1827 in Mailand, im gleichen Jahr, als Alessandro Manzoni ebenfalls in der lombardischen Hauptstadt seinen historischen Roman veröffentlichte. Eine zweite Auflage der *Operette morali* konnte zwar 1834 in Florenz publiziert werden, aber der Verkauf der dritten Edition (Neapel 1835) wurde von den bourbonischen Zensoren untersagt. Der Schriftsteller kommentierte das Vorgehen der neapolitanischen Behörden in einem Brief an seinen Schweizer Freund Ludwig von Sinner (22. 12. 1836): „Meine Philosophie hat das Mißfallen der Pfaffen erregt, die hier und auf der ganzen Welt, unter diesem oder jenem Namen, in Ewigkeit alle Macht in ihren Händen haben und haben werden."

Es war nur konsequent, daß der Lebensüberdruß *(la noia)* Leopardis und seine Überzeugung von der Eitelkeit und Vergeblichkeit menschlichen Hoffens und Strebens in seinen Gedanken eine geradezu obsessive Intensität erhielten. Kennzeichnend dafür ist der Dialog zwischen Plotin und Porphyrios in den *Operette morali*, ein Totengespräch zwischen Lehrer und Schüler, in dem Gründe und Gegengründe für bzw. gegen die Selbsttötung einander gegenübergestellt werden. Plotin kann seinem für den Freitod plädierenden Schüler schließlich nur den Rat geben, der Natur zu folgen, da sie, im Gegensatz zur Vernunft mit ihrer Spekulationssucht, den Lebewesen ihr Unglück zum großen Teil wenigstens verschleiert habe.

Bei dem Mailänder Verleger Stella veröffentlichte Leopardi je eine Prosa- und Gedichtanthologie, die *Crestomazia italiana (La prosa,* 1827; *La poesia,* 1828), eine durch den persönlichen Geschmack des Dichters bestimmte Auswahl von Texten, die im wesentlichen auf die italienische Literatur seit der Renaissance beschränkt ist. Torquato Tasso, der in den *Operette morali* auch im Mittelpunkt eines der Dialoge steht, kommt dabei die Bedeutung eines alter ego des Dichters zu, Galilei ist ihm wegen seines vorurteilsfreien und offenen kritischen Geistes moralisches und wegen seines direkten und unrhetorischen Stils auch literarisches Vorbild.

Während eines längeren Florenz-Aufenthalts (Juni–November 1827) verkehrte Leopardi mit dem Verleger Pietro Vieusseux und lernte in der Hauptstadt der Toskana auch Manzoni und Stendhal kennen. Im Juni 1828 erhielt er über die preußische Gesandtschaft beim Heiligen Stuhl einen Ruf auf den Dante-Lehrstuhl der Universität Bonn, den er freilich ablehnte, obwohl ihn dann im November 1828 seine finanzielle Situation zwang, in das verabscheute Recanati zurückzukehren. Dort entstanden 1829 die sogenannten großen *Idilli: Le ricordanze (Die Erinnerungen), La quiete dopo la tempesta (Die Ruhe nach dem Gewitter), Il sabato del villaggio (Samstag im Dorf), Canto notturno di un pastore errante dell'Asia (Nachtgesang eines wandernden Hirten in Asien).* Leopardi verzichtete in diesen Gedichten ganz auf rhetorische Deklamation und neoklassizistisches und rhetorisches Beiwerk. Seit seinen ersten *Idilli* ließ der Dichter den Wortschatz seiner Lyrik im Unbestimmten, um im Leser den Assoziationsspielraum nicht einzudämmen. Die von ihm angestrebte *vaghezza* wurde durch eine weitgehende Entkonkretisierung erreicht. Die Determinanten *questo*, *quello* erhalten bei Leopardi bereits jene von Hugo Friedrich als Kennzeichen der modernen Lyrik herausgestellte Unbestimmtheitsfunktion. Die einmaligen Kadenzen und Lautungen seiner Gedichte machen aus jedem Versuch, diese zu übersetzen, bestenfalls eine Annäherung, wie etwa die durchaus beachtliche Übertragung des *Idillio* mit dem Titel *La sera del dì di festa* von Hanno Helbling zeigt:

> „Dolce e chiara è la notte e senza vento,
> e queta sovra i tetti e in mezzo agli orti
> posa la luna, e di lontan rivela
> serena ogni montagna. [...]"
>
> „Die Nacht ist mild und klar, es weht kein Wind
> und auf den Dächern und im Grün der Gärten
> ruht still der Mond, und in der Ferne zeigen
> sich unverhüllt die Berge."

Leopardi war der erste italienische Lyriker, der die seit Petrarca gepflegten Gedicht- und Strophenformen aufbrach und Reime völlig unschematisch verwandte. Das Wort *canto*, das von Dante noch für die hundert Gesänge der *Comedia* gebraucht wurde, rückt bei ihm in die Nähe des französischen *chant* und des deutschen „Lied". Melchiorre Cesarottis Versübersetzung von Ossians *Songs of Selma* hatte dabei Vorbildfunktion. Die *Canti* wurden von Leopardi unter Verwendung der traditionellen Sieben- und Elfsilber zunehmend in frei gereimten, ungleich langen Strophen verfaßt.

Ein neuerlicher Florenz-Aufenthalt des Dichters (Mai 1830–Oktober 1831) war von seiner unglücklichen Liebe zu Fanny Targioni Tozzetti überschattet, die er zwischen Auflehnung und Resignation in dem 1833/35 entstandenen Aspasia-Zyklus und dessen Gedichte *Il pensiero dominante (Der beherrschende Gedanke), Amore e morte (Liebe und Tod), A se stesso (An sich selbst)* und *Aspasia* lyrisch verarbeitete.

Im Frühjahr 1836 zog sich Leopardi mit seinem Freund Antonio Ranieri, mit dem er seit einigen Jahren in Neapel zusammenlebte, vor einer Cholera-Epidemie nach Torre del Greco zurück, wo seine letzten Gedichte *Il tramonto della luna (Der Monduntergang)* und *La ginestra (Der Ginster)* entstanden. In *Der Monduntergang* beschwor er zwar noch einmal den holden Wahn und die entschwundenen Hoffnungen der Jugend, verwarf aber jeden Gedanken an eine „neue Morgenröte". In *Der Ginster* huldigte er einer Pflanze, die trotz der sie erwartenden unvermeidlichen Katastrophe des Lavastroms und Aschenregens ihre Umgebung „mit duftendem Gebüsch verschönt".

Leopardi ist bereits 1858 von Francesco De Sanctis mit Arthur Schopenhauer verglichen worden. Der neapolitanische Kritiker deutete die Metaphysik des deutschen Philosophen als weltanschauliche Entsprechung zur Dichtung des Italieners. Schopenhauer hat in der dritten Auflage seiner *Welt als Wille und Vorstellung* (1859) ausdrücklich zu dem ihm bis dahin unbekannten Italiener Stellung genommen: „Überall ist der Spott und Jammer dieser Existenz sein Thema, auf jeder Seite seiner Werke stellt er ihn dar, [...]"[51]

Kein endgültiges und repräsentatives literarisches Werk hinterließ der Dalmatiner Niccolò Tommaseo (1802–1874). Dessenungeachtet konnte Giacomo Debenedetti, einer seiner aufmerksamsten Interpreten, die Vita des Schriftstellers wegen ihrer Kontraste und Exzesse als eine für seine Zeit typische Biographie deuten. Tommaseo war seit seinen Paduaner Universitätsjahren (1817–1824) mit Antonio Rosmini Serbati (1797–1855), dem bedeutendsten katholischen Philosophen der italienischen Romantik, befreundet und wurde nach seiner Übersiedlung in die lombardische Hauptstadt von Alessandro Manzoni gefördert. Er war rastlos, initiativenreich und widersprüchlich, lebte mehrfach in der Emigration, wo er im Februar 1834 in Genf mit Giuseppe Mazzini zusamentraf. Dieser vertrat ein laizistisches Freiheitsideal, Tommaseo redete hingegen einem um Erneuerung bestrebten Katholizismus das Wort. Die beiden konträren Persönlichkeiten waren denkbar ungeeignet, um im Interesse der gemeinsamen patriotischen Bestrebungen zu handfesten Kompromissen zu gelangen. Tommaseos politische Sternstunde brach an, als er Ende 1847 im Anschluß an eine Rede, in deren Verlauf er Pressefreiheit gefordert hatte, von den Österreichern in Venedig inhaftiert, dann aber einige Monate später von den Vorkämpfern der kurzlebigen Repubblica Veneta, die er entscheidend mitgestaltete, befreit wurde.

In dem unter dem Eindruck von Sainte-Beuves *Volupté (Wollust)* verfaßten Roman *Fede e bellezza (Glaube und Schönheit,* 1840 und 1852) verarbeitete Tommaseo seine autobiographischen Erlebnisse. Der zwischen Sinnlichkeit und Bußfertigkeit hin- und hergerissene Tenor des Buches wurde nicht nur von Alessandro Manzoni bemängelt. *Fede e bellezza* stellt einen respektablen, wenn auch kaum in die Zukunft weisenden Versuch dar, die in Italien alles beherrschende Gattung des historischen Romans in der Manzoni-Nachfolge durch ein Paradigma subjektiver Bekenntnisliteratur abzulösen.

Eine bewundernswerte Leistung stellt der von Tommaseo in

Zusammenarbeit mit Bernardo Bellini zusammengestellte *Dizionario della lingua italiana* (1858–1879) dar, der nach dem Tod des Initiators von Giuseppe Meini abgeschlossen wurde.

In der Tradition der lombardischen Aufklärung stand hingegen der Mailänder Jurist Carlo Cattaneo (1801–1869), der die romantischen Exzesse von Tommaseos Roman sarkastisch kommentierte. Er qualifizierte *Fede e bellezza* mit Blick auf die europäische Literatur der Zeit als dürftig und trivial ab: „Dort *konsumiert* das lesende Publikum jährlich die neue Ernte an Romanen genauso wie die Pakete voller Handschuhe und die Kisten voller Tee."

Cattaneo gab von 1839 bis 1844 die erste Serie der von ihm gegründeten Zeitschrift „Il Politecnico" heraus. Sie trug den Untertitel *„Repertorio mensile di studi applicati alla prosperità e coltura sociale"* und war Ausdruck des Selbstbewußtseins einer Stadt, in der sich der Protest gegen die Zugehörigkeit zum Habsburgerreich immer deutlicher artikulierte. Cattaneo machte aus seiner Zeitschrift ein Diskussionsforum für alle auf das Gemeinwohl bezogenen Fragen. Urbanistik, Erziehungsprobleme, Rechtsprechung und Strafvollzug fanden neben kulturpolitischen Erörterungen besondere Beachtung.

Cattaneo war einer der führenden Köpfe der Mailänder Revolution, die im März 1848 nach den *cinque giornate* zur vorübergehenden Vertreibung der Österreicher führte. Deren Rückkehr im folgenden Jahr zwang ihn zur Emigration in das nahe Tessin, von wo aus er 1859–1862 eine neue Serie der Zeitschrift „Il Politecnico" herausgab. Mit seiner Monographie *Ugo Foscolo e l'Italia* (1860) setzte Cattaneo einem Vorkämpfer des Risorgimento ein Denkmal. Trotz ehrenvoller Angebote nach der Einigung Italiens kehrte er jedoch nicht in seine Heimat zurück.

Der Kirchenstaat war nach der napoleonischen Ära wiederhergestellt worden, als ob die Französische Revolution nie stattgefunden hätte. Das kulturelle Leben stagnierte, wie Leopardi während seines römischen Aufenthalts enttäuscht konstatierte. Lediglich ausländische Diplomaten und die von den Bauwerken und Kunstschätzen der Ewigen Stadt angezogenen Fremden sorgten dafür, daß diese nicht in völligem Immobilismus erstarrte.

Die geistige Misere, der Leerlauf der Zeremonien, die Pfründenjagd und der Egoismus, die das Leben im Kirchenstaat beherrschten, sind in den fast ausnahmslos und gegen den Willen des Verfassers aus dem Nachlaß veröffentlichten 2279 Sonetten von Giuseppe Gioachino Belli (1791–1863) festgehalten. Der in päpstlichen Diensten stehende Dichter, aus dem die aufregenden Monate der römischen Republik 1848/49 einen stockkonservativen Reaktionär und Gegner aller Neuerungen gemacht hatten und dem die römische Theaterzensur übertragen wurde, hat in seinen Sonetten auf *romanesco* ein erbarmungsloses und facettenreiches Bild des Vatikans gezeichnet. Sprecher sind die Vertreter des römischen Volks, das durch seine unverwechselbare Redeweise gekennzeichnet wird und sich, im Gegensatz zu dem keinesfalls schichtenspezifischen Mailändisch, in dem nur von ihm gebrauchten *romanesco* artikuliert. Das Rom der Sonette ist eine Welt ohne Ideale. Der Papst „commanna e sse ne frega" („kommandiert, und alles ist ihm scheißegal"). Änderungen sind nicht zu erwarten, weil die Seele des Heiligen Vaters bei dessen Tod gleich vom Leib seines Nachfolgers Besitz ergreift („passa subbito in corpo ar zuccessore"). Während Porta als Nachfahre der Mailänder Aufklärung kritisiert, um die Voraussetzungen für gesellschaftliche Änderungen zu schaffen, ist das Rom Bellis ein Alptraum, aus dem es kein Erwachen gibt. Der Zustand der Verhältnisse in der Ewigen Stadt scheint für alle Zeiten gesichert. Da kann es nur noch darum gehen, aus der Erfahrung zu lernen und es den großen Gaunern möglichst gleich zu tun.

Das italienische Theater im 19. Jahrhundert

Die Glanz- und Höhepunkte des italienischen Theaters im 19. Jahrhundert waren nur in Ausnahmefällen den Autoren der aufgeführten Texte zu verdanken. Auch der triumphale Erfolg von Silvio Pellicos *Francesca da Rimini* am Teatro Re in Mailand (1815) ging vor allem auf das Konto von Carlotta Marchionni, Interpretin der Titelrolle. Die beiden historischen Dramen Manzonis sind nie Teil der italienischen Spielpläne geworden. Das Prosatheater des Landes wurde im wesentlichen von herausragenden Schauspielerpersönlichkeiten beherrscht, die, wie etwa der Venezianer Gustavo Modena (1808–1861), als *capocomici* Leiter eines Ensembles waren.

Bis zum heutigen Tag ist die italienische Bühne der Romantik durch das *melodramma*, die Oper, im Bewußtsein des internationalen Theaterpublikums gegenwärtig geblieben. Die Namen ihrer Librettisten wie etwa der von Felice Romani (1788–1865), der sich vertraglich verpflichtete, der Mailänder Scala ab 1814 jährlich sechs Texte zu liefern, und in der Tat deren etwa hundert verfaßte, sind in der Regel vergessen, mochte Romani auch nahezu allen großen Komponisten seiner Zeit von Gioacchino Rossini (1792–1868) über Vincenzo Bellini (1801–1835) und Gaetano Donizetti (1797–1848) bis hin zu Giuseppe Verdi zu Diensten gewesen sein. Der im 18. Jahrhundert immer wieder aufflammende Streit um die Frage, wem beim *melodramma* das Hauptverdienst zukomme, war nun endgültig zugunsten des Komponisten entschieden.

Giuseppe Verdi (1813–1901), der über ein halbes Jahrhundert lang das Musikleben Italiens beherrschte, erteilte seinen Librettisten genaue Anweisungen hinsichtlich der Wahl des Stoffes und der Akzentuierung der Konflikte. Er wurde damit zum Schöpfer jenes umfassenden Opernrepertoires, das zahlreiche Werke von Shakespeare, Schiller, Byron, Victor Hugo und Dumas fils mit neuem Leben erfüllte und damit in nachromantische Zeiten hinüberrettete. In Verdis Opern zerbricht in der Regel der Absolutheitsanspruch romantischer Individuen an der Autorität übergeordneter paternalistischer Instanzen. Der Komponist hat damit dem Patriotismus wie dem Gefühlskult seiner Zeit in gleicher Weise zum Ausdruck verholfen. Adressat seiner Musik ist nicht eine elitäre Rezipientenschicht. Kein Wunder, daß sogar sein Name für viele zum Symbol der italienischen Einigungsbewegung wurde: VERDI = Vittorio Emanuele Re D'Italia.

Ippolito Nievo

Kein anderer Schriftsteller des Risorgimento hat ein vergleichbar umfassendes und vielseitiges Werk hinterlassen wie Ippolito Nievo (1831–1861), Sohn eines in Mantua beheimateten Magistratsbeamten und einer venezianischen Adligen in Padua. Zwanzigjährig verfaßte Nievo im Zusammenhang mit einer sentimentalen Zuneigung, die er in leidenschaftlichen Briefen äußerte und die einen Roman in der *Ortis*-Nachfolge erwarten ließ, sein satirisches *Antiafrodisiaco per l'amor platonico (Antiaphrodisiakum für die platonische Liebe,* postum 1956), eine erbarmungslose Persiflage romantischer Schwärmerei, die, ungeachtet des ansonsten prüden Zeitstils, auch vor einigen sprachlichen Gewagtheiten nicht zurückschreckte.

In der in Udine erscheinenden Zeitschrift „L'alchimista friulano" veröffentlichte Nievo 1854 den Essay *Studi sulla poesia popolare e civile massimamente in Italia (Studien zur Volkspoesie und zur politischen Dichtung, besonders in Italien),* in dem er Parini als Kritiker der lombardischen Aristokratie, Manzoni als Schilderer einfachen und häuslichen Lebens und Giuseppe Giusti (1809–1850) als einen mit Dante vergleichbaren politisch verantwortungsbewußten Satiriker würdigte. In seiner gleichzeitig entstehenden Lyrik suchte Nievo durch den Gebrauch volkstümlicher, später auch moderner technischer Ausdrücke und vor allem auch durch Übersetzungen aus fremden Sprachen (so übersetzte er unter anderem auch Heine) die zählebige rhetorische dichterische Tradition aufzubrechen.

Bedeutender als seine Versuche in den Gattungen historischer Roman und historisches Drama ist Nievos *Novelliere campagnuolo (Ländliche Novellen)* im Stil der inzwischen durch George Sand zu internationalem Ansehen gelangten Gattung Dorfgeschichte. Den idyllischen Landschaftsschilderungen entspricht die unverderbte Psyche der Protagonisten, die der Verfasser unsentimental darstellt. Am bekanntesten ist die 1856 verfaßte, nach dem Bergbach *Varmo* betitelte Erzählung, in deren Mittelpunkt die Liebe der heranwachsenden Kinder Favitta und Sgricciolo steht. Die beiden antizipieren in mancher Hinsicht bereits die Geschichte von Pisana und Carlino, dem Erzähler von Nievos umfangreichem Roman *Le Confessioni di un italiano (Die Bekenntnisse eines Italieners)*, der zwischen Dezember 1857 und August 1858 verfaßt, aber erst 1867, mehrere Jahre nach dem Tod des Verfassers unter dem Titel *Confessioni di un ottuagenario (Bekenntnisse eines Achtzigjährigen)* veröffentlicht wurde, ohne jedoch gleich begeisterte Aufnahme bei der Kritik zu finden.

Die Lebensgeschichte des 1775 geborenen Venezianers Carlo Altoviti, eines zeittypischen kompromißlosen Vertreters des Risorgimento und seiner Ideale („ich werde mit Gottes Hilfe in Italien sterben, wenn die Vorsehung, die auf geheimnisvolle Weise die Welt regiert, dies so will"), wird von dem auf sein Leben zurückblickenden Ich-Erzähler bis zum Jahr 1858 in einem farbigen und bewegten Fresko geschildert. Die ersten Kapitel des Romans mit der detaillierten Schilderung des Lebens in dem verfallenen friaulischen Schloß Fratta in den letzten Jahren der Markusrepublik spielen in der ahistorischen Zeit der Kindheit. Carlino entstammt einer Ehe zwischen einer Nichte des Schloßherrn und einem in die Fremde entschwundenen armen Adligen aus Torcello und wird nach dem frühen Tod seiner

Mutter von seinen Verwandten aufgezogen, von diesen allerdings an den Bratspieß in die Küche abgeordnet. Das Schloß und seine Bewohner werden von dem Erzähler bald in märchenhaft irrealen Konturen, bald in grotesk verzerrten Dimensionen gezeichnet. Die Galerie der Originale eröffnet der autoritäre Schloßherr, dessen Bruder mit dem aus der Ritterepik vertrauten Namen Orlando außer permanenter Nahrungsaufnahme weder geistige Bedürfnisse noch geistliche Bestrebungen erkennen läßt.

Carlo Altoviti nimmt an zahlreichen Schlachten und Gefechten der italienischen Befreiungskriege teil, wird wegen Hochverrats zum Kerker verurteilt, dann in der Folge seiner Erblindung begnadigt, lebt schließlich mit Pisana in London im Exil und im Elend und erhält dort dank eines operativen Eingriffs eines Jugendfreundes (es handelt sich um den von der Familie verschmähten Verehrer von Pisanas Schwester Clara) das Augenlicht wieder. Die Vita des Protagonisten erhält vor dem Hintergrund der zeitgenössischen Memoiren-Literatur, wie Silvio Pellicos international rezipiertem Kultbuch *Le mie prigioni* und Luigi Settembrinis *Ricordanze della mia vita (Lebenserinnerungen)* exemplarischen Charakter. Nievos *Confessioni* sind der bedeutendste italienische Roman zwischen Manzonis *Verlobten* und Vergas *Malavoglia.* Die Schilderungen der Markusrepublik weisen das Werk zwar noch in manchem als in der Nachfolge Manzonis stehend aus, rücken es dann aber zusehends in die Nähe des Zeitromans und des in Italien ansonsten nur sporadisch nachweisbaren Bildungsromans. Die peripetienreiche Handlungsführung erinnert hingegen in manchem an den französischen Feuilletonroman.

Francesco De Sanctis: Literaturgeschichte als Bildungsroman einer Nation

Die Viten der italienischen Intellektuellen des Risorgimento ähneln sich trotz aller regionalen oder ideologischen Verschiedenheit. Francesco De Sanctis (1817–1883), als Sohn kleiner Grundbesitzer in Morra Irpino (Avellino) geboren, wurde unter anderem von Basilio Puoti (1782–1847) in Neapel ausgebildet und von diesem bald als Dozent für seine private, in der Via Constantinopoli gelegene angesehene Privatschule gewonnen. Er beteiligte sich 1848 an den neapolitanischen Barrikadenkämpfen auf der Seite der von Luigi Settembrini angeführten politischen Faktion Unità italiana, wurde 1850 als Parteigänger Mazzinis verhaftet und im Castel dell'Ovo in Neapel eingekerkert, wo er unter anderem Hegels *Logik* lesen und die ersten Szenen von Goethes *Faust II* übertragen konnte. Nach gelungener Flucht über Malta ließ er sich in Turin nieder, wo er mißtrauisch überwacht wurde, so daß er 1856 einen Ruf der ETH in Zürich auf einen Lehrstuhl für italienische Literatur annahm. Mit der Zerschlagung des Königreichs Sizilien in der Folge von Garibaldis Zug der Tausend (1860) und der Proklamation des Königreichs Italien (1861) begann die politische Laufbahn des Süditalieners (1861/62 war er Erziehungsminister, später Abgeordneter), die eine folgerichtige Ergänzung und Krönung seiner literaturwissenschaftlichen Laufbahn darstellte. Auf der Grundlage zahlreicher Einzeluntersuchungen erschien 1870/71 die *Storia della letteratura italiana (Geschichte der italienischen Literatur)*, das eindrucksvolle Ergebnis seiner von hoher politischer Verantwortung geprägten Existenz im Dienst des eben erst gegen den Widerstand der Kirche verwirklichten Nationalstaats. Keine andere europäische Nationalliteratur kann diesem Werk Vergleichbares gegenüberstellen.

Zwei kurz zuvor erschienene Veröffentlichungen boten dem Verfasser der entstehenden *Storia* Gelegenheit, seine methodologische Position zu erläutern und zu klären. Cesare Cantù

(1804–1895) erniedrigte nach De Sanctis Meinung in seiner aus klerikaler Sicht verfaßten *Storia universale (Weltgeschichte,* 1838–1846) Literatur zu bloßer Rhetorik, deren Funktion lediglich darin besteht, Begriffe und Gedanken zu kleiden und zu schmücken: „Die Kriterien Cesare Cantùs verkleinern Machiavelli, verkennen Ariost, machen Leopardi zu einem Anhängsel der Schule Montis. Alfieri, Giusti, Berchet bleiben unverstanden." Nicht sehr viel nachsichtiger, wenn auch aus anderen Gründen, beurteilte De Sanctis die zwischen 1866 und 1872 erscheinenden *Lezioni di letteratura italiana (Vorlesungen zur italienischen Literatur)* des in Neapel beheimateten Luigi Settembrini (1813–1876), der seinerseits als engagierter Vertreter des Risorgimento verfolgt worden war und langjährige Kerkerhaft in neapolitanischen Gefängnissen erduldet hatte (seine *Ricordanze della mia vita,* 1879/80, gehören zu den eindrucksvollsten Zeugnissen italienischer Gefängnisliteratur): „Er ist eine leidenschaftliche Natur mit lebhafter Einbildungskraft, was er denkt, ist kein Gedanke, sondern ein Bild, das er haßt oder liebt. Wo Ideen derart verabsolutiert werden, sind sie keine Lehre mehr, an der zu zweifeln erlaubt ist, sondern eine über alle Diskussion erhabene Religion, die ihrerseits ihr Evangelium, ihre Apostel und ihre Märtyrer besitzt." De Sanctis wies hier auf eine gefährliche Haltung hin, die den Elan des Risorgimento nach der Verwirklichung des Nationalstaats aushöhlte, da schon sehr bald patriotische Rhetorik notwendige soziale Reformen ersetzte und hohle Phrasen Immobilismus und Korruption übertünchten.

De Sanctis, dem die Literatur des Duecento nur sporadisch vertraut war, weist in seiner *Storia* Dante einen zentralen Platz zu, weil der Florentiner für ihn die ideale Synthese eines großen Dichters und einer politisch verantwortungsbewußten Persönlichkeit darstellt. Aus dieser Perspektive setzte für den Literaturhistoriker bereits mit Petrarca und Boccaccio eine letzten Endes verhängnisvolle Störung des Gleichgewichts von Inhalt und Form zugunsten der letzteren ein. Mit Ariosts *Orlando furioso,* einem „Werk reiner Kunst", ist für De Sanctis der Höhepunkt dieser Entwicklung erreicht.

Die Werke Niccolò Machiavellis, für den nicht mehr, wie für Dante und das Mittelalter, Mensch und Natur von der Vorsehung gelenkt wurden, oder, wie für Boccaccio und die florentinischen Kaufleute seiner Zeit, die Geschicke vom Zufall abhingen, sind in De Sanctis' Darstellung ein neuer Wendepunkt in der Entwicklung der italienischen Literatur: „Machiavelli lehnt sich gegen die Fortuna und gegen die Vorsehung auf und sucht im Menschen selbst die Kräfte und die Gesetze, die ihn lenken. In seiner Vorstellung ist die Welt so, wie wir sie machen, und jeder ist seine eigene Vorsehung und seine eigene Fortuna."

Gemessen an dieser Geschichtsauffassung, die es dem Menschen nicht mehr erlaubt, sich seiner Verantwortung zu entziehen, bedeuten für De Sanctis die „mit Erlaubnis der Vorgesetzten" entstandenen literarischen Werke Tassos, Guarinis und Marinos einen verhängnisvollen Rückschritt, eine für das Zeitalter Galileis, Brunos, Campanellas empörende Entmündigung des Menschen, die dann erst mit der Aufklärung endet.

Es macht unter anderem die Bedeutung der *Storia della letteratura* aus, daß hier trotz des Hegel verdankten Ansatzes die Entwicklung und der Gang der italienischen Literaturgeschichte nicht einem vorgefaßten Schema unterworfen werden, wie jeder Versuch, ihre Thesen und Umrisse zu skizzieren, vermuten lassen könnte. Die Ausführungen über Metastasio und die Arcadia des abschließenden zwanzigsten Kapitels zeigen, daß zwar die zum Selbstzweck werdende Form der Werke dieser Dichter in ihrer verhängnisvollen Bedeutung für jenes „itinerarium mentis in Italiam" hin interpretiert wird, das im Mittelpunkt der *Storia* steht; sie belegen aber auch die außergewöhnliche ästhetische Sensibilität des Kritikers.

Ein geplanter dritter Band der *Storia della letteratura italiana* mit einer detaillierten Darstellung der italienischen Literatur des 19. Jahrhunderts kam wegen mangelnden Interesses des Verlegers nicht zustande. Immerhin erhielt De Sanctis, der 1871 einen Ruf auf einen Lehrstuhl für Vergleichende Literaturgeschichte an der Universität Neapel annahm, in den folgenden Jahren die Möglichkeit, in Vorlesungen über Manzoni und „die katholisch-liberale Schule" (Grossi, Tommaseo, Cantù,

Rosmini, Giberti), über Mazzini und „die demokratische Schule"(Berchet, Giusti, Leopardi) sich eingehend mit der Literatur in den Jahren des Risorgimento auseinanderzusetzen. An Manzoni faszinierte ihn, daß der Erzähler der *Promessi sposi* selbst Ereignisse wie die Konversion des Innominato einer unbestechlichen Analyse unterwirft und die Geschehnisse im Roman mit einer feinen Ironie dargestellt werden, „welche eine Reaktion des Wirklichen und des Positiven gegen jede Art von Exaltation und Übertreibung" darstellte. Auch die Würdigung Leopardis durch De Sanctis, der den Dichter in Neapel noch persönlich kennengelernt hatte, und der dann der erste adäquate Interpret seiner Lyrik wurde, enthält sich jeder sentimentalen Entgleisung. Für ihn beruht der Zauber der Lyrik Leopardis darauf, daß hier das alles beherrschende „Reich des Tods und des Nichts (...) voller Licht und Wärme" ist.[52]

Giosuè Carducci

„Mein Vater war ein glühender Manzoni-Anhänger, übrigens ansonsten ‚Carbonaro' und in der Toskana einer der nicht gerade Zahlreichen, die in der Folge der Ereignisse von 1831 Kerker und Verbannung erduldeten. Und da er von Beruf Mediziner war, hatte er sich dazu herabgelassen, in einem der unbekanntesten Dörfer der Maremma seine Tätigkeit als Amtsarzt auszuüben." Als sich die Familie 1849 schließlich in Florenz niederließ, erhielt Giosuè Carducci (1835–1907) bei den Padri Scolopi eine gründliche klassische Ausbildung, die er dann an der nur Stipendiaten offenstehenden Scuola Normale Superiore di Pisa abschließen konnte. Fünfundzwanzigjährig wurde er vom piemontesischen Unterrichtsminister zum Professor für Beredsamkeit an der Universität Bologna ernannt, wo er mehr als vier Jahrzehnte lang wirkte.

Mit dem 1863 verfaßten und zwei Jahre später unter dem Pseudonym Enotrio Romano veröffentlichten Gedicht *Inno a*

Satana (Hymne an Satan), das 1868 in die Gedichtsammlung *Levia Gravia di Enotrio Romano* aufgenommen wurde, verkündete Carducci in einprägsamer Form seinen kämpferischen Fortschrittsglauben, der zeitgenössischen französischen Vorbildern, nicht zuletzt aber auch Heinrich Heine, nacheiferte. Carducci wollte sich erklärtermaßen nicht wie die ersten italienischen Übersetzer des deutschen Dichters damit begnügen, „von Heine nur das erste Viertel des romantischen Mondes sehen zu lassen“, sondern auf seinen Spuren eigene politische Lyrik verfassen, die er dann in seinen zwischen 1862 und 1873 entstandenen *Giambi ed Epodi (Jamben und Epoden*, 1882) sammelte. Mit seinen deutschen Vorbildern wie Ludwig Uhland und August Graf von Platen nacheifernden Balladen leistete Carducci einen entscheidenden Beitrag, um der jungen Monarchie zu einer nationalen Identität zu verhelfen.

Seine Lyrik erlangte im Rahmen der Schulprogramme des in seinen unterentwickelten Regionen und sozialen Schichten nur in Ansätzen alphabetisierten Landes einen geradezu offiziellen Status, nicht zuletzt auch weil der revolutionäre Schwung der frühen Jahre allmählich von einem systemkonformen Liberalismus abgelöst wurde. Wie hoch das Ansehen Carduccis als Vertreter der italienischen Gegenwartsliteratur auch im internationalen Verständnis war, das bestätigte die Tatsache, daß ihm 1907 als erstem Dichter seines Landes der Nobelpreis für Literatur verliehen wurde.

Aus heutiger Sicht bedarf es einiger Geduld und kritischen Gespürs, um den allgegenwärtigen Barden von ehedem nicht in Bausch und Bogen zu verurteilen. Dabei gilt es vor allem zu bedenken, daß dem Dichter dank seiner rhetorischen Begabung und professionellen Kompetenz in literarischen Dingen ein beachtliches formales Instrumentarium zu Gebote stand und ihn etwa seine kritische Sensibilität dazu befähigte, Hölderlins Bedeutung als Lyriker zu erahnen.

Carducci initiierte und betreute die erste Gesamtausgabe seiner *Opere* in zwanzig Bänden (1899–1909) bei Zanichelli in Bologna. Auf dem Höhepunkt seiner dichterischen Laufbahn, 1877, gab er die *Odi Barbare (Barbarische Oden)* heraus. Mit dem Titel seiner Gedichtsammlung unterstrich er, daß der hier unternommene Versuch, die „metrische", silbenmessende, quantitierende Dichtung der griechischen und römischen Antike in seine Muttersprache zu transponieren, immer dazu verurteilt bleiben mußte, eine „barbarische" Ersatzlösung zu bleiben. Wie beachtlich die bei dieser Umsetzung erzielten Ergebnisse aber sein konnten, zeigt etwa das berühmte Abschiedsgedicht *Alla stazione. In una mattina d'Autunno (Am Bahnhof. An einem Herbstmorgen),* das die alkäische Strophenform nachahmt: Nicht weniger als fünfmal begegnen (im italienischen Text) kräftig antikisierende Hyperbata. Vor allem aber – und das ist wohl das Kennzeichnendste – erscheint die feindselige technische Welt in humanistischer Verfremdung. Nicht ein *biglietto,* eine Fahrkarte, reicht die schöne Lydia dem Beamten hin, sondern eine latinistische *tessera,* dieser selbst ist eine uneigentliche *guardia,* so wie bald darauf die Eisenbahner, abermals mit einem Latinismus, als *vigili,* ihre Gerätschaften als *mazze di ferro,* ihr Abklopfen der Bremsen im Rückgriff auf die lateinische Bedeutung als *tentare* bezeichnet werden. Einen romantischen Topos, der sich seit Vignys *Maison du Berger* durch das ganze 19. Jahrhundert verfolgen läßt, stellt dagegen die Verungeheuerlichung der Lokomotive (des Dampfrosses, wie man im Deutschen sagte) dar, die als feuerspeiender, geflügelter Drache die Geliebte davonträgt.[53]

Für Benedetto Croce war Carducci der letzte italienische Dichter, der die hehren Ideale des Risorgimento verkörperte. Er pries in seiner berühmten Aufsatzsammlung *Poesia e non poesia (Poesie und Nichtpoesie,* 1923) die menschliche Integrität eines Lyrikers, der für ihn ein Bollwerk gegen den von ihm gebrandmarkten Zeitgeist darstellte, dem Gesundheit minderwertig und Einfachheit armselig erscheine.

Der italienische Verismus kündigte sich bereits in einigen Texten exzentrischer Literaten Norditaliens, den sogenannten *scapigliati*, an, in denen das Großstadtelend Mailands und Turins thematisiert wurde. Der von Cletto Arrighi (eigtl. Carlo Righetti, 1830–1906) veröffentlichte Roman *La scapigliatura e il 6 febbraio* (1862) verhalf dann all diesen durch unkonventionelle Lebensführung und sprachliche Experimentierfreude auffallenden Schriftstellern zu einem Gruppennamen. Als *scapigliati*, Ungekämmte, bezeichnete Arrighi die Exponenten des in Henri Murgers *Scènes de la vie de Bohème (Szenen aus dem Leben der Boheme*, 1847–1849) und später in Puccinis Oper dargestellten Künstlermilieus. Realistische Komponenten wurden von den *scapigliati* noch ganz unprogrammatisch zur Erzielung von Schockwirkungen eingesetzt. Erst die theoretische Auseinandersetzung mit den kritischen Postulaten Flauberts und Zolas führte dann zur Entstehung des Verismus als literarischer Bewegung. Überraschenderweise hatte diese nicht in der rasch expandierenden Industriestadt Mailand ihren Schwerpunkt, sondern im rückständigen Süden.

Der Sizilianer Luigi Capuana (1839–1915) war es, dem Italien die nähere Bekanntschaft mit dem von Émile Zola geforderten „experimentellen Roman" verdankte. Capuana hatte als Journalist mehrere Jahre in Florenz, Mailand und Rom verbracht und dabei Gelegenheit erhalten, sich mit den zeitgenössischen literarischen Bewegungen vertraut zu machen *(Gli Ismi contemporanei* betitelte er eine 1898 erschienene Artikelsammlung). Seine Verehrung für Zola brachte Capuana unter anderem dadurch zum Ausdruck, daß er ihm den Roman *Giacinta* (1879) widmete, eine naturalistische Fallstudie über eine sich gegen ihr Schicksal auflehnende, selbstbewußte Frau, die an der Gleichgültigkeit ihres Geliebten zerbricht und am Ende Selbstmord begeht. Der Titelheld von Capuanas bekanntestem Roman, *Il marchese di Roccaverdina (Der Marchese von Roccaverdina*, 1901), verfällt aus Gewissensskrupeln über eine ungesühnte Schuld schließlich dem Wahnsinn. Im einen wie im anderen Fall geht es um die Analyse von Seelenzuständen, die dem Determinismus Hippolyte Taines und dem psychologischen Roman von Paul Bourget einiges verdankt.

Das umfangreiche Werk Capuanas umfaßt mehrere Märchensammlungen und verschiedene Theaterstücke im sizilianischen Dialekt, die später den befreundeten Pirandello zur Nachahmung anregten. Capuana ist außerdem Verfasser von etwa dreihundert Novellen mit zum Teil meisterhaften Gesellschaftsanalysen und Charakterstudien.

Giovanni Verga (1840–1922) war wie Capuana an der sizilianischen Ostküste beheimatet, wie dieser verbrachte der aus dem Kleinadel stammende, liberal erzogene und früh literarischen Ehrgeiz bekundende Schriftsteller (bereits 1861/62 publizierte er auf eigene Kosten den historischen Roman *I carbonari della montagna)* lange Jahre auf dem Kontinent.

Im Jahr 1866 veröffentlichte Verga den unter dem Eindruck der *Kameliendame* von Alexandre Dumas fils verfaßten Roman *Una peccatrice (Eine Sünderin),* in dem ein junger catanischer Theaterautor dem Glamour einer adligen *femme fatale* verfällt, was zur Folge hat, daß er künstlerisch zusehends steril wird. Verga verschaffte sich mit diesem Machwerk ein Entreebillet in die mondänen Gesellschaftskreise, die er ab 1869 in Florenz und anschließend nach seiner drei Jahre später erfolgten Umsiedlung in Mailand als vielbeachteter Salonlöwe frequentierte. In der lombardischen Hauptstadt verkehrte er bei der Gräfin Maffei und schloß Bekanntschaft mit den *scapigliati*, unter anderen mit dem Komponisten, Librettisten und Erzähler Arrigo Boito (1842–1918). In den siebziger Jahren veröffentlichte der Sizilianer mehrere dem Zeitgeschmack entgegenkommende Romane *(Eva,* 1873; *Eros,* 1875), in denen die sich in spätromantischen und pathetischen Posen gefallenden exzentrischen Protagonisten in erlesenen Interieurs und gepflegten Park- und Gartenlandschaften bewegen.

Mit der in Mailand verfaßten Dorfgeschichte *Nedda* (1874), die vor einem Kaminfeuer in der norditalienischen Stadt erzählt wird, eröffnete Verga, wenn auch noch mit eher konventionellen erzählerischen Verfahren, die Reihe seiner sizilianischen Novellen. Ein Jahr später skizzierte er in dem „bozzetto marinaresco" *Padron 'Ntoni* den Hauptcharakter seines dann 1881 veröffentlichten Romans *I Malavoglia (Die Malavoglia).* Capuana, der sich 1877 für einige Jahre zu Verga in Mailand gesellt hatte, leistete diesem wertvolle Hilfe, als es darum ging, sich von den überkommenen Erzählmustern zu lösen und den Durchbruch zum Verismus zu bewerkstelligen. Erste Ergebnisse seiner veristischen Konversion legte Verga 1880 mit den unter dem Titel *Vita dei campi (Leben auf dem Lande)* publizierten Novellen vor. *Jeli il pastore, Rosso Malpelo, La Lupa* sind allesamt Vertreter einer archaischen, primitiven Welt, die der Erzähler nicht vordergründig anprangert, sondern in ihrem Sosein darstellt, indem er die Mentalität der jeweiligen Titelhelden und ihrer Umgebung rekonstruiert.

Der Roman *I Malavoglia* stellt, gemessen an Manzonis auktorial erzählten *Verlobten,* einen völligen Neuansatz dar. Bei Verga wird der Leser vom Erzähler, der gänzlich hinter seinem Werk verschwindet, allein gelassen. Hörbar ist nur eine chorale, die Dorfgemeinschaft artikulierende Stimme wie bereits im ersten Satz des Werks: „Früher waren die Malavoglia zahlreich gewesen wie die Steine auf der alten Straße von Trezza." Diese anonyme Stimme verteilt sich zwar dann auf mehrere Sprecher, mündet aber immer wieder in das Magma des kollektiven Erzählstroms. Nicht nur die für Vergas bisherige bürgerliche Leserschaft ungewöhnliche und letzten Endes uninteressante Thematik, sondern auch die infolge der neuen Erzähltechnik erschwerte Konsumierbarkeit hatten zur Folge, daß der Roman fast ohne Resonanz blieb.

Auch inhaltlich befand sich Verga an den Antipoden Manzonis, der trotz Pest, Hunger und Krieg dank tatkräftiger Mithilfe geistlicher Sachwalter der göttlichen Vorsehung wenigstens die wechselvolle Geschichte der Verlobten zu einem glücklichen Ende führte. Bei Verga hingegen ist die Vorsehung von der unerbittlichen Gesetzmäßigkeit der Natur und wirtschaftlichem Profitdenken abgelöst worden, wie der seiner Familie und Sippe lebende und auf die traditionelle Weisheit seiner Sprichwörter vertrauende Patriarch der Familie, Padron 'Ntoni, erfahren muß, als er sich mit seinem kaum noch seetüchtigen Kutter Provvidenza auf einen gefährlichen Lupinentransport einläßt. Er verliert bei dem Unternehmen nicht nur seinen Sohn Bastianazzo, sondern muß in dessen Folge seine ganze Familie dem Wucherer Zio Crocifisso ausliefern.

Mit *Mastro Don Gesualdo* (1889), dem nächsten und letzten vollendeten Roman des von Verga geplanten und auf fünf Bände veranschlagten Zyklus *I vinti (Die Besiegten)* bezog der Schriftsteller eine in narrativer Hinsicht weniger originelle Position als in den *Malavoglia.* Der Titelheld ist ein vom Gewinnstreben besessener Maurer, dem das nach der Verwirklichung des Nationalstaats um sich greifende Profitdenken im Dienst der stets zu mehrenden *roba* oberste Richtschnur seines Handelns ist. Gesualdo gibt sich zunächst der Illusion hin, er könne durch die Verheiratung seiner Tochter mit einem Hocharistokraten seinem sozialen Aufstieg die Krone aufsetzen. In Wirklichkeit stirbt er nicht weniger einsam als Padron 'Ntoni.

Nicht seine veristischen Romane und Erzählungen (erinnert sei wenigstens an die *Novelle rusticane, Dorfnovellen,* 1883) machten Vergas Namen international bekannt, sondern die dramatische Bearbeitung der Novelle *Cavalleria rusticana (Sizilianische Bauernehre),* der Eleonora Duse 1884 in Turin zu einem spektakulären Erfolg verhalf und deren Aufführung in Frankfurt/Main und Berlin der Schriftsteller 1891 zum Anlaß einer Deutschland-Reise nahm. Die Vertonung der *Cavalleria rusticana* durch Pietro Mascagni (1890) und ein Rechtsstreit mit dem Komponisten brachten dem Schriftsteller zwar 143 000 Lire ein, trugen aber wie bereits die dramatische Bearbeitung von 1884 dazu bei, daß Vergas archaische Welt Siziliens auf der Bühne folkloristisch aufbereitet und vorwiegend um ihrer sensationellen Aspekte willen rezipiert wurde.

Ab 1893 zog sich Verga endgültig nach Catania zurück, das er nur noch selten verließ, wie 1895 anläßlich einer Begegnung mit Zola in Rom. Erst kurz vor seinem Tod beendeten Luigi Pirandello, Federigo Tozzi und der sizilianische Kritiker Luigi Russo die geistige Isolierung des Schriftstellers, dessen herausragende Bedeutung seit dem italienischen Neorealismus nicht mehr umstritten ist.[54]

Dritter bedeutender sizilianischer Verist ist der als Sohn eines Offiziers in Neapel geborene, aber nach dessen frühem Tod bei seiner adligen sizilianischen Mutter in Catania aufgewachsene Federico De Roberto (1861–1927). Er verbrachte, wie die von ihm bewunderten Capuana und Verga, der den um zwei Jahrzehnte Jüngeren in das literarische und mondäne Leben Mailands einführte, längere Aufenthalte auf dem Festland, war für mehrere Zeitungen journalistisch tätig und bemühte sich seit seinen ersten erzählerischen Versuchen um eine möglichst konsequente Umsetzung des Objektivität und wissenschaftliche Exaktheit fordernden Verismus.

De Robertos umfangreicher Roman *I Viceré (Die Vizekönige*, 1894) spielt in der Epoche, als Garibaldis Zug der Tausend einen scheinbar durchgreifenden Umsturz der Verhältnisse auf der Insel einleitete. Wie sehr hingegen in Wirklichkeit alles beim alten bleibt, das zeigt die im Roman erzählte Geschichte der fürstlichen Familie Uzeda, die sich rühmen darf, von spanischen Vizekönigen abzustammen. Der Egoismus, die Habgier und die Herrschsucht der einzelnen Mitglieder des Clans werden im Lauf des Romans, dessen Auftakt die Testamentseröffnung der eben verstorbenen alten Fürstin bildet, immer deutlicher, mag es sich dabei nun um den cholerischen Benediktiner Don Blasco oder den sich als Mann des neuzeitlichen Fortschritts gebärdenden jungen Fürsten Consalvo handeln, der sich als Abgeordneter ins Parlament nach Rom wählen läßt.[55]

Giovanni Pascoli und die Poetik des „decadentismo"

Benedetto Croce beklagte in seinen unter dem Sammeltitel *La letteratura della nuova Italia (Die Literatur des neuen Italien)* gesammelten Essays wiederholt, daß in der jüngsten italienischen Dichtung an die Stelle von Patrioten und wirklichkeitsverbundenen Positivisten vom Format Carduccis zusehends Imperialisten, Mystiker und Ästheten rückten, bei denen die Anfälligkeit für dubiose politische Heilserwartungen in bedenklicher Weise zugenommen hatte. Auch mit der Tendenz zur Regression im Werk von Giovanni Pascoli (1855–1912) wußte Croce sich nicht anzufreunden. Der Lyriker, dessen Vater dem Mordanschlag eines unbekannt gebliebenen Täters zum Opfer gefallen war und dessen Jugend eine Reihe weiterer Trauerfälle überschattete, war schon aus biographischen Gründen dazu prädestiniert, wenigstens in der Dichtung das verlorene Paradies seiner Kindheit wiederherzustellen. Nicht heroische Gesten und Posen, sondern stimmungsvolle Erinnerungen und Landschaften kennzeichnen sein frühes Werk, das er 1891 in *Myricae (Tamarisken,* endgültige erweiterte Ausgabe 1903) in einer repräsentativen Sammlung veröffentlicht hatte. Schon der Titel hebt die Hinwendung zum Kleinen und Unscheinbaren hervor, die Pascoli in der bewußten Absicht, sich von der illustren Thematik und Sprache der italienischen Literatur zu distanzieren, ausdrücklich unterstrich. Kein anderer italienischer Lyriker der Zeit hat die Stimmen der Natur aufmerksamer und exakter registriert als er. Lautmalereien halten die akustische Vielfalt des Vogelgesangs fest, etwa in dem Gedicht *The hammerless gun,* das 1903 in die Gedichtsammlung *Canti di Castelvecchio (Gesänge von Castelvecchio)* aufgenommen wurde: das „tac tac" der Grasmücken, das „tin tin" der Rotkehlchen, das „zisteretetet" der Meisen und das „rererere" der Stieglitze. Nicht so sehr um realistische Wiedergabe von Naturphänomenen geht es dabei, als vielmehr um die Schaffung einer in sich geschlossenen und von geheimnisvollen Symbolen belebten Welt. Dies gilt auch für die zahllosen, von Pascoli zum ersten Mal in der italienischen Lyrik mit botanischer Präzision erwähnten Pflanzennamen. In diesen Zusammenhang gehört auch, daß der Lyriker die vage Unbestimmtheit der Pflanzen- und Tiernamen bei Leopardi kritisierte. Dabei ging es dem Dichter nicht vorwiegend um naturwissenschaftliches Detailwissen, sondern vielmehr darum, durch die konkreten Bezeichnungen im Leser irrationale Emotionen auszulösen, indem etwa den schwarzen Zypressen eines alten Friedhofs ein rosig blühender Pfirsichzweig gegenübergestellt wird. Pascoli hat ab 1897 sein literarisches Credo in einem berühmten, unter dem Titel *Il fanciullino. Pensieri sull'arte poetica (Das Kind. Gedanken zur Dichtkunst* 1897, endgültige Fassung 1907) veröffentlichten Manifest niedergelegt. Es ist ein neuromantisches Bekenntnis zu einer noch nicht durch Bildungsballast beschwerten Weltschau als Reaktion auf das hohle Pathos und die patriotische Rhetorik jener Italiener, die, wie er kritisch bemerkte, sich zwar vom Helm Scipios blenden lassen, jedoch nicht in der Lage sind, den Zauber des Libellenflugs wahrzunehmen.

Pier Paolo Pasolini bezeichnete später in einem programmatischen Essay der ersten Nummer seiner Zeitschrift „Officina" (Werkstatt, 1955) Pascoli als denjenigen italienischen Lyriker, der am Anfang aller dichterischen Formen des 20. Jahrhunderts stehe, mochte er auch andererseits bedauern, daß die bewundernswerte Experimentierfreude des Dichters auf formaler Ebene mit seiner geradezu monotonen weltanschaulichen Immobilität merkwürdig kontrastiere. In der Tat hatte sich Pascoli nach vorübergehender Faszination durch die sozialistischen und anarchistischen Bewegungen seiner heimatlichen Romagna in der Jugend zusehends einer vagen Religion allumfassenden Mitleids mit Mensch und Kreatur verschrieben. In seinen *Odi e inni (Oden und Hymnen,* 1906) gab er sich dann schließlich dazu her, seine Dichtung in den Dienst vaterländischer Rhetorik zu stellen.

In den *Poemi conviviali (Gastmahlgedichte,* 1905) bearbeitete Pascoli in origineller und persönlicher Weise die ihm dank seiner stupenden klassischen Bildung vertrauten Stoffe und Mythen der Antike, etwa in jener sorgfältig aus 24 Einzelgedichten komponierten Dichtung *L'ultimo viaggio (Die letzte Reise),* die auf der Prophezeiung des Teresias in der *Odyssee* basiert und unter anderem an den 26. Gesang von Dantes Inferno und Alfred Tennysons Gedicht *Ulysses* anknüpft.[56]

Der Konflikt zwischen römischer Kirche und proklamiertem Nationalstaat hat in Italien – im Gegensatz zum zeitgenössischen Frankreich – kaum Schriftsteller von Rang hervorgebracht. Das Beispiel Antonio Fogazzaro zeigt, daß der Vatikan nicht gewillt war, sich auf eine Diskussion der von ihm verurteilten „modernistischen" Ideen einzulassen.

Antonio Fogazzaro (1842–1911) ist als Sohn wohlhabender Eltern im katholischen Milieu Vicenzas aufgewachsen, gehörte jedoch einer Familie an, die eindeutig mit den Ideen des Risorgimento sympathisierte. Seinen literarischen Ruhm begründete der Schriftsteller mit dem zwischen 1849 und 1859 am Luganer See spielenden Risorgimento-Roman *Piccolo mondo antico (Kleine Welt von gestern,* 1895). Er bildete den Auftakt zu einer umfassenden Tetralogie und ist das Meisterwerk des Vicentiners. Mit viel Einfühlungsvermögen und in einer um klassische Ausgewogenheit bemühten Prosa schildert der Schriftsteller die heile Welt der kleinen Leute in ihrer idyllischen Umgebung, mit der freilich die von Spannungen bestimmte Ehe zwischen dem adligen Franco Maironi und der bürgerlichen Luisa Rigey kontrastiert. Piero, Sohn der beiden, ist Protagonist des nächsten Romans *Piccolo mondo moderno (Kleine Welt von heute,* 1900). Er ist zwischen sinnlicher Leidenschaft und religiösem Sendungsbewußtsein hin- und hergerissen. Piero ist auch der Titelheld von Fogazzaros Roman *Il Santo (Der Heilige,* 1905). Gedanken der katholischen Intellektuellen Piero Gioberti und Antonio Rosminis aufgreifend, tritt Piero bei einer vom Papst gewährten Audienz für einen mehr am Evangelium orientierten Geist und weniger Bürokratie in der Kirche ein. Die gut gemeinten Vorschläge wurden von der Kommission des Index librorum prohibitorum verurteilt, was dem Roman auch außerhalb Italiens zu einem außergewöhnlichen Publikumserfolg verhalf. Auch Fogazzaros letztes Prosawerk *Leila* (1910) fand bei den kirchlichen Zensoren keine Zustimmung, was mit erklären kann, warum gerade in Italien ein literarischer *renouveau catholique* ausblieb.[57]

Gabriele D'Annunzio

Als sechzehnjähriger Gymnasiast des Collegio Cicognini in Prato veröffentlichte der in Pescara geborene Gabriele D'Annunzio (1863–1938) das Lyrikbändchen *Primo vere (Erster Frühling).* Drei Jahre später ließ er den noch weitgehend im Banne Carduccis stehenden *Canto novo (Neues Lied,* 1882) folgen. Er gab damit den Auftakt zu einer der brillantesten Karrieren der italienischen Literatur. In wenigen Jahren entwickelte sich D'Annunzio vom Wunderkind zur allgegenwärtigen publizistischen Großmacht. Denn trotz der ästhetisierend-subjektivistischen Komponenten seines sich schon bald auf alle literarischen Gattungen erstreckenden Schaffens zog sich D'Annunzio nicht ins Abseits zurück. In Rom, wo der kosmopolitisch aufgeschlossene Dandy aus der Provinz seit 1881 Jurisprudenz studierte, nahm er Kontakt mit Aristokraten und Literaten auf, und schon bald beschäftigte er die mondäne Berichterstattung der Hauptstadt, wo er inzwischen in die Redaktion der Zeitschrift „La Tribuna" eingetreten war und 1885 Direktor der „Cronaca Bizantina" wurde. Inzwischen hatte D'Annunzio neben seiner umfassenden lyrischen Produktion 1886 unter dem Titel *San Pantaleone (Der heilige Pantaleon,* 1886, überarbeitet und erweitert zu *Novelle della Pescara, Die Novellen der Pescara,* 1902) einen Band Novellen veröffentlicht, der zwar in der Thematik scheinbar noch naturalistischen Vorbildern nacheiferte, bei ihrer Umsetzung jedoch vor allem auf schockierende Wirkung angelegt war.

Als Abschluß seiner bewegten literarischen Lehrjahre veröffentlichte D'Annunzio 1889 bei dem Mailänder Verleger Treves den Roman *Il piacere (Die Lust),* dessen adliger Protagonist mit dem klangvollen Namen Andrea Sperelli Fieschi d'Ugenta in mehr als einer Hinsicht eine Ich-Projektion des Verfassers darstellt. Sperelli umgibt sich mit preziösen Gegenständen und liebt die Verse der toskanischen Dichter des Mittelalters. Er inszeniert sein gesamtes Leben als Kunstwerk, die moralischen Kriterien werden dabei den ästhetischen untergeordnet. Sperelli endet freilich schließlich in einem existentiellen Fiasko, da er, der angesichts der von ihm verworfenen grauen demokratischen Sintflut von heute immer wieder die Eleganz „jener besonderen Klasse antiken italienischen Adels" rühmt, nicht wahrhaben will, daß gerade diese infolge ihrer Korruption am wenigsten dazu taugt, ihn aus seiner menschlichen Misere zu retten.

Il piacere wird trotz der offenkundigen Beziehungen zur europäischen Dandy-Tradition (zum Beispiel zu Joris-Karl Huysmans' *A rebours, Wider den Strich,* 1884) aufgrund der Verarbeitung konkreter Erfahrungen des Verfassers bei seiner Initiation in das Gesellschaftsleben vor totaler Ausdünnung und lediglich abstraktem kopflastigen Intellektualismus bewahrt. Eben daran kranken hingegen die zahlreichen Romane, die D'Annunzio in den folgenden Jahren veröffentlichte, so etwa *L'innocente (Der Unschuldige),* der 1891/92 zunächst in dem von Matilde Serao und Edoardo Scarfoglio herausgegebenen „Corriere di Napoli" erschien. Hier setzt der ehemalige Diplomat Tullio Hermil, ein hemmungsloser Lebemann, das aus einer ehebrecherischen Verbindung seiner ansonsten tugendhaften Frau entsprungene Kind dem Tod durch Erfrieren aus, um seine Lebensgefährtin ganz für sich zu besitzen. Von hier aus war es nicht mehr weit bis zu der nun einsetzenden Nietzsche-Rezeption durch D'Annunzio, die sich im wesentlichen auf den Übermenschenkult beschränkte, wie er sich im Roman *Il trionfo della morte (Der Triumph des Todes,* 1894) nachweisen läßt. Der Roman endet damit, daß der Protagonist Giorgio Aurispa die ihn an seiner künstlerischen Selbstverwirklichung hindernde Frau mit sich in einen Abgrund reißt.

Die theatralischen Posen von D'Annunzios Übermenschenkult werden in dem Roman *Il fuoco (Das Feuer),* an dem er seit 1896 arbeitete und der 1900 bei Treves in Mailand erschien, durch Miteinbeziehung des inzwischen in nahezu ganz Europa zelebrierten Wagner-Mythos aufs neue variiert. So möchte Stelio Èffrena auf breite Volksmassen wirken, indem er auf dem Gianicolo in Rom ein mediterranes Bayreuth errichtet, wo Poesie und Tanz in einem Wagners Bestrebungen nacheifernden Gesamtkunstwerk zusammengefaßt werden sollen.

In Paris, wo inzwischen erste Theaterstücke D'Annunzios von der dem Dichter eng verbundenen Eleonora Duse aufgeführt wurden, fand der Abruzzese die geeignete Plattform, um seinem Werk zu internationalem Echo zu verhelfen. Die Prosatragödie *La città morta (Die tote Stadt)* wurde allerdings am 20. 1. 1898 mit Sarah Bernhardt in der Titelrolle uraufgeführt, was bei dem berühmten Liebespaar zum Zerwürfnis geführt haben soll.

Einen Höhepunkt seiner Theaterlaufbahn erreichte D'Annunzio mit der 1904 gleichzeitig in Mailand und Rom aufgeführten dreiaktigen Tragödie in Versen *La figlia di Iorio (Iorios Tochter),* einem blutrünstigen, in längst vergangenen Zeiten spielenden Hirtendrama.

Die nachhaltigste Wirkung zielte D'Annunzio mit den vier vollendeten Büchern seiner auf sieben Bände angelegten *Laudi del cielo del mare della terra e degli eroi (Lobpreisungen des Himmels, des Meeres, der Erde und der Helden): Maia* (1903), *Elettra* (1904), *Alcyone* (1904) und *Merope* (1911/12). Allein das Poem *Laus vitae,* das im Mittelpunkt des Buches *Maia* steht, umfaßt mit seinen litaneiartigen Anrufungen 8400 Verse in variierender Silbenlänge. Die zahllosen Vergleiche und mythologischen Anspielungen wurden von den nachfolgenden italienischen Lyrikern auch noch dann, wenn sie sich von D'Annunzio distanzierten, als Steinbruch für eigene Schöpfungen benutzt. D'Annunzio feiert in zahllosen seiner *Laudi* die dionysischen Aspekte sonnenüberfluteter Mittelmeerlandschaft, etwa in dem Gedicht *La morte del cervo*, wo der Zweikampf zwischen einem aus dem toskanischen Fluß Serchio auftauchenden Kentauren mit einem Hirsch geschildert wird: „Der Kampf, den D'Annunzio auf der Pineta-Lichtung inszeniert, ist Kraftentfaltung ohne Ziel, ein Kampf um des Kampfes und der Vernichtung willen."[58]

Wie sehr es D'Annunzio darum zu tun war, im Rahmen der konstitutionellen Monarchie des jungen Nationalstaats auch politisch zu wirken, das zeigte er, als er sich 1897 als Vertreter der Rechten in die Abgeordnetenkammer wählen ließ. Drei Jahre später bezog er in einer auf Wirkung angelegten und seinen Dilettantismus belegenden Kehrtwendung einen linken Sitz. Er gab damit den Auftakt zu einer politischen Karriere, die dann im und nach dem Ersten Weltkrieg mit dem legendären Flug über Wien und der Besetzung Fiumes durch angeworbene „Legionäre" ihre Krönung erfuhr, in deren Folge Mussolini D'Annunzio 1924 zum „Principe di Monte Nevoso" erhob. Unter faschistischen Auspizien wurden 1927–1936 zum ersten Mal in 49 Bänden die *Opera omnia* vom Istituto nazionale per l'edizione di tutte le opere di Gabriele D'Annunzio gesammelt herausgegeben.

Der letzte europäische Universalgelehrte: Benedetto Croce

Als Benedetto Croce (1866–1952) siebzigjährig seine Abhandlung *La Poesia. Introduzione alla critica e storia della poesia della letteratura (Die Dichtung. Einführung in die Kritik und Geschichte der Dichtung und der Literatur,* 1936) veröffentlichte[59], widmete er sie dem Andenken Francesco De Sanctis' und Giosuè Carduccis und signalisierte damit nicht nur, wie sehr er sich den beiden Koryphäen des Risorgimento verbunden fühlte, sondern auch, daß er sich in gewisser Hinsicht als deren Vollender betrachtete.

Benedetto Croce ist als Sohn vermögender Grundbesitzer in Pescasseroli (L'Aquila degli Abruzzi) geboren, in Neapel aufgewachsen und verlor seine Eltern und seine Schwester bei einem Erdbeben auf Ischia, bei dem auch er nur knapp dem Tod entging. Während seines Jurastudiums in Rom, das ihn bald anödete und das er nie abschloß, lernte er Antonio Labriola (1843–1904) kennen. Labriola war einer der führenden italienischen Links-Hegelianer, vertiefte sich in ein systematisches Marx-Studium und korrespondierte seit 1890 mit Friedrich Engels, dem er dann 1893 auf dem Kongreß der sozialistischen Internationale in Zürich begegnete. Croce war es, der 1895 Labriolas Schrift *In memoria del manifesto dei comunisti (Im Gedenken an das Kommunistische Manifest)* herausgab und deren Druck finanzierte. Bis zum Tod des von ihm zwar häufig kritisierten, aber stets hochverehrten Labriola manifestierte Croce wiederholt seine Sympathien für den Sozialismus und seine Exponenten: So sponserte er die Tageszeitung „Avanti!" (Vorwärts!) und bekundete seine Solidarität mit dem inhaftierten Filippo Turati.

Bereits 1899 lernte Croce in Perugia den Romanisten Karl Voßler (1872–1949) kennen. Es wurde eine für beide Teile fruchtbare und anregende Freundschaft, wie die während eines halben Jahrhunderts geführte Korrespondenz belegt.[60] Voßler war es, der Croce versicherte, es handle sich um „eine im vollsten Sinn des Wortes" epochemachende Publikation, als ihm Croce seine vor der Accademia Pontaniana in Neapel vorgetragenen *Tesi fondamentali di un' estetica come scienza dell'espressione e linguistica generale (Grundlegende Thesen zu einer Ästhetik als Wissenschaft vom Ausdruck und allgemeine Sprachwissenschaft,* 1900), den ersten Entwurf seiner 1902 erscheinenden *Estetica (Ästhetik)* übersandt hatte.

Leidenschaftlich bezog sich der Neapolitaner fortan auf die hier vorgetragenen grundsätzlichen Überlegungen. Danach ließ sich die Schönheit des Kunstwerks nicht durch irgendwelche adjektivischen Bestimmungen wie klassisch und romantisch, naiv und sentimentalisch einschränken. Ebenso dezidiert verwarf Croce die literarischen Gattungen. Er ließ sie allenfalls als Abstrakta gelten, unter die man post festum Literatur subsumieren könne.

Die Einheit des künstlerischen Werks wird bei Croce durch die Einheit des künstlerischen Ausdrucks gewährleistet. Die materiellen Schwierigkeiten und Umsetzungsprozesse, die ein „work in progress" hemmen oder fördern, wurden in seiner Ästhetik und in den zahllosen Aufsätzen und monographischen Abhandlungen zur italienischen und europäischen Literatur (die deutsche war ihm von Kindheit an vertraut) kaum berücksichtigt.

Zeitlebens blieb Croce Neapel und seiner süditalienischen Heimat eng verbunden. Davon zeugen neben der mit dem Dialektdichter Salvatore Di Giacomo (1860–1934) ins Leben gerufenen Zeitschrift „Napoli nobilissima" zahlreiche historische, theater-, literatur- und philosophiegeschichtliche Werke. Es bestand dabei jedoch nie die Gefahr, daß dieser dem Ideengut und den Bestrebungen des Risorgimento engagiert verbundene Patriot die nationalstaatliche Idee und seinen grenzüberschreitenden liberalen Fortschrittsglauben zugunsten provinzieller Belange aufgeben würde.

Am 20. Januar 1903 erschien die erste Nummer der von Croce herausgegebenen Zeitschrift „La Critica", die während vier Jahrzehnten die internationale Buchproduktion systematisch sichtete. Engster Mitarbeiter Croces war Giovanni Gentile (1875–1944), dem die philosophischen Stellungnahmen anvertraut waren, bevor sich die beiden Männer nach dem Ersten Weltkrieg wegen ihrer diametral entgegengesetzten Einstellung zum Faschismus völlig auseinanderlebten. Gentile, ein herausragender Exponent des italienischen Geisteslebens, war als Unterrichtsminister verantwortlich für die nach ihm benannte Schulreform (1924), wurde Leiter des Istituto nazionale fascista di cultura und Herausgeber der von dem Finanzmagnaten Giovanni Treccani ermöglichten *Grande Enciclopedia Italiana,* einem imponierenden, durchaus auf dem Stand der internationalen Wissenschaft befindlichen und erstaunlich unabhängigen Werk, das zwischen 1929 und 1937 in 35 Bänden erschien. Croce, der 1925 auf Gentiles *Manifest der faschistischen Intellektuellen* mit einem *Manifest der antifaschistischen Intellektuellen* reagiert hatte, verweigerte sich fortan jeder Regierungsinitiative und stimmte konsequenterweise 1929 als Mitglied des Senats, dem er seit 1910 angehörte, gegen das zwischen der römischen Kirche und dem faschistischen Staat ausgehandelte Konkordat, die sogenannte *riconciliazione* (Versöhnung) zwischen den während des Risorgimento von päpstlichen Bannflüchen belegten Vorkämpfern des italienischen Nationalstaats und dem Vatikan. Croces Widerstand gegen den Faschismus, der es nicht wagte, den neapolitanischen Gelehrten und Politiker in seiner geistigen Betätigung einzuschränken, verhalf ihm unter den Regimegegnern zu einem außergewöhnlichen Ansehen, das er erst nach dem Ende des Zweiten Weltkriegs einbüßte. Die jüngere, nun meist marxistische Positionen beziehende nachgewachsene Generation von Intellektuellen distanzierte sich zusehends von einem Liberalen alter Schule, der dank seiner Bekanntschaft mit Antonio Labriola sich schon früh mit den sozialistischen Forderungen vertraut gemacht und diese nach gründlicher Prüfung, wie er meinte, mit guten Gründen, verworfen hatte.

Die avantgardistischen Zeitschriften des Jahrhundertbeginns und der Futurismus Marinettis

Florenz wurde nach 1900 durch eine Reihe literarisch-politischer Zeitschriften, in denen sich das Unbehagen an der enttäuschenden Wirklichkeit des jungen Nationalstaats artikulierte, ein intellektuelles Zentrum. Giuseppe Prezzolini (1882–1982) gab hier mit Giovanni Papini (1881–1956) von 1903–1907 die Zeitschrift „Leonardo“ heraus, die in polemischer Frontstellung gegen den vorherrschenden Positivismus Schriften von Kierkegaard, Nietzsche und Bergson in Übersetzungen veröffentlichte und zur Diskussion stellte. Enrico Corradini (1865–1931) lancierte ebenfalls 1903 die Wochenzeitschrift „Il Regno“ (Das Reich), die bis 1906 erschien und sich mit protofaschistischer Virulenz gegen Sozialismus und Demokratie richtete. Schließlich gelang es Giuseppe Prezzolini 1908 durch die Gründung der Zeitschrift „La Voce“ eine periodisch erscheinende Publikation zu schaffen, die für einige Jahre das lebhafteste Diskussionsforum des kulturellen Lebens in Italien darstellte und auch divergierenden Meinungen von links bis rechts offenstand, ehe sich dann 1913 die von Giovanni Papini und Ardengo Soffici (1879–1964) ins Leben gerufene nationalistische „Lacerba" absplitterte, die ihr Erscheinen einstellte, als sie ihr auf einen Kriegseintritt Italiens hinarbeitendes propagandistisches Ziel erreicht sah.

Der geradezu ubiquitäre, logorrhöische und publizierfreudige Autodidakt Giovanni Papini gefiel sich in der Rolle des „Zerstörers" und des *guerrigliero* und verkündete ohne Umschweife, wichtiger als Zeitschriften zu gründen sei es, Fußtritte zu verteilen. In seiner Autobiographie *Un uomo finito (Ein erledigter Mensch,* 1912) erklärte Papini Invektive und Beschimpfung zu seiner bevorzugten rhetorischen Figur. In den zwanziger Jahren trat er dann zwar zum Katholizismus über, sah sich deshalb jedoch genausowenig wie sein französisches Vorbild Léon Bloy (1846–1917) veranlaßt, seine verbale Koprophilie zu bändigen.

Am 20. Februar 1909 erschien im „Figaro" in Paris das Gründungsmanifest des Futurismus, das *Manifeste du futurisme.* Verfasser war der als Sohn wohlhabender Eltern in Alexandrien in Ägypten geborene und teilweise in Paris aufgewachsene Filippo Tommaso Marinetti (1876–1944), der in den folgenden Monaten und Jahren mit seinen Gesinnungsgenossen durch weitere Manifeste und provozierende Happenings nicht nur in Italien und Frankreich von sich reden machte, wiederholt verhaftet, aber stets bald wieder auf freien Fuß gesetzt wurde. Mitstreiter waren vor allem auch die Künstler Umberto Boccioni, Carlo Carrà, Luigi Russolo, Giacomo Balla und Gino Severini, die im Februar 1910 das *Manifeste de la peinture futuriste (Manifest der futuristischen Malerei)* unterzeichneten. Während die Futuristen in einem Manifest *Gegen das passatistische Venedig* die Lagunenstadt als „Markt antiquarischer Fälscher" und die Gondeln als „Schaukelstühle für Kretins" verhöhnten, priesen sie das industrialisierte Mailand als Stadt der Zukunft. Museen und Bibliotheken hatten aus der Sicht dieser neuen Bilderstürmer ausgedient, an die Stelle überkommener lyrischer Gattungen und Formen sollten *parole in libertà* (Worte in Freiheit) treten. Als logische Konsequenz der modernolatrischen Weltanschauung feierte Marinetti mit den Seinen den Krieg „als einzige Hygiene der Welt“, und im November 1914 rühmte er den inzwischen ausgebrochenen internationalen Konflikt als „das schönste bis jetzt erschienene futuristische Gedicht“, zu dem auch Italien seinen Beitrag leisten sollte. Nach dem Ende des Ersten Weltkriegs gründete Marinetti den Partito politico futurista, der dann schon bald durch den Faschismus Mussolinis, in dessen Gesellschaft der Gründer des Futurismus 1919 in Mailand festgenommen wurde, seine Funktion verlor. Zehn Jahre später war Marinetti Mitglied der faschistischen Accademia d'Italia und außerdem Sekretär der Abteilung Literatur. Im Gegensatz zu den futuristischen Malern, die heute zum unverzichtbaren Bestand der internationalen Museen gehören, gelang es Marinetti und seinen literarischen Gesinnungsgenossen kaum, Werke zu schaffen, die über den ephemeren Kontext ihrer Entstehung hinaus nachwirkten. Dies gilt auch für den 1910 auf Französisch erschienenen Roman *Mafarka-le-futuriste (Mafarka der Futurist)* und die den Krieg als Fest verherrlichende „futuristische Erzählung“ *La battaglia di Tripoli (Die Schlacht von Tripolis,* 1911), die zunächst in Fortsetzungen im Pariser „Intransigeant“ auf Französisch und dann 1912 in dem Verlag der in Mailand erscheinenden futuristischen Zeitschrift „Poesia“ auf Italienisch erschien und die hirnrissigen Delirien der Bewegung sprachlich in einem nicht mehr zu überbietenden Nonplusultra umsetzte.

Bei allen Vorbehalten, die einer avantgardistischen Bewegung gegenüber angezeigt sind, die sich vom Faschismus vereinnahmen ließ, bleibt die Tatsache bestehen, daß Italien mit dem Futurismus wieder ins internationale Bewußtsein getreten war. Erinnert sei nur an Guillaume Apollinaire oder Herwarth Walden und dessen Zeitschrift Der Sturm, die dem Antitraditionalismus und Vitalismus der Futuristen und ihrem Kult von Dynamik und Bewegung grundsätzlich nahestanden.[61]

Italo Svevo zwischen provinziellem Abseits und weltliterarischer Universalität

Nahezu ein halbes Jahrhundert vor dem Untergang der habsburgischen Donaumonarchie kam Ettore Schmitz (Pseudonym: Italo Svevo, 1861–1928) in der dank ihres Status als Freihandelshafen kräftig expandierenden Handelsstadt Triest als Sohn des Unternehmers Francesco Schmitz zur Welt. Dieser schickte Ettore wie seine anderen Söhne in ein Internat bei Würzburg zur Ausbildung, nach deren Abschluß der Heimgekehrte 1880 bei der Triestiner Filiale der Wiener Union-Bank Angestellter, gleichzeitig aber auch freier Mitarbeiter am lokalen „Indipendente" wurde.

Vorwiegend unter dem Eindruck der Romane von Balzac und Flaubert verfaßte der Triestiner *Una vita (Ein Leben)*, die Lebensgeschichte des literarisch interessierten Provinzlers Alfonso Nitti, der als Bankangestellter bei Maller arbeitet, dessen intellektuell ambitionierte Tochter Annetta verführt und sich, in die Enge getrieben, einem drohenden Duell mit deren Bruder durch Selbstmord entzieht. Der auf Kosten des Verfassers 1892 unter dem Pseudonym Italo Svevo veröffentlichte Roman trug zunächst den Titel *Un inetto (Ein Unfähiger)*, womit ein wesentlicher Aspekt auch des gesamten späteren Schaffens des Schriftstellers gekennzeichnet ist.

Typisch für dieses bei Svevo häufige Fehlen der im Zeitalter Darwins und der industriellen Revolution geforderten Bereitschaft zum Kampf ums Dasein und zum Erfolg um jeden Preis ist auch Emilio Brentani, Anti-Held von Svevos zweitem Roman *Senilità* (1898), dessen Titel mit *Ein Mann wird älter* nicht ganz angemessen ins Deutsche übersetzt ist, da hier, wie auch sonst bei dem Triestiner, Senilität nicht so sehr einen Prozeß, als vielmehr einen Zustand darstellt. Ganz im Sinn des von Svevo mit Zustimmung gelesenen Arthur Schopenhauer mußte es seinen „inetti" darum gehen, dem das Leben ermöglichenden Willen zu entsagen. Kontrastfigur zu Emilio Brentani ist der vitale Bildhauer Stefano Balli, Objekt zärtlicher Begierde von Emilios kränkelnder Schwester Amalia, die sich in ihren Äther- und Fieberphantasien nach dem geliebten Mann verzehrt. Parallel dazu verläuft die Beziehung Emilios zu der verführerischen blonden Angiolina, die sich von ihm aushalten läßt, ohne sich ihm damit auf Gedeih und Verderb auszuliefern. Die Eifersuchtsausbrüche Emilios und die Phantasmen der Schwester werden unter Verzicht auf den herkömmlichen auktorialen Erzählmodus unter nuancenreicher Verwendung der erlebten Rede dargestellt. Auch dieser Roman fand bei der italienischen Kritik keinerlei Beachtung oder gar einen Verleger, der ihn im Wien Sigmund Freuds in deutscher Übersetzung lanciert hätte.

Drei Jahre nach seiner Vermählung mit Livia Veneziani trat Svevo in die Firma seines Schwiegervaters ein, in dessen Auftrag er wiederholt nach Frankreich und England reiste. Diese Tätigkeit nahm ihn so sehr in Anspruch, daß er seine bislang frustrierenden literarischen Versuche nahezu einstellte. Immerhin vermittelten ihm die Bekanntschaft mit James Joyce, der im Jahrzehnt vor dem Ersten Weltkrieg an der Berlitz School in Triest Englisch unterrichtete, und die Beschäftigung mit Freud (1915 übersetzte Svevo einen kurzen Text von ihm ins Italienische) entscheidende Anstöße für eine Wiederaufnahme seiner literarischen Versuche, als deren Ergebnis er 1923 *La coscienza di Zeno (Zenos Bewußtsein)* veröffentlichte. Dieses Mal blieb das Werk nicht unbeachtet. James Joyce wußte Pariser Freunde dafür zu begeistern, die 1926 dem Triestiner eine Sondernummer ihrer Zeitschrift „Le navire d'argent" widmeten und damit die entscheidende Voraussetzung für die internationale Rezeption des Schriftstellers schufen, die bereits in vollem Gang war, als Svevo zwei Jahre später an den Folgen eines Autounfalls verstarb.

La coscienza di Zeno ist ein in erster Person erzählter Roman in acht Kapiteln. Zeno Cosini, ein Mann vorgerückten Alters, hat den Arzt S. aufgesucht, um sich von einer Neurose heilen zu lassen, deren augenfälligstes Symptom darin besteht, daß es ihm nicht gelingen will, das Rauchen einzustellen, obwohl jede der von ihm angesteckten Zigaretten in seiner Intention die allerletzte sein soll und er sich in seinem Tagebuch durch den Vermerk U.S. (Ultima sigaretta) auch schriftlich zu dem endgültigen Verzicht verpflichtet. Einer Weisung des Analytikers folgend erzählt Zeno, indem er sich zwanglos dem Bewußtseinsstrom anvertraut, die Geschichte seines Lebens, das in der Begegnung mit den Schwestern Malfenti und deren Familie seinen Höhepunkt erfährt. Da er bei seinem Liebeswerben von der verwirrend schönen Ada abgewiesen wird, heiratet er die solide bürgerliche Tugenden verkörpernde Augusta, die sich aufgrund ihrer robusten Gesundheit im nachhinein als die ideale Lebensgefährtin des psychisch Labilen herausstellt. Die Episode ist nur ein Glied in einer Kette von Fehlleistungen, mit denen der scheinbar unfähige Protagonist des Romans gegen seine Absicht wiederholt genau das Richtige tut, was der Krankengeschichte des Erzählers einen humoristischen Grundtenor verleiht. Dies gilt ebenso für das aufmüpfige Verhalten des Patienten gegenüber seinem Therapeuten. Mit (schwarzem) Humor werden auch die Kriegsereignisse geschildert, deren Verlauf bereits die Vision einer totalen Zerstörung des Planeten durch eine Superbombe aufblitzen läßt.

Ein vierter Roman (Arbeitstitel unter anderem: *Le confessioni del vegliardo, Die Bekenntnisse des Alten)* wurde von Svevo als Fortsetzung des vorausgegangenen konzipiert. Fragmente, wie auch kürzere erzählende Prosa und nur zum Teil abgeschlossene Theaterstücke sind aus dem Nachlaß erschienen.[62]

Federigo Tozzi

Während in Frankreich in der zweiten Hälfte des 19. Jahrhunderts mit Léon Bloy, Paul Claudel und verschiedenen anderen eine gegen die im Zeichen des Agnostizismus stehende Literatur des positivistischen Zeitalters gerichtete katholische Erneuerungsbewegung *(renouveau catholique)* die spirituellen Werte von Christentum und Kirche neu entdeckte, war die römische Kurie darauf bedacht, wenigstens in Italien jeden Autonomieanspruch der Intellektuellen bereits im Keim zu erstikken, wie bereits das Beispiel Antonio Fogazzaro zeigte.

Am ehesten läßt sich das Werk des als Sohn eines Gastwirts in Siena geborenen Federigo Tozzi (1883–1920) mit dem der französischen Zeitgenossen des *renouveau catholique* vergleichen. Der unter der erdrückenden Autorität eines despotischen Vaters herangewachsene Toskaner, dem die höheren Weihen einer regulären Schul- und Universitätsausbildung verwehrt waren, griff die ideologischen Anstöße des internationalen Sozialismus ebenso auf wie den autochthonen Mystizismus der mittelalterlichen Literatur seiner Heimat. Mit Domenico Giuliotti (1877–1956) gab Tozzi 1913 einige Hefte einer „La Torre" (Der Turm) betitelten Zeitschrift heraus, die sich als Bollwerk gegen die Auflösung der traditionellen Werte und als Wegweiser in einer desorientierten Epoche verstand. Zum gleichen Zeitpunkt arbeitete er an dem autobiographische Erlebnisse verarbeitenden Roman *Con gli occhi chiusi (Mit geschlossenen Augen,* 1919): Pietro Rosi, ein abulischer aus vermögenden bäuerlichen Verhältnissen stammender junger Mann, läßt es geschehen, daß seine ehemalige Geliebte Ghisola als Prostituierte verkommt. Wie in den ab 1910 veröffentlichten zahllosen Novellen Tozzis ist der Roman eingebettet in eine ungebändigte Natur und Umwelt, deren Grenzen zum Humanen hin fließend sind.

Als der Mailänder Verleger Treves 1917 Tozzis kurze Prosatexte *Bestie (Tiere)* publizierte, war damit der entscheidende Durchbruch des Schriftstellers erreicht. Nach der Veröffentlichung des Romans *Tre croci (Drei Kreuze,* 1920) verstarb Tozzi völlig unerwartet an einer Lungenentzündung. Aus dem Nachlaß gab der Starkritiker der Epoche, Giuseppe Antonio Borghese (1882–1952) mehrere Werke heraus, unter anderem die *Ricordi di un impiegato (Erinnerungen eines Angestellten,* 1927) und *Il podere (Das Gehöft,* 1920/21). Wie bereits in *Con gli occhi chiusi* werden auch hier die Lebensläufe von Versagern erzählt, nicht aus der objektivierenden Distanz naturalistischer Fallstudien, sondern in einer von der Kritik mehrfach als expressionistisch bezeichneten, dialektal gefärbten, nervösen und parataktisch artikulierten visionären Prosa.[63]

Zwischen den Weltkriegen

Die Eingliederung der „unerlösten Gebiete" in das Königreich Italien in der Folge des Vertrags von Versailles war kaum dazu angetan, die Expansionsgelüste jener zu befriedigen, die bereits in der Besetzung der Cyrenaika nach dem Libyen-Krieg von 1911/12 nur den Anfang der Beherrschung des gesamten Mittelmeerbeckens sahen. Damit war bereits der Weg in die spätere unheilige Allianz zwischen Mussolini und Hitler vorgezeichnet, da Frankreich mit seinen nordafrikanischen Kolonien den Anspruch des italienischen Diktators auf das Mittelmeer als *mare nostrum* nicht hinzunehmen bereit war.

Die Mitarbeiter der literarischen Zeitschriften und Gruppenbildungen der zwanziger Jahre kehrten sich von den avantgardistischen künstlerischen Experimenten der Florentiner „Voce" ab, die das intellektuelle Leben des Landes vor dem Ersten Weltkrieg geprägt hatte, und besannen sich auf die nationale Tradition wie die Beiträger des zwischen 1919 und 1922 von Vincenzo Cardarelli (eigentlich Nazareno Caldarelli, 1887–1959) in Rom herausgegebenen Periodikums „La Ronda". Der Titel sollte bereits den Gesetz und Ordnung sichernden Kontrollgang einer Militärpatrouille suggerieren. Die Neuorientierung der *rondisti* stand im Zeichen der für sie mustergültigen Prosa der *Operette morali* Leopardis, während sie ihr weltanschauliches Ethos aus Manzonis liberalem Katholizismus bezogen, als dessen politischen Garanten sie dann nach dem Abschluß der Lateranverträge (1929) Mussolinis faschistische Diktatur betrachteten.

Eine Zeitschrift besonderer Art gründete 1924 in Colle Val d'Elsa Mino Maccari (1898–1989) mit „Il Selvaggio" (Der Wilde). Der Herausgeber legte es darauf an, durch provozierende Karikaturen und politische Slogans („Marciare, non marcire!": „Marschieren, nicht verfaulen!") eine Einschüchterungskampagne zu starten, die in den brutalen Übergriffen der faschistischen Schlägertrupps ihre handgreifliche Entsprechung hatte. Maccari stellte seine rhetorischen Attacken auch dann nicht ein, als Mussolini nach der Ermordung des sozialistischen Abgeordneten Giacomo Matteotti (1924) daran gelegen war, sein stark lädiertes internationales Image wiederherzustellen. Die faschistische Zensur sah sich in den folgenden Jahren daher mehrfach veranlaßt, den ungebärdigen Kraftmeier, der 1926 die urige *strapaese*-Bewegung lancierte und unter dem Menschenfresser-Pseudonym Orco Bisorco das Zeitgeschehen kommentierte, zu maßregeln, was den Herausgeber des „Selvaggio" nicht daran hinderte, bis zum Vorabend der italienischen Kapitulation (1943) seine Streitzeitschrift an verschiedenen Orten zu veröffentlichen. Ein weiteres Periodikum des *selvaggismo* war die ab 1926 in Bologna erscheinende Zeitschrift „L'Italiano", die von Leo Longanesi (1905–1957) als Sprachrohr „della gente fascista" redigiert wurde.

Im Gegensatz zu den Draufgängertum und Drohgebärden liebenden „Wilden" gab sich Massimo Bontempelli (1878–1960), der von 1926 bis 1929 die Zeitschrift „900" herausgab, urbaner und kosmopolitischer. Er vertrat einen an Giorgio De Chiricos „metaphysischer Malerei" mitinspirierten *realismo magico*, zierte seine Publikation mit einem internationalen Redaktionskomitee und veröffentlichte die ersten Nummern mit dem Untertitel „Cahiers d'Italie et d'Europe" sogar auf Französisch. In klarer Absage gegen den Provinzialismus der *strapaese*-Bestrebungen redete Bontempelli einer *stracittà*-Bewegung das Wort, deren Ziele mit „Asphaltliteratur" nur annähernd bezeichnet sind. In Curzio Malaparte (eigentlich Kurt Erich Suckert, 1898–1957), der von den *selvaggi* zu den *novecentisti* überwechselte, erhielt Bontempelli einen mit allen Wassern des journalistischen Metiers gewaschenen Mitarbeiter, dessen auf schockierende Effekte angelegte Schreibe seiner bald übersetzten Kriegsreportagen *Kaputt* (1944) und *La pelle (Die*

Haut, 1949) später dann besonders im Ausland für viele Italiens Eintritt in die Nachkriegsliteratur bezeichnete.

Während „Il selvaggio“, „L'Italiano“ und „900“ im wesentlichen die Ziele des Faschismus vertraten, stellte die von Alberto Carocci in Florenz gegründete Zeitschrift „Solaria“ (1926–1934) durch ihre thematischen Schwerpunkte (Tozzi, Saba, Svevo) wie auch durch ihre jungen Mitarbeiter (Vittorini, Pavese, Moravia) bereits die Weichen für die italienische Literatur nach dem faschistischen *ventennio nero*.[64]

Erst seit den siebziger Jahren ist die Bedeutung des vielseitigen Werks von Alberto Savinio (eigentlich Andrea De Chirico, 1891–1952) einer breiteren italienischen und internationalen Leserschaft bewußt geworden. De Chirico, der bei Max Reger in München Kontrapunkt und Harmonielehre studierte, begab sich 1910 nach Paris, wo er in Gesellschaft seines Bruders Giorgio während eines mehrjährigen Aufenthalts Kontakt zu der Literaten- und Künstleravantgarde um Guillaume Apollinaire (1880–1918) aufnahm, in dessen Zeitschrift „Les soirées de Paris“ er auf Französisch einen experimentellen Bühnentext veröffentlichte. Nach dem Weltkrieg knüpfte De Chirico Kontakte zu André Breton und der surrealistischen Bewegung, bewegte sich jedoch weiterhin mit erstaunlicher Vielseitigkeit zwischen den Künsten und Sprachen, ohne zugunsten irgendeines der zeitgenössischen Ismen seine Autonomie preiszugeben. Er selbst gründete 1914 den *sincerismo* als musikalische Avantgarde-Bewegung.[65]

Kaum größere Beachtung als Alberto Savinio fand Tommaso Landolfi (1908–1979), ehe nicht einige literarische Persönlichkeiten wie Italo Calvino auf die Originalität seiner an die phantastische Literatur Gogols, E. T. A. Hoffmanns und E. A. Poes erinnernden Erzählungen aufmerksam machten. Als passionierte Spielernatur liebte Landolfi die unvorhergesehene Überraschung, das kalte Kalkül und die kombinatorische Umgestaltung der Alltagswirklichkeit.

Antonio Gramsci (1891–1937) und Piero Gobetti (1901–1926), beide in den Jahren nach dem Ersten Weltkrieg in Turin tätig und beide Opfer der faschistischen Diktatur (der eine verstarb nach langjähriger Kerkerhaft in Rom, der andere nach brutalen Mißhandlungen durch faschistische Schlägertrupps im Exil in Paris), prägten während einer zwar kurzen, aber folgenreichen Periode das politische und geistige Leben der ehemaligen Hauptstadt des Königreichs Sardinien-Piemont, die sich, wie auch heute noch ihre städtebauliche Anlage zeigt, wegen ihrer geographischen Lage mehr als jede andere italienische Metropole den Rationalismus Frankreichs angeeignet hatte. In dem jungen Nationalstaat Italien, der nach wie vor überwiegend durch agrarische Wirtschaftsstrukturen gekennzeichnet war, kam der Stadt dank der hier 1899 von Giovanni Agnelli gegründeten FIAT-Werke eine Pilotfunktion zu.

Antonio Gramsci, in ärmlichen Verhältnissen in Ales/Sardinien geboren und auf der Insel aufgewachsen, traf 1911 mit Hilfe eines Stipendiums in Turin ein, wo er sich an der Philosophischen Fakultät immatrikulierte, schon bald mit Palmiro Togliatti (1893–1964) bekannt wurde und schließlich als Mitarbeiter der dortigen Redaktion des sozialistischen „Avanti!“ seinen Lebensunterhalt verdiente. Im April 1919 gründete Gramsci mit Togliatti und anderen die Zeitschrift „L'Ordine Nuovo“ (Die Neue Ordnung), die in den folgenden Jahren unter dem Druck der politischen Ereignisse schon bald im Untergrund erscheinen mußte. Im Januar 1921 spaltete sich unter Führung Gramscis und anderer ein linker Flügel von der sozialistischen Partei Italiens ab, der den Partito comunista d'Italia – Sezione della Terza Internazionale gründete. Benedetto Croce erinnerte sich 1947 in einem Artikel der „Quaderni della critica“ (unter diesem Titel erschien von 1945 bis 1951 die berühmte Zeitschrift des bis kurz vor seinem Tod in seiner geistigen Vitalität ungebrochenen Neapolitaners) an den jungen Gramsci: „Als Denker war er einer der Unsrigen, einer von jenen, die sich in den ersten Jahrzehnten des Jahrhunderts in Italien anschickten, sich einen philosophischen und historischen Geist zu formen, der auf der Höhe der anstehenden Probleme war [...] Und ich sehe hier die Früchte jener Jahre: den aus seiner spekulativen und dialektischen Tradition heraus erneuerten Philosophiebegriff, die umfassende Vision der Geschichte, die Verbindung von Gelehrsamkeit und Philosophieren, den äußerst lebhaften Sinn für Dichtung und Kunst in ihrem originellen Charakter." Gramsci selbst hatte sich im Lauf seines ganzen Lebens zwar häufig kritisch und polemisch, aber ununterbrochen mit Croce und seiner liberalen Position auseinandergesetzt und nie darüber vergessen, wieviel er dem Älteren verdankte.

Eine erste Ausgabe von Gramscis während seiner Inhaftierung entstandenen Aufzeichnungen, der *Quaderni*, die von seiner Schwägerin Tania Schucht in Sicherheit gebracht worden waren, erschien zwischen 1948 und 1951 bei Einaudi in Turin und wurde mit dem von den Herausgebern zusammengestellten Band *Il materialismo storico e la filosofia di Benedetto Croce (Der historische Materialismus und die Philosophie Benedetto Croces)* eröffnet. Gramsci sieht die wesentlichen Gründe für die relative Popularität Croces zunächst in dessen Galileis Wissenschaftsprosa verpflichteten, stilistisch-literarischen Qualitäten, dann in seiner charakterlichen Festigkeit, deren olympische Besonnenheit sich auch während des Kriegs gezeigt habe, „als so viele Intellektuelle den Kopf verloren und sich im allgemeinen Chaos nicht zu orientieren wußten", und schließlich und endlich in der Weigerung des Neapolitaners, sich in einem geschlossenen, fest umrissenen und pedantischen System einzumauern, was ihm die Fähigkeit erhielt, seine philosophischen Prämissen und Kategorien in offener Auseinandersetzung mit der Wirklichkeit auf ihre Stichhaltigkeit hin zu überprüfen. Diese Eigenschaften waren es, die nach Gramsci entscheidend zu Croces Erfolg in den angelsächsischen Ländern beitrugen: „[...] die Angelsachsen haben stets Weltanschauungen vorgezogen, die sich nicht als große und konfuse Systeme darstellten, sondern als Ausdruck des von Kritik und Reflexion durchdrungenen gesunden Menschenverstands tauglich waren, moralische und praktische Probleme zu lösen." An anderer Stelle kritisiert Gramsci freilich, daß Croce trotz seiner Rolle als Laien-Papst zu sehr den Typus des Renaissance-Intellektuellen verkörpere und als solcher nicht volkstümlich werden könne, während das Oberhaupt der Kirche und die von ihm vertretene Doktrin mit ihren auch die elementarsten Dinge betreffenden Verhaltensmaßregeln, ausgedehnte Volksmassen beeinflusse. Hiermit berührte Gramsci den in den Jahren nach dem Zweiten Weltkrieg vielleicht meistdiskutierten Kritikpunkt, die Tatsache, daß die italienische Nationalliteratur schon deshalb nicht populär sein könne, weil ihre führenden Exponenten nie einen wirklichen Kontakt zum Volk unterhalten hätten. Gramsci führte in diesem Zusammenhang als besonders kennzeichnendes Beispiel die angeblich paternalistische und protektionistische Haltung Manzonis gegenüber den kleinen Leuten in seinen *Verlobten* an.[66]

Als Sohn kleiner, aus dem Hinterland der Stadt stammender Geschäftsleute ist Piero Gobetti in Turin geboren. Er immatrikulierte sich siebzehnjährig an der dortigen juristischen Fakultät, gab bald danach die Croces und Gentiles Idealismus verpflichtete kurzlebige Zeitschrift „Energie Nove" (Neue Energien) heraus, näherte sich Gramsci an, als dieser mit seinen radikalsozialistischen Gesinnungsgenossen bei FIAT nach russischem Vorbild Fabrikräte bildete, übernahm im Auftrag des Herausgebers die Theaterkritik für „L'Ordine nuovo" und gründete 1922 die Zeitschrift „La Rivoluzione liberale." Gobetti, der mit einer Dissertation über Alfieri promoviert wurde, machte auch als Journalist auf die revolutionären Aspekte in Haltung und Werk des piemontesischen Grafen aufmerksam und ergänzte die vorwiegend politisch ausgerichtete „Rivoluzione liberale" durch die nach dem piemontesischen Polemisten des 18. Jahrhunderts benannte Kulturzeitschrift „Il Baretti", die über Gobettis Tod hinaus bis zum Dezember 1928 erschien und zu ihren Mitarbeitern unter anderen Benedetto Croce, Leone Ginzburg (1909–1944), Eugenio Montale, Umberto Saba und Natalino Sapegno (1901–1990) zählte. Gobettis Initiativen als Herausgeber liberaler und weltoffener Zeitschriften („Il Baretti“ veröffentlichte u.a. Essays über James Joyce, Marcel Proust, André Gide und Übersetzungen von Gedichten Rainer Maria Rilkes, Stefan Georges und Paul Valérys) wurden durch ständige Zensurschikanen und wiederholte Beschlagnahmungen systematisch behindert, besonders seitdem Mussolini den Turiner Präfekten am 1. Juni 1924 ausdrücklich angewiesen hatte, Sorge dafür zu tragen, Gobetti, „diesem abgeschmackten Gegner von Regierung und Faschismus“, das Leben zu erschweren.

Gobettis für „La Rivoluzione liberale“ verfaßte Artikel sind Meisterwerke gesellschaftlicher Analyse und unbestechlicher Personenbeschreibung. So spricht er von Gramsci als einem, „dessen Gehirn sich den Körper unterworfen hat“: „Seine Stimme ist schneidend wie seine zersetzende Kritik, seine Ironie wird durch Sarkasmus vergiftet, sein mit Hilfe einer tyrannischen Logik gelebtes Dogma gibt dem Trost des Humors keinen Raum.“

Gramscis und Gobettis Schriften sind zwar keineswegs die einzigen, aber zweifelsohne die bedeutendsten Quellen für die Rekonstruktion der geistigen und politischen Auseinandersetzungen jener für Italien verhängnisvollen Jahre vor der endgültigen Konsolidierung der Diktatur Mussolinis, die durch den „Marsch auf Rom“ (28. 10. 1922), die Ermordung des sozialistischen Abgeordneten Giacomo Matteotti (16. 6. 1924) und das Gegenparlament der antifaschistischen Volksvertreter auf dem Aventin (Juni 1924 – Januar 1925) erschüttert und bestimmt wurden.

Luigi Pirandello und das italienische Theater zwischen den Weltkriegen

Der Sizilianer Luigi Pirandello (1867–1936) wurde als Sohn eines relativ wohlhabenden, in der Schwefelbranche tätigen Vaters geboren, der an Garibaldis legendärem Zug der Tausend teilgenommen hatte. Nach dem Abitur in Palermo immatrikulierte sich Luigi in Rom, setzte dann aber seine Studien in Bonn fort, wo er 1891 mit einer Dissertation über den Dialekt seiner Heimatstadt Agrigent promoviert wurde und im Zusammenhang mit einer sentimentalen Zuneigung die *Elegie renane (Rheinische Elegien)* entstanden, die der Dichter, nach Italien zurückgekehrt, 1895 veröffentlichte. Ein Jahr zuvor hatte er sich mit der Tochter eines Geschäftsfreunds seines Vaters verheiratet und unterrichtete ab 1897 am Magistero, der Pädagogischen Hochschule von Rom, Mädchen in Stilistik. Infolge des finanziellen Ruins seiner Familie und einer unheilbaren psychischen Erkrankung seiner Frau übte er diese ungeliebte Tätigkeit bis 1922 aus.

Mit dem Roman *Il fu Mattia Pascal (Der verstorbene Mattia Pascal)* gelang Pirandello 1904 ein erster literarischer Durchbruch. Der Schriftsteller thematisierte in dem Werk auf eindrucksvolle Weise die für sein gesamtes Schaffen zentrale Identitätsproblematik. Der Protagonist erhält dank eines geradezu märchenhaften Gewinns im Spielcasino von Monto Carlo und der in der Lokalpresse seiner sizilianischen Heimat verbreiteten Nachricht von seinem angeblichen Tod die Möglichkeit, als Adriano Meis ein neues Leben zu beginnen. Anklänge an Chamissos Geschichte von Peter Schlemihl sind offenkundig. Adriano Meis muß jedoch erkennen, daß ein vom Schatten der Vergangenheit losgelöstes Leben ein Ding der Unmöglichkeit ist.

Mit der Abhandlung *L'umorismo* (*Der Humor*, 1908) unternahm Pirandello einen ersten Versuch einer systematischen Darstellung seines weltanschaulichen und literarischen Credos. Für den Sizilianer ist der Humorist derjenige, der durch erbarmungslose Offenlegung der Widersprüche eines jeden Menschen die jeweiligen Lebenslügen entlarvt. Pirandello begab sich damit an die Antipoden des unter Giovanni Giolitti von wirtschaftlicher Wachstumsideologie und politischen Expansionsgelüsten beherrschten Zeitgeists, der den idealen Rahmen für D'Annunzios Übermenschenkult und den rhetorischen Prunk seiner Lyrik und seiner Prosa abgab.

Der Roman *I vecchi e i giovani (Die Alten und die Jungen,* 1909/1913) ist eine kaum weniger entschlossene Absage an die dominierende Fortschrittsgläubigkeit der Zeitgenossen als die Abhandlung über den Humor. Die brutale Niederschlagung der Unruhen, mit denen während der Regierung Francesco Crispis in den frühen neunziger Jahren die in den *fasci siciliani* organisierten Arbeiter der Latifundien und Schwefelbergwerke ihre sozialen Forderungen durchzusetzen versuchten, war für Pirandello ein offenkundiger Beweis dafür, daß der junge Nationalstaat nicht in der Lage war, seine gesellschaftlichen und regionalen Probleme zu bewältigen. In Giovanni Verga, der in seiner herausragenden Bedeutung bis zum Ersten Weltkrieg von den Zeitgenossen noch völlig verkannt wurde, verehrte der Jüngere hingegen „den unliterarischsten unter den Schriftstellern“ und spielte ihn damit gegen die Paradekunst D'Annunzios aus. In dem Roman *Si gira (Man dreht,* 1916; der spätere Titel lautete *Quaderni di Serafino Gubbio operatore, Hefte von Serafino Gubbio, Kameramann*) legte Pirandello dann die Mechanismen der modernen Massenmedien und Kulturindustrie bloß, die den Menschen zu einer bloßen Funktion übergeordneter Apparate erniedrigen.

Der Ruhm Pirandellos (er erhielt 1934 den Nobelpreis für Literatur) wurde nicht so sehr durch seine Romane und die zwischen 1922 und 1937 unter dem Sammeltitel *Novelle per un anno (Novellen für ein Jahr)* in fünfzehn Bänden veröffentlichten Erzählungen gefestigt, als vielmehr durch seine Theaterstücke, bei denen es sich häufig um dramatische Bearbeitungen eigener Novellen handelte. Der Sizilianer Nino Martoglio (1870–1921) nahm die im Dialekt verfaßten Stücke in das Repertoire seines Teatro Mediterraneo auf, und der Schauspieler Angelo Musco sicherte durch seine zugkräftigen Interpretationen den Publikumserfolg.

Mit dem sensationellen internationalen Echo auf das Stück *Sei personaggi in cerca d'autore (Sechs Personen suchen einen Autor)* eröffnete Pirandello in bester Molière- und Goldonitradition die Reihe seiner metatheatralischen Werke über das Verhältnis von Dichter, Interpret, Impresario und Publikum wie über Realität und Fiktion. Das 1921 am Teatro Valle in Rom uraufgeführte Werk wurde 1922 in London, 1923 in Paris und New York und 1924 in Berlin inszeniert und schuf damit eine wesentliche Voraussetzung auch für die weltweite Verbreitung der früheren dramatischen Produktion, deren angemessene Interpretation Pirandello auch als Direktor des von ihm und einer Gruppe von Freunden ins Leben gerufenen Teatro d'Arte überwachte. Das internationale Ansehen Pirandellos wurde durch Welturaufführungen einiger Stücke zwischen Königsberg *(Questa sera si recita a soggetto, Heute abend wird aus dem Stegreif gespielt*, 1930) und Buenos Aires *(Quando si è qualcuno, Wenn man jemand ist*, 1933) und den jeweiligen Landessprachen belegt. Seine späten Werke greifen Themen der sizilianischen Folklore auf und entfernen sich immer mehr von dem bürgerlichen Rahmen, in dem sich isolierte Exzentriker gegen Anpassung und Wohlanständigkeit auflehnen.[67]

Während des Ersten Weltkriegs setzte sich in Italien eine dramatische Produktion durch, deren Vertreter schon bald unter der Bezeichnung *i grotteschi* klassifiziert wurden. Sie griffen Anregungen des avantgardistischen Theaters Frankreichs, der Futuristen und der deutschen Expressionisten auf und suchten durch ihre ikonoklastische Experimentierfreude das veristische Theater zu diskreditieren.

Der von Pirandello geförderte sizilianische Aristokrat Pier Maria Rosso di San Secondo (1887–1956) verzichtete in seinem Stück *Marionette, che passione! (Marionetten, was für eine Leidenschaft*, 1918) auf die bürgerlichen Namen seiner als „Herr in Grau", „Dame mit himmelblauem Fuchs", „Herr in Trauer" eingeführten Personen der Handlung. Die Neuerungen der nationalen und internationalen Avantgarde von Alfred Jarry bis Bert Brecht stellte in den Jahren zwischen den Weltkriegen Anton Giulio Bragaglia (1890–1960) in seinem von ihm 1922 in Rom gegründeten und bis 1931 geleiteten Teatrino sperimentale degli Indipendenti vor, an dem 1927 auch zum ersten und einzigen Mal zu Lebzeiten Italo Svevos eines seiner Theaterstücke aufgeführt worden ist. Es handelte sich dabei um das erste italienische Beispiel eines *teatro stabile*.

Der Sizilianer Giuseppe Antonio Borgese (1882–1952) charakterisierte 1910 in einem Artikel der Turiner Tageszeitung „La Stampa“ die jüngsten Tendenzen der italienischen Lyrik als „Dichtung des traurigen Nichtstuns“ und bezeichnete ihren Grundtenor als *poesia crepuscolare* (Dämmerungspoesie), für deren Entstehung er französischsprachige Vorbilder wie Maurice Maeterlinck und Albert Samain verantwortlich machte. Diese Dichtung, die in Italien mit Guido Gozzano (1883–1916) und Sergio Corazzini (1886–1907), die beide in jungen Jahren an Tuberkulose verstarben, ihre bedeutendsten Vertreter besaß, hatte nichts mit dem Übermenschenkult D'Annunzios und der futuristischen Technikverherrlichung gemein. Gozzano beschwor vielmehr, nicht ohne Ironie, die gute alte Zeit und ihre in schlechtem Geschmack ausgestatteten Interieurs.

Ungleich moderner und zukunftsweisender war das Werk des Toskaners Dino Campana (1885–1932), der seine *Canti orfici (Orphische Gesänge*, 1914) mit dem deutschen Untertitel *Die Tragödie des letzten Germanen in Italien* versah und kurioserweise Kaiser Wilhelm II. widmete. Erst in jüngerer Zeit sind die nachgelassenen Schriften dieses in geistiger Umnachtung verstorbenen Autors veröffentlicht worden, der von der italienischen Kritik wiederholt mit Hölderlin und Nietzsche verglichen wurde.

Umberto Saba

Auf den ersten Blick könnte es scheinen, daß auch die Lyrik des Triestiners Umberto Saba (eigentlich Umberto Poli, 1883–1957), der bereits 1911 und 1912 erste Gedichtbändchen veröffentlichte, mit ihrem alles laute Pathos vermeidenden schlichten Tonfall und dem Bekenntnis zur Welt seiner Herkunft ebenfalls den *crepuscolari* zugeordnet werden könnte. Dagegen spricht aber schon die Tatsache, daß der bereits durch traumatische Kindheitserlebnisse (der katholische Vater verließ die jüdische Mutter kurz nach der Geburt Umbertos, der während der ersten Lebensjahre von einer slowenischen Amme aufgezogen wurde) und später durch die faschistischen Rassengesetze und die Kriegsereignisse in seiner materiellen und physischen Existenz bedrohte Dichter mit einer über Jahrzehnte hinweg nicht erlahmenden Entschlossenheit in seinem *Canzoniere* einen der bedeutendsten Gedichtzyklen der italienischen Sprache schuf. Der Titel *Canzoniere* spielte nicht so sehr auf Petrarca als auf Heines *Buch der Lieder* an, denn Sabas eigenwillige Behandlung der Vers-, Strophen- und Gedichtformen in seinem umfangreichen Zyklus weisen das Werk, gemessen an dem Lyriker des Trecento und der durch ihn begründeten volkssprachlichen Dichtungstradition, eher als Anti-*Canzoniere* aus. Dazu gehört auch der bewußt aus der Umgangs- und Alltagssprache der heimatlichen Umgebung geschöpfte Wortschatz, obgleich Saba, im Gegensatz zu dem Triestiner Virgilio Giotti (eigentlich Virgilio Schönbeck, 1885–1957) und dem in Grado lebenden Biagio Marin (1891–1985), den Schritt zur Dialektdichtung hin nie vollzog.

Der Lyriker publizierte als Inhaber der Libreria Antica e Moderna in Triest 1921 im Eigenverlag die erste Ausgabe seines *Canzoniere*. Sie enthielt bereits die 1910–1912 nach seiner Heirat mit Carolina Wölfler (Lina) entstandene berühmte Sektion *Trieste e una donna (Triest und eine Frau).* Erst die erweiterte Neuauflage des *Canzoniere* beim Turiner Verlag Einaudi 1945–1948 beendete die vom Dichter wiederholt beklagte Vernachlässigung seines Werks durch die Koryphäen der offiziellen Kritik. Saba leistete durch die 1948 veröffentlichte *Storia e cronistoria del Canzoniere (Geschichte und Chronik des Canzoniere)* selbst einen bedeutenden Beitrag zum Verständnis seiner Poesie und der Umstände ihrer Entstehung. Seine aphoristisch prägnante und wissenschaftlich exakte Prosa verdankt erklärtermaßen dem Vorbild von Nietzsche und Freud, die der Triestiner als Meister moralistischer Lebensklugheit und Introspektion verehrte, sehr viel.

Mit dem erst postum veröffentlichten, Fragment gebliebenen

und 1953 während eines Klinikaufenthalts verfaßten Roman *Ernesto* beschwor Saba nicht ohne Humor seine durch eine homosexuelle Erfahrung geprägte Pubertät und, wie bereits in der zwischen 1929 und 1931 entstandenen Gedichtgruppe *Il piccolo Berto (Der kleine Berto)*, die Phantasmen und Ängste seiner Kindheit.[68]

Giuseppe Ungaretti

Giuseppe Ungaretti (1888–1970) ist als Sohn eines 1890 am Suezkanal tödlich verunglückten toskanischen Arbeiters in Alexandrien geboren und wuchs in Ägypten auf, ehe er 1912 nach Paris zog, wo er bald Kontakt zu der literarischen und künstlerischen Avantgarde um Apollinaire und Marinetti aufnahm. Wie die Futuristen war Ungaretti leidenschaftlicher Interventist. Nach dem Kriegseintritt Italiens war er als Infanterist auf dem Karst im Einsatz. In Udine veröffentlichte er 1916 seinen ersten Gedichtband *Il porto sepolto (Der begrabene Hafen)*, dessen Titel auf eine ägyptische Überlieferung von einer unter Wüstensand verschwundenen Stadt anspielt. Nach Kriegsende publizierte der Dichter den Zyklus *Allegria di naufragi (Heiterkeit der Schiffbrüche*, 1919), der dann während seines Paris-Aufenthalts als Botschaftsangestellter und Korrespondent der faschistischen Tageszeitung „Il Popolo d'Italia" 1923 mit dem Titel *Il porto sepolto* und einer Vorrede Mussolinis neu aufgelegt wurde und schließlich 1931 mit *L'allegria* seinen endgültigen Titel fand.

Der frühe Ungaretti griff die von Rimbaud und Mallarmé in die moderne Lyrik eingeführten Neuerungen auf, verzichtete wie bereits Apollinaire in seinem wegweisenden Zyklus *Alcools* (1913) auf die Interpunktion und verstand sein Dichten als kurzes Aufreißen eines abgrundtiefen Schweigens. Beim persönlichen Vortrag seiner Gedichte stieß der von seiner sakralen Mission überzeugte Dichter die einzelnen Silben, Worte und Verse keuchend und triumphierend hervor, indem er durch Atemholen und Pausieren jeder rhythmischsprachlichen Einheit zu unverwechselbarer Einmaligkeit verhalf.

Mit *Sentimento del tempo (Gefühl der Zeit,* 1933) zeichnete sich eine Wende in Ungarettis Lyrikverständnis ab. Hier näherte er sich im Sinn der rondistischen Forderungen der Tradition italienischer Dichtungsformen an, indem er etwa dem *endecasillabo* eine Vorzugsstellung einräumte und sich barocke und manieristische Vorbilder zu eigen machte, wie auch seine Übersetzungen aus fremden Sprachen belegen (Shakespeare, Góngora, Blake, Mallarmé).

Mit der Hinwendung zu überlieferten literarischen Vorbildern ging eine Annäherung an religiöse Fragestellungen einher. Unter dem Eindruck persönlichen und kollektiven Leids (Ungaretti verlor während einer mehrjährigen Gastprofessur in Brasilien einen Bruder und dann einen Sohn, und erlebte nach seiner Rückkehr nach Italien die Besetzung Roms nach der Kapitulation Italiens) entstand der ergreifende Zyklus *Il dolore (Der Schmerz*, 1947). Von seiner erstaunlichen Schaffenskraft und Vitalität zeugen die späten Gedichtsammlungen *La terra promessa (Das gelobte Land*, 1950) und *Il taccuino del vecchio* (*Das Notizbuch des Alten,* 1960), lyrische Meditationen in der Tradition der italienischen Lyrik von Petrarca über Tasso zu Leopardi. Ein Jahr vor seinem Tod erschien Ungarettis gesammeltes dichterisches Werk unter dem Titel *Vita d'un uomo (Leben eines Menschen)*, hatte er doch bereits in der Einführung zu *L'allegria* versichert, er besitze keinen anderen Ehrgeiz als den, eine schöne Biographie zu hinterlassen.[69]

Eugenio Montale

Eugenio Montale (1896–1981) gab seiner Rede beim Empfang des Nobelpreises für Literatur am 12. Dezember 1975 in Stockholm den Titel: „Ist Dichtung noch möglich?" Bereits die Frageform signalisierte, wie distanziert dieser Lyriker, der nie das Sendungsbewußtsein eines *poeta vates* für sich beanspruchte, sein Werk in einer Zeit beurteilte, die dahin tendierte, auch geistige Erzeugnisse nach ihrer Konsumierbarkeit durch die modernen Medien zu beurteilen. Mit zunehmendem Ingrimm hat Montale seit Kriegsende die Zerstörung überlieferter Werte kommentiert, ohne daß er deshalb je bei politischen oder religiösen Versprechungen und Botschaften seine Zuflucht gesucht hätte.

Montale ist 1896 als Sohn vermögender Eltern in Genua geboren und verbrachte seine frühen Jahre zwischen der ligurischen Hafenstadt und einer Ferienresidenz der Familie in Monterosso (Cinque terre). Ein Gesangsstudium bildete eine wesentliche Voraussetzung für seine ab 1948 für den Mailänder „Corriere della sera" ausgeübte Tätigkeit als Musikkritiker. Im Todesjahr des Dichters erschien unter dem Titel *Prime alla Scala (Uraufführungen an der Scala)* eine Auswahl seiner Rezensionen.

Während sich Italien zusehends auch kulturell isolierte, unterzeichnete Montale 1925 das von Croce verfaßte *Manifest antifaschistischer Intellektueller* und im gleichen Jahr veröffentlichte Piero Gobetti in seinem Verlag mit *Ossi di seppia (Knochen des Tintenfischs)* den ersten Gedichtband des Lyrikers. Montale erteilte in seinem Zyklus eine klare Absage an jene preisgekrönten Poeten in der Art D'Annunzios, „die sich bloß unter den Gewächsen mit seltenen Namen bewegen". Ihm ging es nicht darum, die mediterrane Landschaft seiner Kindheit mit den Augen der Klassizisten epigonal zu evozieren, sondern ihre kargen, von der Sonne ausgetrockneten und vom Meersalz zerfressenen Komponenten hervorzuheben.

Montales Aufgeschlossenheit für literarische Neuerungen abseits von den durch die offizielle Kritik ermunterten Tendenzen zeigte sich in seinem Interesse für Svevo und Saba und in seinen Übersetzungen von Texten Ezra Pounds und T. S. Eliots, der seinerseits bereits 1928 in seiner Zeitschrift „Criterion" ein Gedicht des Italieners veröffentlichte. Ab 1929 leitete Montale das 1812 von Giovan Pietro Vieusseux in Florenz gegründete Gabinetto scientifico e letterario. Da er sich weigerte, der faschistischen Partei beizutreten, mußte er die Stellung 1938 räumen. Bei Einaudi in Turin erschien 1939 der zweite Gedichtband des Lyrikers *Le occasioni (Die Gelegenheiten).*

Nicht die mythischen Orte der ligurischen Kindheit, sondern konkrete Anlässe und Begegnungen, besonders mit Frauen, stehen hier im Mittelpunkt, wobei gelegentlich im Hintergrund noch die *donna-angelo* des *dolce stil nuovo* aufscheint, wenn sich der Lyriker auch jegliche irrationale Überhöhung im religiösen Sinn versagt.

Während des Krieges veröffentlichte einer von Montales frühesten und aufmerksamsten Interpreten, Gianfranco Contini, in der Schweiz den Zyklus *Finisterre*, der dann den Auftakt zu dem dritten Gedichtband des Lyrikers *La bufera e altro (Der Sturm und anderes*, 1956) bildete. Der Titel spielt auf die Kriegsereignisse an, setzt aber auch die Tradition der von Dante und Petrarca eröffneten Verherrlichung der engelgleichen Frau fort, etwa der als Volpe apostrophierten Adressatin, während die 25 ebenfalls 1956 veröffentlichten Prosatexte der Sammlung *La farfalla di Dinard (Der Schmetterling von Dinard*, erweiterte Ausgabe 1960) das Thema der *donna angelicata* bereits im Titel skeptisch und ironisch umspielen.

Entschieden distanzierte sich Montale in den späten Sammlungen *Satura* (1971) und *Diario del '71 e del '72 (Tagebuch von 1971 und 1972*, 1973) und dem *Quaderno di quattro anni (Vierjahresheft*, 1977) von den Forderungen der Protestbewegung. Er ließ sich, auf seinem konservativen Standpunkt unerschütterlich beharrend, von den Parolen und Schlagwörtern der Demonstranten nicht beeindrucken und wies mit zunehmendem Mißmut auf den allgemeinen Zerfall der Werte und die Zerstörung der Natur hin: das Strandgut der frühen Gedichte war im Lauf seines Lebens zunehmend zur Müllhalde verkommen, wie der Dichter immer illusionsloser feststellte.[70]

Hermetismus und Posthermetismus

Francesco Flora (1881–1962), ein Kritiker strenger Croce-Observanz, war es, der 1936 in seinem Buch *La poesia ermetica*

(Die hermetische Poesie) die Mallarmé, Valéry und dem Ideal einer *poésie pure* nacheifernde zeitgenössische italienische Lyrik in durchaus polemischer Absicht des *ermetismo* bezichtigte, der sich selbstherrlich von der dem Durchschnittsleser zugänglichen Sprache absondere. Nahezu die gesamte neue italienische Dichtung durfte sich gemaßregelt fühlen und betrachtete daher den Tadel eher als Auszeichnung. Die Abschottung von der Tagespolitik und der Sprache politischer Propaganda erlaubte den Hermetikern eine Art innere Emigration, die ihnen dann allerdings nach dem Sturz des Faschismus als Flucht vor eindeutigem Engagement vorgehalten wurde.

Der Romanist Carlo Bo (geb. 1911) veröffentlichte 1938 in der in Florenz erscheinenden Zeitschrift „Il Frontespizio" seinen aufsehenerregenden Aufsatz *Letteratura come vita (Literatur als Leben)*, der sich gegen die von der Realität abgehobene Ästhetisierung der persönlichen Existenz wandte, wie sie von D'Annunzio und seinen Adepten gefordert wurde. Bo hat dann drei Jahrzehnte später für den IX. Band der von Emilio Cecchi und Natalino Sapegno herausgegebenen *Storia della letteratura italiana* aus hinreichender zeitlicher Distanz heraus den Hermetismus und seine wichtigsten Exponenten rückblickend charakterisiert. Laut Bo ist der Terminus „hermetisch" nicht sofort im Anschluß an die Veröffentlichung der frühen Gedichte Ungarettis und Montales, sondern erst zu Beginn der dreißiger Jahre in Umlauf gesetzt worden. Nach seiner Darstellung haben sich die mit dem Appellativ abgestempelten Dichter, im Gegensatz zu den Futuristen, nie als Hermetiker selbst inszeniert. Die vielfältige Übersetzertätigkeit der Hermetiker, Leone Traversos (1910–1968) aus dem Deutschen, Oreste Macrís (geb. 1913) aus dem Spanischen, Mario Luzis aus dem Französischen und Englischen, um nur einige Beispiele zu nennen, war außerdem eine implizite Absage an die grassierende nationalistische Borniertheit der Faschisten.

Eindeutiges Zentrum hermetischer Dichtung war Florenz, wo neben der Zeitschrift „Il Frontespizio" (1929–1940) auch „Campo di Marte" (1938–1939) und „Letteratura" (1937–1947) erschienen. Es gab nur wenige italienische Lyriker und Kritiker der dreißiger Jahre, die nicht in irgendeiner Form Kontakt zu der toskanischen Hauptstadt unterhielten. Dies gilt auch für Salvatore Quasimodo (1901–1968), der sich, einer Einladung seines sizilianischen Landsmanns und Schwagers Elio Vittorini nachkommend, 1929 in Florenz niederließ. Seine großgriechische Herkunft unterstrich Quasimodo bereits durch Übersetzungen antiker Texte und die Nachahmung klassischer Metren. Er erreichte wegen des musikalischen Zaubers seiner ersten Gedichtsammlungen *Acque e terre (Gewässer und Länder*, 1930), *Oboe sommerso (Versunkene Oboe*, 1932) und der von ihm übertragenen *Lirici greci (Griechische Lyriker*, 1940) schon relativ früh größere Leserschichten. Als „hellenisch" (im landläufigen Sinn) ist in Quasimodos Schöpfungen die Fülle des Lichts gedeutet worden, „die positiv, nicht zerstörerisch wirkt wie bei Montale". Herausgehoben wurden „seine besondere Anmut und Geschmeidigkeit der Form, die Körperfreude, die reigentanzenden Knaben und Mädchen [...], Restbestände der sizilianischen Folklore und die Präsenz der Antike".[71] Als Quasimodo 1959 den Nobelpreis für Literatur erhielt, wurde er vorübergehend auch international nicht nur von professionellen Literaturexperten beachtet. Seine ausdrückliche Auseinandersetzung mit den Kriegsereignissen und die provokative Hinwendung zu „linken" Positionen trug bei dem Italiener wie auch bei dem von ihm übersetzten Chilenen Pablo Neruda in den fünfziger Jahren zu weltweitem Echo auf sein Werk bei. In Gedichtsammlungen wie *La vita non è sogno (Das Leben ist kein Traum*, 1949) machte sich der Sizilianer, nicht immer zum Vorteil für die Qualität seiner Verse, zum Sprachrohr für die politischen Forderungen der Stunde.[72]

Mario Luzi

Aus heutiger und inzwischen auch internationaler Perspektive erscheint unter den Florentiner Hermetikern der späten dreißiger Jahre der im tosko-umbrischen Hinterland der Stadt beheimatete Mario Luzi (geb. 1914), der bereits 1935 seinen ersten Gedichtband *La barca (Das Boot)* veröffentliche, als das repräsentativste lyrische Talent.

Der inzwischen Achtzigjährige machte sich noch unlängst anläßlich eines Interviews über die insbesondere von den Amerikanern strapazierte Etikettierung *ermetismo* lustig: „Vielleicht verführt sie (die Amerikaner) die gedankliche und sprachliche Konzentration meiner Gedichte dazu. Eben mein Bemühen auf kleinstem Raum die Welt zu benennen."[73]

Pasolini hatte Luzis Gedichtsammlung *Onore del vero (Ehre des Wahren*, 1957) in einer 1960 in seine Artikelsammlung *Passione e ideologia (Leidenschaft und Ideologie*, 1960) aufgenommenen Besprechung zwar als eine der schönsten der Nachkriegsjahre bezeichnet, dann aber doch bedauert, daß es diesen von düsterer Naturstimmung und zerlumpten Menschen beherrschten Versen an Licht und Sensibilität für das menschliche Leben und die Geschichte fehle. Im Lauf seiner späteren Entwicklung hat sich Luzi jedoch zusehends zugunsten einer ethisch bestimmten Haltung von dem Ästhetizismus seiner Anfänge abgewandt, wie unübersehbar die Gedichtsammlung *Nel magma (Im Magma*, 1963) zeigt. Hier öffnet sich das lyrische Ich auch dem Dialog mit den Mitmenschen. Es schreckt nicht mehr davor zurück, ihnen auf bohrende Fragen Rede und Antwort zu stehen.

Vittorio Sereni

Die ersten Gedichte des in Luino am Lago Maggiore als Sohn eines Zollbeamten geborenen Vittorio Sereni (1913–1983) erschienen zwar im Florentiner „Frontespizio", aber schon bald gründete der seit 1925 in Mailand lebende junge Intellektuelle mit einigen Freunden in der lombardischen Hauptstadt eine eigene Zeitschrift, „Corrente di Vita Giovanile", deren Verlag 1941 seinen schmalen Gedichtband *Frontiera (Grenze)* veröffentlichte. Der Titel verwies über die von den Hermetikern in ihren Werken eingebrachten symbolischen Anspielungen auf die menschliche Grenzsituation hinaus auf die konkrete Realität von Serenis Geburtsort und auf die nationalistische Abschottung Italiens gegenüber dem Ausland. Nur die fahrenden Züge reißen die konturlosen, nebelverhangenen lombardischen Landschaften der Gedichtsammlung auf, ehe der Leutnant der Reserve Sereni nach dem Kriegseintritt Italiens zu unbekannten Zielen entführt wird und nach Stationen in Griechenland und auf Sizilien in alliierte Kriegsgefangenschaften gerät, die der Dichter in seinem zweiten Gedichtband *Diario d'Algeria (Algerisches Tagebuch*, 1947) thematisierte. Bereits *Frontiera* war von der Kritik wegen seiner kargen, auf einschmeichelnden Wohlklang verzichtenden Verse gerühmt worden. Jetzt, in der Gefangenschaft, verstärkte sich diese sprachliche Nüchternheit: „Dies ist jetzt die Musik: Zeltplanen, die gegen die Stangen schlagen. / Es ist keine Engelsmusik, es ist / meine einzige Musik, und diese reicht mir." Geradezu unwirsch wird hier jeder irrationale Trost abgelehnt. Noch deutlicher als in *Frontiera* gab sich hier Sereni als Repräsentant und Nachfahre jener lombardischen Tradition zu erkennen, die in der italienischen Literatur für sachliche Objektivität und diesseitigen Moralismus steht. Sie kamen dem Heimkehrer Sereni sehr zustatten, als er in den folgenden Jahrzehnten in der Werbeabteilung der Reifenfabrik Pirelli (der Wolkenkratzer der Firma beim Hauptbahnhof Mailands ist ein augenfälliges Zeichen des damaligen italienischen Wirtschaftsbooms) und dann als belletristischer Cheflektor Mondadoris, des größten italienischen Buch- und Zeitschriftenverlags, arbeitete.

Der Titel von Serenis dritter Gedichtsammlung *Gli strumenti umani (Menschliches Gerät*, 1965) griff die auf den Alltag bezogenen Bilder der vorausgegangenen Publikationen aufs neue auf, nicht ohne einen Anflug pathetischer Beschwörung, da sich das apostrophierte Instrumentarium inzwischen weitgehend direktem menschlichen Zugriff entzogen hatte und der Dichter sogar im eigenen Haus sich als „verloren zwischen den Dingen“ erlebt. Nur durch eine bewußt und frei gewählte „Entdeckung des Hasses“, die ihn wenigstens von allem, was ihn zu vereinnahmen droht, losreißt und distanziert, findet er wieder zu sich selbst. In diesen Zusammenhang gehört auch die Prosasatire *L'opzione (Die Option*, 1964) über die Vermarktung intellektueller Ware und die Börsenhysterie auf der Frankfurter Buchmesse.[74]

Franco Fortini

Franco Fortini (eigtl. Franco Lattes, 1917–1994) hat in exemplarischer Weise und mit unermüdlichem Engagement an den intellektuellen Auseinandersetzungen seit 1945 teilgenommen. Die Anlässe seiner Stellungnahmen mögen längst vergessen sein, unvergessen aber ist die Unbestechlichkeit dieses Brecht-Übersetzers und Kommentators deutschsprachiger Marxisten von Lukács bis Benjamin.

Für Fortini, der seit 1946 mehrfach gesammelte Lyrik veröffentlichte und dessen Anfänge bis zum Florentiner Hermetismus zurückreichen, war Dichtung nicht weniger als sein militantes kritisches Werk, angesichts der unverwirklicht gebliebenen Gesellschaftsmodelle der Nachkriegszeit eine letzte Möglichkeit, die unverzichtbaren Erwartungen seiner Generation einzufordern.

Hans Magnus Enzensberger hat 1963 eine zweisprachige Ausgabe von Fortini-Gedichten veröffentlicht, aber auch gleich vermutet, es werde in Deutschland wohl kaum jemand geben, der dem Dialog des italienischen Denkens, wie es Fortini vertrat, zu folgen vermöchte, „einem Dialog, der sämtliche politischen und gesellschaftlichen Positionen, auch die extremsten, einschließt, und der gerade auf dem linken Flügel alle denkbaren Alternativen kritisch durchdenkt und analysiert: Alternativen, die bei uns seit fünfzehn Jahren systematisch verdrängt werden“.

Fortini war zusammen mit dem Germanisten Cesare Cases (geb. 1920) ein nie erlahmender Vorkämpfer eines kritischen Marxismus. Er hat in seinen zahllosen Artikeln und Diskussionsbeiträgen mit geradezu kalvinistischer Unerbittlichkeit die ideologischen Positionen seiner Freunde und Gesinnungsgenossen ständig nach ihrer Konsistenz befragt und Gedichtformen in die neuere italienische Literatur eingebracht, die einerseits mit beachtlichen Ergebnissen dem Beispiel von Brechts Parabeln und Epigrammen folgen, andererseits die im Gedicht formulierte Aussage bewußt im Zustand des Fragments belassen, um das Provisorische der Aussage zu unterstreichen.

Andrea Zanzotto

Unter den italienischen, inzwischen aber auch unter den internationalen Literaturkritikern und Literarhistorikern besteht kaum noch ein Zweifel, daß der bedeutendste lebende Lyriker Italiens der 1921 in Pieve di Soligo (Treviso) geborene Andrea Zanzotto ist.[75]

Zanzotto studierte während des Zweiten Weltkriegs an der Universität Padua, nahm dann als Mitglied der linksliberalen Bewegung Giustizia e libertà an der Resistenza teil und verdiente sich in den folgenden Jahrzehnten seinen Lebensunterhalt als Mittelschullehrer.

Erste Gedichte entstanden in den späten dreißiger Jahren, erst die Juroren des Premio San Babila, Ungaretti, Montale, Quasimodo, ermöglichten jedoch die Veröffentlichung von Zanzottos erstem Zyklus *Dietro il paesaggio (Hinter der Landschaft*, 1951). Die Landschaft seiner Heimat, nicht weit von den Dolomiten, ist eine Konstante in Zanzottos privater Existenz und in seiner Dichtung. Hier sind auch die zum Teil noch während des Kriegs entstandenen und zuvor verstreut veröffentlichten Erzählungen und Tagebuchaufzeichnungen lokalisiert, die 1964 unter dem Titel *Sull'altopiano (Auf der Hochebene)* erschienen. Erzählungen wie *1944: Faier* können eindrucksvoll den Abstand zur Generation der Hermetiker verdeutlichen („1944:

FAIER. Er wollte, daß man es so schreibe, der alte Bauer, auf die Fassade des nach dem Krieg wieder aufgebauten Hauses; daß der Schrei, wie er aus der Kehle des Brandstifters gekommen war, festgehalten werden sollte: Faier, an jenem Tag, als die Flammen die benachbarten Häuser bereits einhüllten und die Frauen mit Fußtritten aus dem Haus getrieben wurden").

Franco Fortini hat 1960 anläßlich einer kritischen Sichtung der jüngsten italienischen Lyrik das veränderte Zeitbewußtsein der Nachkriegsgeneration als das entscheidend Neue herausgestellt: „Für den Dichter der dreißiger Jahre war die Zeit chronologisch oder metaphysisch, in chronologischer Hinsicht handelte es sich um die der eigenen Kindheit oder Jugend (die Vergangenheit) oder der Reife und des Alters (die Zukunft). Jenseits der eigenen Lebensgrenzen war sie familiäre Bindung in auf- oder absteigender Linie, in metaphysischer Hinsicht war sie ‚Gefühl der Zeit', das heißt des Ewigen innerhalb der Kontingenz. Die Geschichte war Geschichte der Seele, das heißt Un-Geschichte, der Sitz von punktförmigen oder unermeßlichen Ereignissen [...] In der neuesten Dichtung tendieren Vergangenheit, Gegenwart und Zukunft hingegen dahin, sich auf kollektive Ereignisse zu beziehen, um sie ist die Biographie angeordnet".[76]

Mögen Zanzottos frühe Gedichte noch den Eindruck erwekken, sie seien der Nachfolge Hölderlins, Leopardis, Rilkes und Eliots verpflichtet (die Zahl der Namen ließe sich erweitern und müßte durch die Heideggers und Husserls ergänzt werden) und seien als Schutzwall gegen eine von Zerstörung bedrohte Umwelt errichtet worden, so geht diese Illusion spätestens mit *IX Egloghe (IX Eklogen*, 1962) verloren. Bereits in dem einleitenden Gedicht *Un libro di Egloghe (Ein Eklogenbuch)* wird die Sprache dieser Verse als „tanta menzogna", „soviel Lüge", diskreditiert.

Nach den für Federico Fellinis Casanova-Film verfaßten Dialektgedichten *Filò* (1976) erschien, von Gianfranco Contini eingeleitet, *Il Galateo in bosco (Galateo im Wald*, 1978), ein Höhepunkt im Schaffen Zanzottos, der mit den darauffolgenden Zyklen *Fosfeni* (1983) und *Idioma* (1986) zu einer Trilogie erweitert wurde. Zanzotto hat selbst in einer Anmerkung zu *Il Galateo in bosco* erläutert, daß es sich bei dem Wald seines Gedichtzyklus um den Hügel des Montello handelt, wo Giovanni della Casa 1558 sein Anstandsbuch verfaßte, aber auch um den Ort, wo die mörderischen Schlachten stattfanden, die 1918 zum italienischen Sieg über Österreich–Ungarn führten: „Es bleibt die Aufforderung, ihre düstere Nutzlosigkeit einzusehen und sie zugleich bis in die Tiefe zu durchleiden und in solchem Beteiligtsein noch einmal zu begreifen, ‚auf daß sie in Zukunft verhindert werden können'. [...] Zehntausende von Toten alleine auf dem Montello und seiner Umgebung! Diese Tragödie ist dem Boden und den Menschen eingeprägt [...]".

Es ist gut, sich diese Äußerung in Erinnerung zu rufen, wenn der zunehmend spielerische Umgang des Dichters mit dem Sprachmaterial in den letzten Zyklen den Eindruck erwecken sollte, seine Lyrik finde darin ihr Genügen. Auch die Gedichte in der Kinder- und Ammensprache, dem *petèl* seiner Heimat, sind mehr als Wortgeklingel und bloße Reimerei: Sie sind ein Gang zu den Müttern, zum Urgrund menschlicher Existenz und sprachlicher Artikulation.

Daß Dichten Konvention ist, das signalisierte bereits der befremdliche Titel des 1968 erschienenen Zyklus *La beltà* anstelle des geläufigen *La bellezza (Die Schönheit)*. Der Leser war damit vorgewarnt, daß ihm kein traditionalistisch-klassiszistisches Schönheitserlebnis vergönnt sein werde. Montale unterstrich die Veröffentlichung des Gedichtbands im „Corriere della sera" (1.6.1968) als literarisches Ereignis: „(Zanzottos) Dichtung ist eine höchst gelehrte und zugleich ein wahrer Kopfsprung in jenen Vor-Ausdrucksbereich, der dem artikulierten Wort vorausgeht und sich mit Litaneien von Synonymen zufriedengibt, die sich nur dank lautlicher Affinitäten zusammenschließen, die nicht mehr sind als ein Stammeln und Lallen, in Ausrufen und vor allem in Wiederholungsmustern". Mit den *IX Egloghe* endet die Phase von Zanzottos früher Dichtung (neben *Dietro il paesaggio* vor allem *Vocativo, Vokativ*, 1957), in der die Naturidylle zwar allgegenwärtig, aber unmöglich ist: „Die Natur wird zum Museum und erstarrt zu einer Kräuter-, Pflanzen- und Steinsammlung. Das Auge entdeckt hinter der Landschaft das geologische Gerüst, ein Skelett aus Steinen, entdeckt die tellurische Bedrohung.“[77]

Giovanni Giudici

Wie Franco Fortini war Giovanni Giudici (geb. 1924) jahrelang für die Schreibmaschinen- und spätere Computerfirma Olivetti in Ivrea tätig. Adriano Olivetti (1901–1960), Sohn eines erfolgreichen piemontesischen Unternehmers, wirkte durch zahlreiche Initiativen dahin, dem Betrieb den häßlichen Anstrich eines ausschließlich nach rein wirtschaftlichen Überlegungen arbeitenden Unternehmens zu nehmen. Um diesem Ziel möglichst nahezukommen, stellte er einen Mitarbeiterstab hochqualifizierter Intellektueller an, die im Auftrag der Werksleitung die mit verschiedenen Unterbrechungen bis heute bestehende Zeitschrift „Comunità“ redigierten und die Edizioni di Comunità betreuten, die beide einen viel beachteten Beitrag zu den kulturellen, politischen und wirtschaftlichen Debatten in den Nachkriegsjahrzehnten leisteten.

Die Lyrik von Giovanni Giudici (sein erster Gedichtband erschien 1953) entstand vor dem Hintergrund seiner Tätigkeit bei Olivetti. Im Gegensatz zu Zanzotto spielen die Hermetiker für den nur um zwei Jahre jüngeren Giudici keine Rolle mehr. Das lyrische Ich ist nicht mehr auf der Suche nach einem unerreichbaren Absolutum, sondern paßt sich durch permanenten Rollentausch oder durch chamäleontische Verwandlung wendig den jeweiligen Verhältnissen an. Der Ich-Entwurf der romantischen Autobiographie wird bei Giudici bewußt abgeflacht zur *Autobiologia*, wie ein 1969 veröffentlichter Gedichtzyklus betitelt ist. Der den Zyklus abschließende Zweizeiler ist *La Storia (Die Geschichte)* überschrieben und verkündet im Schatten der Ereignisse von 1968 (Paris und Prag) eine von Resignation geprägte Botschaft: „Geschichte dauert die Lebenszeit eines Menschen –. es stimmt nicht / daß sie Jahrtausende dauert.“

Die Weigerung, im Interesse übergeordneter anonymer Instanzen die eigene Existenz vorzeitig abzubrechen, ist das Thema des Gedichts *Descrizione della mia morte (Beschreibung meines Todes)* aus dem Zyklus *O Beatrice* (1972), in dem sich das erinnernde Ich der aus nicht näher erläuterten Gründen verordneten bürokratischen Maßnahme entzieht, sein Leben mit Hilfe entsprechender Apparaturen schnell und schmerzlos beendigen zu lassen: „Die Sonne strahlte, ich wollte den Tod erleben. / Das Leben ersterben, war nicht natürlich."

Giudici, Übersetzer aus verschiedenen Sprachen, veröffentlichte 1986 seinen auf *trobar clus* (Rätselrede der provenzalischen Lyriken) und Minnesang verweisenden Zyklus *Salutz*, der die strenge Zahlensymbolik mittelalterlicher Architektur und Literatur besitzt: sieben Abteilungen zu zehn Gedichten mit jeweils vierzehn Versen und das zweistrophige abschließende Gedicht *Lais* mit insgesamt zwanzig Versen ergeben genau tausend Zeilen.

Salutz ist von zahlreichen Kritikern nicht nur als Neuansatz in der lyrischen Entwicklung des sechzigjährigen Giudici, sondern als zukunftweisender Wendepunkt der italienischen Dichtung der Gegenwart gedeutet und gerühmt worden.

Neorealismo

Der Neorealismus entstand während der dreißiger Jahre und des Zweiten Weltkriegs als politisch-moralische Erneuerungsbewegung der antifaschistischen Kräfte und unter dem Eindruck der verheerenden Folgen, die sich aus der „Achse" Rom–Berlin für Italien entwickelt hatten. Filme wie Roberto Rossellinis *Roma, città aperta (Rom, offene Stadt*, 1945) und Vittorio De Sicas *Ladri di biciclette (Fahrraddiebe*, 1948) sowie Carlo Levis (1902–1975) Bericht über seine von den faschistischen Behörden verfügte Verbannung nach Lukanien *Cristo si è fermato a Eboli (Christus kam nur bis Eboli*, 1945) leiteten die Auseinandersetzung mit einer bislang propagandistisch verfälschten Realität ein und vermittelten dem Ausland ein Bild der Apenninenhalbinsel, das nichts mehr mit den Kunstreisen des internationalen Bildungsbürgertums zu tun hatte: Resistenza, soziales Elend und die nie wirklich gelungene, von den Vätern des Risorgimento erträumte Einigung des Nationalstaats mit seinen gesellschaftlichen Spannungen zwischen der Stagnation im Süden und der industriellen Revolution im Norden wurden in *Cristo si è fermato a Eboli* und einer Reihe anderer Werke mit einem infolge der erlittenen Erfahrungen geschärften Problembewußtsein zur Diskussion gestellt.[78]

Elio Vittorini

Am 29. September 1945 erschien die erste Nummer des „Politecnico“, der von Elio Vittorini (1908–1966) unter redaktioneller Mitarbeit verschiedener Linksintellektueller in Mailand herausgegebenen und von Giulio Einaudi in Turin verlegerisch betreuten „Wochenzeitung für Kultur der Gegenwart“. Mit ihr wurde ein Diskussionsforum geschaffen, das in der Nachfolge von Carlo Cattaneos gleichnamiger Zeitschrift eine Reihe von Voraussetzungen erfüllte, um die geforderte Erneuerung des kulturellen Klimas durchzusetzen: Der Dialog mit Andersdenkenden wurde nicht verschmäht, Layout und unkonventionelle typographische Aufmachung unter Einschluß von Comics trugen dafür Sorge, daß die Zeitschrift nicht den Eindruck eines grauen Parteiorgans oder eines lediglich für Intellektuelle bestimmten Periodikums erweckte. Aber bereits ab 1. Mai 1946 wurde die Zeitschrift nur noch als „Mensile di cultura contemporanea“ veröffentlicht und das offene Konzept des „Settimanale“ von Togliatti und seiner damals noch rigoros moskauhörigen kommunistischen Partei diskreditiert. Vittorini und seinen Mitarbeitern wurde vorgehalten, sie trieben Kultur um ihrer selbst willen, und Ende 1947 mußte die inzwischen zur „Rivista di cultura contemporanea“ reduzierte Zeitschrift ihr Erscheinen definitiv einstellen. Der Kalte Krieg mit seiner Polarisierung der öffentlichen Meinung hatte auch Italien erreicht, das 1946 nach einer Volksabstimmung aus einer Monarchie zur Republik geworden war. Bei den Parlamentswahlen von 1948 erhielt die Democrazia cristiana die absolute Mehrheit. De Gasperi wurde Ministerpräsident. Vittorini verließ 1951 nach wiederholten Querelen mit Togliatti die kommunistische Partei. Jene Intellektuellen, die sich lediglich ihrem Gewissen gegenüber verantwortlich fühlten und sich nicht von übergeordneten politischen Institutionen und Parteien gängeln ließen, gerieten zunehmend in die Isolierung.[79]

Vittorinis Lebenslauf hat paradigmatischen Charakter. Er ist als Sohn eines Eisenbahners in Sizilien geboren und hat sich vorwiegend autodidaktisch gebildet. Mit der Unruhe eines Tramps begann er ab sechzehn einen Stationenweg durch die Halbinsel, ehe er sich 1930 für längere Zeit in Florenz niederließ, wo ein Jahr danach seine unter dem Eindruck zeitgenössischer amerikanischer Literatur verfaßten frühen Erzählungen *Piccola borghesia (Kleinbürgertum)* und 1933–1936 in Fortsetzungen in der Zeitschrift „Solaria" sein erster Roman *Il garofano rosso (Die rote Nelke)* erschien, was seinen Ausschluß aus der faschistischen Partei zur Folge hatte, die den aufmüpfigen Intellektuellen, der sich inzwischen unter dem Eindruck des Spanischen Bürgerkriegs kommunistischen Positionen angenähert hatte, fortan nicht mehr aus den Augen ließ. Ende 1937 begann Vittorini mit der Niederschrift seines bedeutendsten erzählerischen Werks *Conversazione in Sicilia (Gespräch in Sizilien)*, das 1938/39 in der Zeitschrift „Letteratura" und dann 1941 unter dem Titel *Nome e lagrime (Namen und Tränen)* als Buch erschien. Der Roman erzählt in erster Person die Reise eines in seinen „astratti furori" (abstrakten Rasereien) gefangenen, im Norden Italiens lebenden Sizilianers zu seiner Mutter auf die Heimatinsel und in die ländliche Umgebung seiner Kindheit. Dies vor dem Hintergrund eines durch Diktatur und Krieg geschändeten „mondo offeso", einer „beleidigten Welt".

Vittorini hat neben *Conversazione in Sicilia* kaum andere erzählerische Werke hinterlassen, welche die Zeit überdauert haben. Er selbst hat durch spätere Neubearbeitung, wie etwa im Fall seines Romans *Le donne di Messina (Die Frauen von Mes-*

sina, 1948/1964), zuallererst sein Ungenügen daran zum Ausdruck gebracht. Es ist einer von Vittorinis Ruhmestiteln, daß er sich immer auf dem Weg befand, nie festlegte und hierin seine eigentliche Bestimmung erkannte.[80]

Cesare Pavese

Wie bei Elio Vittorini reichen die literarischen Anfänge von Cesare Pavese (1908–1950) bis in die frühen dreißiger Jahre zurück. Wie jener, der 1941 seine bedeutende, zunächst von der faschistischen Zensur beschlagnahmte Anthologie *Americana. Raccolta di narratori* veröffentlicht hatte, trug dieser, der in Turin mit einer Dissertation über Walt Whitman promovierte, entscheidend dazu bei, durch Übersetzungen aus dem Amerikanischen (Herman Melville, Sherwood Anderson) das kulturelle Klima des *ventennio nero* zu entprovinzialisieren. Wie Vittorini bezog auch Pavese eine antifaschistische Position, die ihm 1935/36 eine mehrere Monate währende „Verbannung" nach Kalabrien eintrug und ihn später bewog, der kommunistischen Partei beizutreten. Diese Parallelen dürfen jedoch nicht dazu verleiten, den Vergleich zwischen diesen beiden im Prinzip grundverschiedenen Charakteren zu strapazieren. Während Vittorini in seinem *Diario in pubblico (Offenes Tagebuch*, 1957/1970) sich im wesentlichen darauf beschränkte, die entscheidenden Etappen seines intellektuellen und politischen Wegs durch bereits veröffentlichte Ausschnitte aus Essays und Artikeln zu dokumentieren und aus dem Rückblick zu kommentieren, löste das nach dem Suizid Paveses publizierte Tagebuch *Il mestiere di vivere (Das Handwerk des Lebens*, 1952) vor allem bei seinen kommunistischen Gesinnungsgenossen Befremden aus. Pavese verschwieg in dekadentistischer Selbstentblößung auch persönliches Versagen nicht und hielt auch nicht mit ungehaltenen Unmutsäußerungen gegenüber all jenen hinter dem Berg, die ihn lieber als Widerstandskämpfer ohne Selbstzweifel gesehen hätten.

Als Pavese 1936 im Verlag der Florentiner Zeitschrift „Solaria“ den Gedichtband *Lavorare stanca (Arbeiten macht müde)* veröffentlichte, blieb dieser nahezu unbeachtet. Zu befremdlich waren diese amerikanischen Vorbildern nachempfundenen Langverse, die nicht wie die Hermetiker den einmaligen und unverwechselbaren ekstatischen Augenblick zelebrierten, sondern weitausholend und in rhythmisch kadenziertem Slang Momentaufnahmen aus dem Leben von Bauern, aber auch von Dirnen und Mitgliedern anderer gesellschaftlicher Randgruppen festhielten. Die existentielle Einsamkeit des *uomo solo* in den Monaten der Verbannung, die von den Behörden verfügte Isolation vermochte Pavese, ganz im Gegensatz zu Carlo Levi, nicht aufzubrechen.

Erfolgreicher als *Lavorare stanca* war Paveses erster Roman *Paesi tuoi (Heimat*, 1941), der aus der Perspektive des mit dem jungen Bauerntölpel Talino aus dem Knast entlassenen Mechanikers Berto eine inzestuöse Bluttat berichtet. Er steht in der Tradition von D'Annunzios Fin-de-siècle-Ästhetizismus, bedient sich aber auch der realistischen Direktheit amerikanischer Gangsterfilme und -romane.

Nahezu das gesamte erzählerische Werk Paveses ist auf schicksalhaften unausweichlichen Oppositionen aufgebaut: archaische Bauernkultur – mechanisierte Industriegesellschaft, Land – Stadt, Einst – Jetzt. In dem Band *Feria d'agosto (Sommerferien*, 1946) sammelte er die unter dem Eindruck der Lektüre von Frazer, Thomas Mann, Kérenyi, Guardini verfaßten Erzählungen und Aufsätze zu den Themen sakrale Zeit – historische Zeit und ihren Konsequenzen für die Strukturierung seines narrativen Werks, das häufig durch einen zyklischen Aufbau gekennzeichnet ist, etwa durch die zwanghafte Wiederholung eines mißlungenen Selbstmordversuchs.

Paveses später Roman *La casa in collina (Das Haus auf den Hügeln)* wurde zusammen mit dem die Erlebnisse der Verbannung verarbeitenden Kurzroman *Il carcere (Der Kerker)* unter dem auf den Verrat Christi durch den hl. Petrus anspielenden Sammeltitel *Prima che il gallo canti (Ehe der Hahn kräht*, 1949) veröffentlicht. Er thematisiert die Schuldgefühle des Flüchtigen, da der Protagonist des Werks weder seiner Geliebten noch seinen politischen Gesinnungsgenossen gegenüber die an ihn gerichteten Erwartungen einlöst und nicht willens oder in der Lage ist, durch *impegno* seine Egozentrik zu überwinden. Fast in mythische Ferne entrückt erscheinen die in *La luna e i falò (Der Mond und die Johannisfeuer*, 1950) erzählten Ereignisse des Partisanenkriegs, die der in den Langhe aufgewachsene und aus Amerika heimgekehrte Anguilla in Gesprächen mit seinem Jugendfreund Nuto rekonstruiert.[81]

Beppe Fenoglio

Beppe Fenoglio (1922–1963) nahm zwar aktiv an der Widerstandsbewegung in den heimatlichen Langhe teil, läßt sich aber nur mit Vorbehalten dem Neorealismus zuordnen. Elio Vittorini veröffentlichte 1952 in der von ihm bei Einaudi herausgegebenen Reihe „I gettoni" (Die Einwurfmünzen), die Erzählung *I ventitre giorni della città di Alba (Die dreiundzwanzig Tage der Stadt Alba)*, aber der eigenwillige expressionistische Stil des ohnehin im Abseits lebenden Schriftstellers (er arbeitete als Prokurist eines Weinguts) und seine unschematische Schilderung der Resistenza in Zeiten simplifizierender und vordergründiger Heroisierung der jüngsten Geschichte war kaum geeignet, besonderen Anklang zu finden. Dazu kam, daß sein früher Tod Fenoglio daran hinderte, die Ausgabe seiner zum Teil noch nicht über das Stadium provisorischer Entwürfe hinaus gelangten Werke selbst zu betreuen.

Noch zu Lebzeiten Fenoglios erschien der im Titel auf die faschistische Hymne anspielende Roman *Primavera di bellezza (Frühling voller Schönheit*, 1959), eine unrhetorische Darstellung der Ereignisse vor und nach der italienischen Kapitulation am 8. September 1943 aus der Sicht des Offiziersanwärters Johnny, der sich nach diesem in der Nähe Roms erlebten Tag nach Norden durchschlägt und danach in seiner Heimat zum Partisanen wird.

Fenoglio sah in der Figur des Partisanen eine Chiffre für die *condition humaine* schlechthin. Daher geht es in seinem in drei

Fassungen vorliegenden und von Italo Calvino bewunderten kurzen Roman *Una questione privata (Eine private Angelegenheit*, 1963) nicht in erster Linie um den übergreifenden Konflikt zwischen Faschisten und Widerstandskämpfern, sondern um die Auseinandersetzung von zwei jungen Männern, die verschiedenen Sektionen der Resistenza angehören, um das nämliche Mädchen.

Alberto Moravia

Alberto Moravia (eigtl. Alberto Pincherle, 1907–1990) hat als Zwanzigjähriger seinen ersten Roman *Gli indifferenti (Die Gleichgültigen*, 1929) verfaßt und bereits mit diesem erstaunlich frühreifen Werk seine erzählerische Meisterschaft dokumentiert, wie auch seinen Abscheu gegenüber jenem wohlhabenden Bürgertum der italienischen Hauptstadt, dem er entstammte. Es war der Ehrgeiz des Schriftstellers, eine Tragödie in Romanform zu schreiben. Bei weitgehender Respektierung der aristotelischen Einheiten von Raum und Zeit und bewußter Beschränkung auf fünf Hauptpersonen greifen deren zwanghafte sexuelle Obsessionen mit der Unerbittlichkeit eines Räderwerks ineinander. Moravia hat dieses und vergleichbare Themen bis zu seinem Tod in einer fast nicht mehr überschaubaren Anzahl von Werken mehrfach variiert und durchgespielt. Es war sicher nicht zuletzt die unbeschönigte Darstellung zwischenmenschlicher Beziehungen im sexuellen Bereich, die den außergewöhnlichen Erfolg des Schriftstellers auch jenseits der italienischen Grenzen ermöglichte.

Mit dem Roman *La romana (Die Römerin*, 1947) hat Moravia einen besonders eindeutigen Beitrag zu dem vom Neorealismus geforderten populistischen Engagement geleistet. Die Protagonistin Adriana, Prostituierte in den Jahren des Faschismus und der Widerstandsbewegung, ist, im Gegensatz zum Großteil der sie frequentierenden Bürger, moralisch integer. Dies gilt in ähnlicher Weise für einen Teil der Ich-Erzähler der *Racconti romani (Römische Erzählungen*, 1954 und 1959), die der Antibourgeois Moravia über Jahre hinweg mit großer Regelmäßigkeit im Feuilleton des bürgerlichen Mailänder „Corriere della sera“ veröffentlichte.

Die essayistischen Schriften dieses aufmerksamen und polemischen Zeitzeugen, der seit 1953 mit Alberto Carocci die Zeitschrift „Nuovi argomenti“ herausgab, (ab 1966 war auch Pasolini Mitherausgeber), belegen das stets wache gesellschaftskritische Engagement des Schriftstellers, der sich nicht zu Unrecht als Vordenker seiner Zeit und seines Landes betrachtete. Wenige haben wie er das literarische Metier beherrscht, was ihn freilich auch nicht selten dazu verleitete, seine fiktionalen Werke nach bewährten Mustern und Rezepten für die Erfordernisse des literarischen Marktes herzustellen.[82]

Elsa Morante

Elsa Morante (1912–1985) veröffentlichte nach ersten frühen erzählerischen Versuchen den autobiographische Kindheitserinnerungen verarbeitenden umfangreichen Roman *Menzogna e sortilegio (Lüge und Zauberei*, 1948), der zwar mit dem angesehenen „Premio Viareggio“ ausgezeichnet, von Kritik und Leserschaft jedoch eher zurückhaltend aufgenommen wurde (dies galt auch für die 1968 erschienene deutsche Übersetzung). Epische Vorbilder der Schriftstellerin waren Ariost und Cervantes, unübertroffene Meister der ironischen und desillusionierenden Konfrontation von Wirklichkeit und Phantastik: Die Erzählerin des Romans, die früh verwaiste Elisa, hält die in Träumen und Tagträumen zu ihr sprechenden Stimmen ihrer topographisch eher im vagen belassenen süditalienischen Kindheit fest, ehe im letzten Drittel des Werks diese passive Haltung aufgegeben wird, um einer bewußten Verarbeitung der Erinnerungen Raum zu geben.

Elsa Morante taucht in *Menzogna e sortilegio* die berichteten Ereignisse in eine Atmosphäre geradezu magischer Wirklichkeitserfahrung, wie sie kindlichen und primitiven Bewußtseinsstufen eigen ist. Dies gilt auch für den nächsten Roman *L'isola di Arturo (Arturos Insel*, 1957), der die Erfahrungen eines auf Procida aufwachsenden Jungen und die Etappen seines *desengaño* hinsichtlich seines mit dem Glanz des Abenteurers umgebenen, nur sporadisch auftauchenden deutschen Vaters erzählt.

Nach dem programmatischen Werk in Versen *Il mondo salvato dai ragazzini (Die von den Kindern gerettete Welt*, 1968) veröffentlichte Elsa Morante *La storia (Die Geschichte*, 1974). Eigentliche Protagonisten und Adressaten dieses Romans sind die von der Historiographie ignorierten Opfer der Weltgeschichte, die *umili*, wie sie Manzoni nannte. Die Verfasserin unterstrich ihr populistisches Anliegen bereits damit, daß sie das Copyright für das Werk an den Verleger (es handelte sich um den wegen der eleganten und kostspieligen Ausstattung seiner Produktion bekannten Einaudi) nur unter der Bedingung abtrat, daß es in einer Massenauflage und zu einem Preis von nur 2000 Lire lanciert wurde. Thema des Romans ist die in den Jahren 1941 bis 1947 spielende Lebensgeschichte der kalabresischen Lehrerin Ida Ramundo. Die Schriftstellerin erlag bei der literarischen Umsetzung ihres Stoffs jedoch mehr als einmal der Versuchung, nichts von dem auszusparen, was sich an privatem und kollektivem Elend in Italien in dem behandelten Zeitraum abgespielt hatte.

Elsa Morantes letzter Roman *Aracoeli* (1982) erinnert in mancher Hinsicht an Elio Vittorinis *Conversazione in Sicilia*. Während einer Reise in das winzige andalusische Heimatdorf seiner längst verstorbenen Mutter Aracoeli evoziert der alternde, in Mailand lebende Erzähler deren unvergessene und sein ganzes Leben determinierende Erscheinung. Er berichtet, wie sie durch ihren piemontesischen Mann aus ihrer ärmlichen Heimat in das faschistische Rom verpflanzt wurde und dort in Elend und Prostitution endete.[83]

Erst um 1960, drei Jahre nach der Veröffentlichung des Romans *Quer pasticciaccio brutto de via Merulana (Die gräßliche Bescherung in der Via Merulana)* wurde das umfassende Prosawerk des in Mailand beheimateten Carlo Emilio Gadda (1893–1973) international rezipiert. Aber auch in Italien hatte sich bis zu diesem Zeitpunkt lediglich eine zahlenmäßig sehr beschränkte Leserschaft für diesen außergewöhnlichen Schriftsteller interessiert, der, wie sein aufmerksamster Interpret, Gianfranco Contini, versicherte, als authentischer Nachfahre der Humanisten Teofilo Folengo und François Rabelais, der großen Lombarden Alessandro Manzoni und Carlo Porta, der *scapigliatura milanese* und des von ihr bewunderten Jean Paul, sowie des späten Joyce zu betrachten war.

Gadda, Sohn eines kleinen in der Seidenindustrie tätigen Unternehmers, wurde in seiner Kindheit und Jugend Zeuge des finanziellen Ruins seiner Familie, die aus Prestigegründen in der im Norden Mailands gelegenen lieblichen Voralpenlandschaft der Brianza eine aufwendige Villa unterhielt, auf welche die Mutter auch nach dem Tod des Vaters nicht verzichtete.

Gadda unterbrach ein elektrotechnisches Studium am Mailänder Politecnico, um als Freiwilliger am Ersten Weltkrieg teilzunehmen, den er, im Gegensatz zu seinem Bruder Enrico, überlebte. Ab 1920 war er an verschiedenen Orten Italiens und des Auslands (u.a. in Argentinien) als Ingenieur tätig und veröffentlichte ab 1927 in der Florentiner Zeitschrift „Solaria“ erste literarische Texte. Im Verlag von „Solaria“ erschienen auch die ersten Bücher des Schriftstellers, die gesammelten Prosaskizzen *La Madonna dei filosofi (Die Madonna der Philosophen*, 1931) und die Kriegserinnerungen *Il castello di Udine (Das Kastell von Udine*, 1934).

In der Florentiner Zeitschrift „Letteratura“, in der sich die Mitarbeiter der von der faschistischen Zensur abgewürgten „Solaria“ zum großen Teil wieder sammelten, erschien 1938–1941 in Fortsetzungen das Romanfragment *La cognizione del dolore (Die Erkenntnis des Schmerzes)*, das erst 1963 in Buchform erschien und Gadda den Internationalen Verlegerpreis einbrachte.

Die Handlung des Romans spielt in einem lateinamerikanischen Phantasiestaat Maradagál, in dem sich nach einem bewaffneten Konflikt mit dem benachbarten Parapagál eine dubiose Wach- und Schließgesellschaft, die „Nistitúo de vigilancia para la noche" etabliert hat. Unschwer läßt sich das Land Maradagál als *pastiche* des aus dem Weltkrieg hervorgegangenen faschistischen Italien und der Hidalgo Gonzalo Pirobutirro als *alter ego* des Schriftstellers Gadda ausmachen, lebt er doch wie dieser mit seiner wohltätigen Mutter als menschenscheuer Sonderling in einer Villa, deren Umgebung an die landschaftliche Kulisse von Manzonis *Verlobten* und die dem Schriftsteller seit Kindestagen vertraute Brianza erinnert. Die Konflikte zwischen Mutter und Sohn nehmen derartige Ausmaße an, daß das Gerücht nicht verstummen will, Gonzalo sei für deren plötzlichen und nicht aufgeklärten gewaltsamen Tod verantwortlich.

Mit den während des Zweiten Weltkriegs unter dem Titel *L'Adalgisa* (1944) erschienenen *Disegni milanesi (Mailänder Skizzen)*, der Geschichte einer Mesalliance eines Mailänder Adligen mit der künstlerisch ambitionierten Titelheldin, stellte der Schriftsteller die Banalität, Infamie und das Selbstbewußtsein der verschiedenen Gesellschaftsschichten seiner Heimatstadt bloß. Dies war auch sein Anliegen in mehreren seiner *Novelle dal Ducato in fiamme (Novellen vom brennenden Herzogtum*, 1953), die eine unüberhörbare Anspielung auf den Duce enthalten und in ihrer Metaphorik mitunter bereits die im Fäkalischen watende Sprache der damals noch nicht formierten Lega lombarda und ihres Anführers Umberto Bossi zu persiflieren scheinen.

Rom, wohin Gadda 1950 übersiedelte, ist Schauplatz des Romans *Quer pasticciaccio brutto de via Merulana.* Der mit der Aufklärung des abscheulichen Mords an der wohlhabenden, schönen und kinderlosen Liliana Balducci beauftragte Polizeikommissar Francesco Ingravallo (der Roman spielt in den zwanziger Jahren) tappt auch noch im dunkeln, nachdem er sämtliche Zeugen und Verdächtige befragt hat; anstatt der Wahrheit fördert er den sprachlichen Bodensatz der römischen Halbwelt und der Bürokratie zu Tage. Der Roman wird folglich als Bewußtseinsstrom des Beamten im *romanesco* bester Belli-Tradition erzählt. Sprachliche Überwerfungen und Kontaminationen der verschiedenen Aussagen machen das Werk zu einer bis zu einem gewissen Grad notwendigerweise zum Scheitern verurteilten Herausforderung für jeden Übersetzer, da es schlechterdings unmöglich ist, die sprachlichen Resonanzen und Assoziationen, welche sich auf Lokales und Zeitgeschichtliches beziehen, in ein anderes Idiom zu übertragen, ohne den Text mit Anmerkungen (von denen Gadda in einer Reihe von Werken Gebrauch machte) zu überfrachten.[84]

Pier Paolo Pasolini

Kein anderer Nachkriegsautor hat die öffentliche Meinung Italiens nachhaltiger beeindruckt und beschäftigt als der in Bologna als Sohn eines Offiziers geborene und in Ostia von einem siebzehnjährigen Strichjungen ermordete Pier Paolo Pasolini (1922–1975). Als der Schriftsteller 1942 erste Gedichte im friaulischen Dialekt seiner Mutter veröffentlichte, wurde Gianfranco Contini auf den jungen Lyriker aufmerksam, der dann drei Jahre später mit einigen Freunden die Accademiuta di lenga furlana ins Leben rief, ehe er in Bologna, wo er sich 1939 immatrikuliert hatte, mit einer Dissertation über Pascoli promoviert wurde.

Der biographische Hintergrund dieser frühen Jahre bildete zusammen mit dem Engagement für die Resistenza den Ausgangs- und Bezugspunkt von Pasolinis gesamtem Schaffen. Dazu gehört auch, daß der Schriftsteller wegen seiner homoerotischen Außenseiterexistenz 1949 aus der Kommunistischen Partei, der er zwei Jahre zuvor beigetreten war, ausgeschlossen wurde. Gleichzeitig verlor er seine Stellung als Lehrer. Die Episode bildete den Auftakt zu einer nicht mehr abreißenden Kette von Insinuationen, Anfeindungen, Rufmorden und Prozessen (insgesamt 33), mit denen sich Pasolini auseinanderzusetzten hatte. Die moderne Industriegesellschaft und die Zerstörung der Inseln des Glücks durch das um sich greifende Konsumdenken wurden von Pasolini bereits zu einem Zeitpunkt diagnostiziert und angeprangert, als ökologische Fragen noch kein Thema für die linken Gesinnungsgenossen waren. Am ehesten glaubte der Schriftsteller noch bei den Asozialen und Randgruppen Roms, wo er sich 1950 mit seiner Mutter niedergelassen hatte, Reste jener Authentizität zu finden, die im Klima allgemeiner Anpassung systematisch niedergewalzt und eingeebnet wurden.

Mit einer kaum zu überbietenden Produktivität überschwemmte Pasolini den Buchmarkt mit lyrischen, narrativen, dramatischen und essayistischen Werken (die zum Teil erst aus dem Nachlaß veröffentlicht wurden). Seit dem Roman *Ragazzi di vita (Halbstarke*, 1955), der dem Schriftsteller wegen des unzensierten Jargons der römischen Peripherie eine Anklage wegen Pornographie einbrachte, war er eine literarische Berühmtheit. In dem Lyrikband *Le ceneri di Gramsci (Gramscis Asche*, 1957), der in formaler Hinsicht an Pascolis Terzinengedichte erinnert, setzte sich der Lyriker mit der italienischen Realität der fünfziger Jahre auseinander, wobei rhetorisches Pathos und mystische Ekstase mit der Umgangssprache der kleinen Leute alternieren.

Der rasch um sich greifende Wandel in der internationalen Medienlandschaft veranlaßte Pasolini, seine kreativen Energien fortan überwiegend dem Film zu widmen, wobei er auf die Mitwirkung von herausragenden Künstlerpersönlichkeiten wie Anna Magnani (*Mamma Roma*, 1962), Totò (eigtl. Antonio De Curtis, *Uccellacci e uccellini*, 1966) und Maria Callas (*Medea*, 1970) zählen konnte. Weit über Italien hinaus haben dem Regisseur Pasolini schließlich sexuell provozierende kinematographische Bearbeitungen des *Decamerone*, der *Canterbury Tales* und von *Tausend und eine Nacht* zur Notorität verholfen.

Es kann nicht überraschen, daß bei einem derart fast zwanghaft wirkenden Ausstoß von Werken nur wenige sind, die durch formale Meisterschaft überzeugen. Darauf kam es diesem streitbaren Schriftsteller aber auch gar nicht an. Die 1975–1976 erschienenen *Scritti corsari (Freibeuterschriften)* und *Lettere luterane (Lutherbriefe),* Pamphlete zwischen polemischer Anklage und elegischer Wehklage, haben Pasolini gerade auch bei uns zur Kultfigur der linken Bewegung gemacht. Seine Invektiven gegen pseudoprogressistische Ideologien und den Zeitgeist sind durchbebt vom heiligen Zorn eines unerbittlichen Propheten und Mahners, wie schon zuvor seine dem Andenken von Papst Johannes XXIII. gewidmete Filmversion des Matthäusevangeliums (*Il Vangelo secondo Matteo*, 1964).[85]

Italo Calvino und Primo Levi

Italo Calvino (1923–1985) ist als Sohn eines italienischen Experten in Agronomie auf Kuba geboren, jedoch in Ligurien aufgewachsen, wo er sich nach der italienischen Kapitulation an der Widerstandsbewegung beteiligte. Cesare Pavese veranlaßte 1947 die Veröffentlichung des diese einschneidende Erfahrung verarbeitenden Resistenza-Romans *Il sentiero dei nidi di ragno (Der Pfad der Spinnennester)*, der die zeitlich naheliegenden Ereignisse durch die Erzählperspektive eines Halbwüchsigen anvisiert und damit in die Aura eines die historischen Fakten transzendierenden Abenteuers taucht.

Bei Einaudi in Turin wurde Calvino nach dem Tod Paveses mit leitenden redaktionellen Aufgaben betraut, über deren Umfang und Bedeutung die unter dem Titel *I libri degli altri (Die Bücher der anderen*, 1991) herausgegebenen Briefe eine Vorstellung vermitteln können. Der Schriftsteller hat selbst mehrfach Texte ediert, etwa die Sammlung der *Fiabe italiane (Italienische Märchen*, 1956) oder den Band *L'Orlando furioso di Ludovico Ariosto raccontato da Italo Calvino (Ludovico Ariosts Rasender Roland von Italo Calvino erzählt*, 1970).

Calvino, der als Korrespondent der kommunistischen Tageszeitung „L'Unità" 1952 die Sowjetunion besucht hatte, löste sich nach dem Ungarischen Aufstand von der Partei und bezog fortan eine Position aufmerksamer Teilnahme an, aber auch kritischer Distanz zu dem Zeitgeschehen. Er hat diese Haltung in seinem Roman *Il barone rampante (Der Baron auf den Bäumen*, 1957), einer phantasievollen Ich-Projektion, emblematisch und bildlich einprägsam dargestellt: Der junge ligurische Adlige Cosimo Piovasco di Rondò zieht sich in einer Trotzreaktion als Zwölfjähriger auf die Bäume seiner heimatlichen Wälder zurück, wo er sich für den Rest seiner Tage einnistet, ohne sich deshalb für das irdische Geschehen unter ihm (die Handlung spielt in der zweiten Hälfte des 18. Jahrhunderts) zu desinteressieren. Fortan steht Cosimo mit seiner der eines Eichhörnchens vergleichbaren Existenz im Zeichen jener *leggerezza* (Leichtigkeit), *rapidità* (Schnelligkeit), *molteplicità* (Vielfalt) und *consistenza* (Konsistenz), die Calvino in einigen für die Harvard University bestimmten Vorlesungen erläuterte, die, noch nicht ganz abgeschlossen, nach seinem plötzlichen Tod aus dem Nachlaß veröffentlicht wurden: *Lezioni americane. Sei proposte per il prossimo millennio (Amerikanische Vorlesungen. Sechs Vorschläge für das nächste Jahrtausend*, 1988).

Kein italienischer Schriftsteller der zweiten Jahrhunderthälfte hat mit vergleichbarer Aufgeschlossenheit für die zahllosen Probleme der Zeit und mit ähnlicher Vielseitigkeit in den literarischen Mitteln die anstehenden Fragen der Gegenwart diskutiert. Calvinos ungebrochene fiktionale Kreativität und seine scheinbar spielerische Gelöstheit haben ihn dabei stets davor bewahrt, sich dogmatisch und einseitig festzulegen. In der Mitte der sechziger Jahre ließ sich Calvino in Paris nieder, frequentierte dort die Intellektuellen um Roland Barthes und Raymond Queneau und machte sich mit den theoretischen Positionen der Strukturalisten, Semiotiker und Naturwissenschaftler vertraut, was tiefgreifende Folgen für seine unter dem Titel *Le cosmicomiche* (1965) beziehungsweise *Cosmicomiche vecchie e nuove* (1984) veröffentlichten narrativen Texte hatte. Protagonisten sind nun nicht mehr herkömmliche Personen aus Fleisch und Blut, sondern kosmische oder erdgeschichtliche Ereignisse. Erzähler ist in der Regel ein mit der Chiffre Qfwfq bezeichnetes Wesen, das Reflexionen über astronomische Ereignisse anstellt, die nicht ohne Bezug zu brennenden aktuellen Fragen sind und damit die *Cosmicomiche* in die Nähe zum *conte philosophique* der französischen Aufklärung rücken, mit der den Schriftsteller auch sein Stilideal verbindet.

Calvinos virtuoses Können als Erzähler belegt neben anderen späten Werken sein Roman *Se una notte d'inverno un viaggiatore (Wenn ein Reisender in einer Winternacht*, 1979), ein Metaroman, der über die Frustrationen, die ein falsch gebundener Text bei einem Leser und einer Leserin auslöst, diese schließlich zusammenführt. Je kulinarischer die jeweils nur begonnenen Geschichten sind, desto mehr verlangt die fortgesetzte Spannung nach Sättigung und desto eher wird der Leser dazu animiert, sich selbst aktiv am Zustandekommen des Werks zu beteiligen und seine Kombinationsgabe unter Beweis zu stellen.

In dem Band *Palomar* (1983) versammelte Calvino ausgewählte Prosatexte, die zum großen Teil zwar bereits in den Kulturbeilagen der Tageszeitungen „Corriere della sera" und „Repubblica" erschienen waren, aber dann sorgfältig nach drei mal sechs thematischen Gruppen kombiniert wurden. Es handelte sich um die Überlegungen und Beobachtungen des Titelhelden, dessen Namen bereits auf das berühmte astronomische Observatorium in Amerika hinweist.

Calvinos plötzlicher Tod, der Umfang seines Werks und Copyright-Probleme (es wechselte 1983 von Einaudi zum Mailänder Verlag Garzanti) dürfte eine kritische Edition seines Œuvres besonders schwierig gestalten. Bereits jetzt scheint jedoch unumstritten, daß dieser luzide Nachfahre der europäischen Aufklärer seit Carlo Emilio Gadda das wohl bedeutendste erzählerische und essayistische Werk der zweiten Jahrhunderthälfte geschaffen und hinterlassen hat.[86]

Den als Chemiker ausgebildeten Primo Levi (1919–1987) verbindet mit Italo Calvino der gemeinsame Hintergrund des intellektuellen Turin und das intensive Interesse an Technik und Naturwissenschaft. Als Überlebender des Grauens von Auschwitz erzählte Levi das Gesehene und Erduldete in dem zunächst kaum beachteten Buch *Se questo è un uomo? (Ist das ein Mensch?*, 1947). Zentral ist hier der nicht zu unterdrückende Wille des KZ-Häftlings und Heimgekehrten, die Motive der Henker zu verstehen.

Die 21 jeweils nach einem chemischen Element benannten Kapitel der autobiographischen Prosatexte *Il sistema periodico (Das periodische System*, 1975) sind von der gleichen Entschlossenheit zur Präzisierung und lückenlosen Aufklärung des Geschehenen beherrscht wie *Se questo è un uomo?*

Der Übersetzung von Kafkas *Prozeß (Il processo*, 1983) durch Levi kommt mehr als eine rein bibliographische Bedeutung zu: Sie ist wie die Aufsatzsammlung *I sommersi e i salvati (Die Untergegangenen und die Geretteten*, 1986) und Levis Suizid ein weiteres Zeugnis dafür, daß für diesen Überlebenden von Auschwitz die entsetzlichen Erfahrungen der Vergangenheit nicht zu bewältigen waren.[87]

Italienisches Theater von Eduardo De Filippo bis Dario Fo

Seit Ruzante erhielt sich in Italien die Tradition von Stückeschreibern, die ihre Texte nicht nur selbst inszenierten, sondern auch als Schauspieler die tragenden Rollen interpretierten, wobei sie die Reaktionen des Publikums ständig registrieren, verarbeiten und steuern konnten. Der Neapolitaner Eduardo De Filippo (1900–1984) war einer von ihnen. Er war als Sohn des *capocomico* und Mimen Edoardo Scarpetta von Kind an mit der Welt der Bühne vertraut und wurde wie seine Geschwister Titina und Peppino vom Vater schon in jungen Jahren zu ersten Auftritten in Stücken animiert, in denen die Maske des *pulcinella* die Tradition des neapolitanischen Volkstheaters wachhielt.

Mit dem von Eduardo verfaßten Einakter *Natale in casa Cupiello (Weihnachten bei Cupiellos)* erlebte die inzwischen von den Geschwistern De Filippo gegründete Truppe Teatro umoristico dei De Filippo 1930/1931 einen spektakulären Erfolg. Bereits hier finden sich wesentliche Komponenten des zum Teil unter dem Eindruck von Pirandellos Theater stehenden späteren Werks Eduardos, der die Hauptrolle von dessen *Berretto a sonagli (Narrenkappe)* mehrfach interpretierte, während sich sein Bruder Peppino wiederholt der Titelrolle des im zeitgenössischen Sizilien angesiedelten, an die griechischen Satyrspiele erinnernden *Liolà* Pirandellos annahm. Bei Eduardo wird die ängstlich behütete Welt kleinbürgerlicher Wohlanständigkeit durch aufbegehrende Familienmitglieder ständig bedroht. Infolge der Kriegsereignisse erhielt dieser Themenbereich dann geradezu pathetische und rührstückhafte Dimensionen (erinnert sei wenigstens an die dank einer Verfilmung mit Sofia Loren weit über Neapel hinaus bekannt gewordene *Filumena Marturano*, 1946).[88]

Wie sehr selbst die über Jahrzehnte hinweg aus dem italienischen Theaterleben nicht wegzudenkende Persönlichkeit Eduardos durch Massenmedien wie Film und Fernsehen (in Italien seit 1953) unerbittlich ins Abseits gedrängt wurde, das belegt die Tatsache, daß in den Jahren zwischen 1950 und 1959 die Zahl der Theaterbesucher in Italien etwa um die Hälfte, von sechs auf drei Millionen, zurückging. Regisseure wie Luchino Visconti und Giorgio Strehler suchten durch vielbeachtete originelle Inszenierungen und politisch engagierte Interpretationen der Klassiker (einschließlich Bert Brechts, der dank Strehlers Einstudierungen seiner Stücke am Piccolo Teatro in Mailand in den fünfziger und sechziger Jahren zur Kultfigur wurde), diesem Trend Einhalt zu gebieten.

Mit Dario Fo (geb. 1926), der dank einer Schauspielausbildung bei Jacques Lecoq und einer fruchtbaren Zusammenarbeit mit seiner Lebensgefährtin Franca Rame (geb. 1929) eng mit der Tradition der Commedia dell'arte verbunden war, erhielt die Protestbewegung der sechziger und siebziger Jahre nicht nur Italiens (dies belegen zahlreiche Übersetzungen und Aufführungen seiner Stücke auch auf deutschsprachigen Bühnen) einen Dramatiker und Theaterimpresario, der die Unruhe der Zeit mit provokatorischer Virulenz bühnengerecht formulierte und interpretierte. Auch seine radikale Identifizierung mit den politischen Heilserwartungen der Epoche und der ständige Bezug auf die zeitgeschichtliche Aktualität haben bis heute gerade auch bei uns seinen Erfolg nicht zu vermindern vermocht.[89]

Die lyrische Avantgarde der Gruppe 63 und die neue Prosa

Spätestens seit der Mitte der fünziger Jahre war der politische Elan der Nachkriegszeit und der mit *neorealismo* recht ungenau bezeichneten künstlerischen und moralischen Erneuerungsbewegung verbraucht. Ein auch in Italien zu verzeichnendes Wirtschaftswunder hatte die Befriedigung materieller Konsumbedürfnisse möglich gemacht, und an die Stelle der erträumten Erneuerung der Gesellschaft und der Verwirklichung utopischer Staatsmodelle waren politische Parteien und deren Klientelen getreten. Die Enthüllung der Verbrechen Stalins auf dem XX. Parteitag der Sowjetunion (1953) und die Niederschlagung des Ungarischen Aufstands (1956) taten ein übriges, um den Kommunismus, der von nicht wenigen Intellektuellen als Garant des Fortschritts gefeiert wurde, zu diskreditieren.

Als Vasco Pratolini (geb. 1913), einer der erfolgreichsten Schriftsteller des Neorealismus, 1955 mit dem Roman *Metello* den ersten Band seiner Trilogie *Una storia italiana (Eine italienische Geschichte)* veröffentlichte, distanzierte sich auch ein Teil der linken Kritik (Carlo Muscetta, Cesare Cases) von dieser nun plötzlich überholt wirkenden sozialistischen Erbauungsliteratur, die, wie die Genannten rügten, allzusehr den Erwartungen literarisch unqualifizierter Leser entgegenkam.

Just zum gleichen Zeitpunkt gründete Pier Paolo Pasolini in Bologna mit einer Gruppe Gleichgesinnter die Zeitschrift „Officina" (1955-1958). Ihre Mitarbeiter sahen es als oberste Aufgabe an, vor sprachlichen, formalen und stilistischen Experimenten nicht zurückzuschrecken und sich einer Wirklichkeit zu stellen, der mit den abgenutzten Schablonen von vorgestern nicht mehr beizukommen war. Ein ähnliches Konzept lag dann auch der von Elio Vittorini und Italo Calvino zwischen 1959 und 1967 herausgegebenen Zeitschrift „Il menabò di letteratura" zugrunde, die sich bei ihren um thematische Schwerpunkte angeordneten Nummern (es wurden insgesamt zehn) vor allem auch mit der internationalen Literatur und ihren Reaktionen auf eine sich rasch verändernde Realität auseinandersetzte. Seit 1956 gab schließlich der in Bologna lehrende Ästhetikprofessor Luciano Anceschi (geb. 1911) die Zeitschrift „Il Verri" heraus, die zum Teil auf dieselben Mitarbeiter wie „Officina" und „Il menabò" zählen konnte und konstant an der Neuorientierung des italienischen Geisteslebens mitwirkte.

Die von Alfredo Giuliani herausgegebene Anthologie *I Novissimi. Poesia per gli anni '60 (Die Neuesten. Dichtung für die sechziger Jahre,* 1961) signalisierte bereits in ihrem Titel die Abkehr von der vorausgegangenen Literatur und stellte fünf Lyriker vor, die mit dem in „Officina" und „Il Verri" geforderten *sperimentalismo* Ernst machten, ohne deshalb auf ihre marxistischen Postulate zu verzichten. Bei Nanni Balestrini (geb. 1935) nahm der Radikalismus, wie im Fall des Verlegers zahlreicher Werke des 1963 in Palermo gegründeten Gruppo 63, Giangiacomo Feltrinelli, auch auf politischer Ebene extreme Formen an (Balestrini rekonstruierte dann Jahrzehnte später dessen Vita und gewaltsamen Tod im Roman *L'editore (Der Verleger)* von 1989.

Als originellster und produktivster Autor der *Novissimi* stellte sich im Lauf der Jahre Edoardo Sanguineti (geb. 1930) heraus. Er ließ sich trotz seiner Mitgliedschaft in der kommunistischen Partei, die er als Deputierter auch im italienischen Parlament vertrat, nicht dazu herbei, Zugeständnisse an den Leser zu machen oder gar die Rezepte und Anweisungen des sozialistischen Realismus zu befolgen. In dem Gedicht *Laborintus* konfrontiert der als Literaturwissenschaftler und Dantist ausgewiesene Lyriker den Leser mit dem Sumpf verfaulender Wertvorstellungen. Nur ein mit den Diskussionen der frühen sechziger Jahre vertrauter Rezipient dieser Verse wird in der Lage sein, den ganzen Reichtum an Anspielungen und Denkmustern aufzuspüren. Wie die Zusammenstellung der Gedichte aus drei Jahrzehnten *Segnalibro. Poesie 1951-1981 (Lesezeichen. Gedichte 1951-1981,* 1982) zeigt, hat sich Sanguineti (dem späten Montale nicht unähnlich) inzwischen zusehends der Alltags- und Umgangssprache zugewandt.

Die Gruppe 63 hat sich zwar 1968 bereits wieder aufgelöst, aber die ehemaligen Mitglieder haben in den folgenden Jahrzehnten die italienische Literatur entscheidend geprägt und ihren internationalen Erfolg in den achtziger Jahren ermöglicht. Während sich der für die italienische Neoavantgarde zum Teil vorbildhafte französische *nouveau roman* relativ schnell zu Tode theoretisierte, erwiesen sich die italienischen Erzähler, die in den sechziger Jahren an die literarische Öffentlichkeit getreten waren, von erstaunlicher Vitalität.

Giorgio Manganelli

Giorgio Manganelli (1922-1990), in Mailand geboren, aber später in Rom ansässig, hat 1964 durch die Veröffentlichung seines Prosabands *Hilarotragoedia (Niederauffahrt)* die Ablösung vom *neorealismo* am radikalsten markiert. In *Hilarotragoedia* wird, ähnlich wie in den Prosawerken von Samuel Beckett, Dantes Jenseitsreise zu einem Gegenentwurf pervertiert. Mit einem verbalen Furor wird etwa das Verb *degradare* umschrieben, variiert, präzisiert. Manganelli, das bestätigten auch seine zahlreichen folgenden Werke, strebte nicht danach, die Sprache der italienischen Tradition aufzulösen oder gar zu zersetzen.

Im wesentlichen ging es ihm darum, bereits existierende Texte zu glossieren und zu kommentieren. Typisch für das von ihm praktizierte Verfahren ist etwa *Pinocchio: un libro parallelo (Pinocchio. Ein Parallelbuch,* 1977), mit dem er sich „an die hinreißend servile Aufgabe des Abschreibens, des Entzifferns, des Enträtselns" machte. Der 1880 im „Giornale dei bambini" erschienene Kinderbuchklassiker des Toskaners Carlo Collodi (eigtl. Carlo Lorenzini 1826–1890) schien ihm ganz besonders geeignet, die goldene Regel des Parallelschreibens, „alles ist willkürlich, alles ist belegt", an einem vielen Lesern vertrauten Beispiel in Anwendung zu bringen.

In einer unter dem Titel *La Letteratura come menzogna (Literatur als Lüge,* 1967 und 1987) veröffentlichten Artikelsammlung distanzierte sich Manganelli von dem realistischen Literaturverständnis der vorausgehenden Schriftstellergeneration: „Die Literatur organisiert sich wie eine Pseudotheologie, in der ein gesamtes Universum zelebriert wird, sein Ende und sein Anfang, seine Riten und seine Hierarchie, seine sterblichen und seine unsterblichen Wesen: alles ist präzise und alles ist erlogen." So kann der Fuchs, der sich in Collodis Meisterwerk mit einem Kater zusammentut, um Pinocchio den Garaus zu machen, in Manganellis Interpretation zu einer typischen Verkörperung des Literaten werden, indem er beredt, erfinderisch und geistesgegenwärtig unermüdlich betrügerische Finten und Listen ausheckt.[90]

Luigi Malerba

Luigi Malerba (eigtl. Luigi Bonardi, geb. 1927 in Berceto bei Parma) arbeitete zunächst als Werbefachmann und Mitarbeiter des staatlichen Rundfunks RAI und verfaßte Szenarien für Filme von Alberto Lattuada und Mario Monicelli. Im Gründungsjahr des Gruppo 63 veröffentlichte Malerba dann die gesammelten Erzählungen *La scoperta dell 'alfabeto (Die Entdekkung des Alphabets),* deren Sprache nicht wie die der Neorealisten um mimetische Nachahmung regionaler Varianten bemüht war, sondern in der Tradition der Makkaronischen Dichtung um 1500 stand. Der realistische bäuerliche Hintergrund, in dem die Geschichten angesiedelt sind, bietet lediglich den Anstoß für sprachliche Artefakte, deren Dialoge eher an den Schlagabtausch auf einem Marionettentheater im Dienst einer theatralischen Regie als an reale Gesprächssituationen erinnern.

In Malerbas erstem Roman *Il serpente (Die Schlange,* 1966) signalisieren bereits die umfangreichen Überschriften der fünfzehn Kapitel die Nähe zu barocken Wortorgien. Ein argloser Leser bemerkt zunächst nicht, daß es sich bei den berichteten Ereignissen nicht einmal auf fiktiver Ebene um wirklich stattgehabte Geschehnisse handelt, sondern um die schriftlichen Ergüsse eines von sexuellen Phantasmen und Obsessionen umgetriebenen kleinbürgerlichen Briefmarkenhändlers, der allerdings auch Malerbas literarisches Credo formuliert, wenn er feststellt, daß man beim Schreiben nie wisse, wo man anfangen und aufhören solle, da sich die Dinge ständig weiterverzweigen. Wirklichkeit ist aus dieser Sicht nicht mehr vermeßbar, die Grenzen zwischen Innen- und Außenansicht zerfließen. Auch Malerbas von Wahnvorstellungen besessene Erzähler der beiden folgenden Romane *Salto mortale* (1968) und *Il protagonista (Der Protagonist,* 1973) sind denkbar ungeeignet, um die ihnen zustoßenden Ereignisse mit protokollarischer Faktentreue zu erfassen (bei dem „Protagonisten" handelt es sich um einen sprechende Phallus, ein männliches Pendant zu den indiskreten Kleinodien Denis Diderots).

Den sprachlichen Hintergründen seiner literarischen Anfänge und seiner emilianischen Herkunft ging Malerba in dem Essay *Le parole abbandonate (Die vergessenen Wörter,* 1977) nach, mit deren Hilfe er individuelle und kollektive Erinnerungen zu kurzen erzählerischen Fragmenten verarbeitete. In engem Zusammenhang damit steht auch der Roman *Il Pataffio* (1978), in dem ein an Folengo und Rabelais erinnerndes brutales und drastisches, auch sprachlich grimassierendes Mittelalter im Zeichen des Karnevals und seines in Italien vielbeachteten Interpreten Michail Bachtin ebenso fröhliche wie beklemmende Urständ feiert.

Malerba hat inzwischen ein derart umfassendes Œuvre vorgelegt, daß jeder Versuch, dessen Vielfalt auf einen Nenner zu bringen, einer reduktionistischen Vereinfachung gleichkäme. Er hat nahezu die ganze Bandbreite epischer Groß- und Kleinformen, vom Kriminalroman über Kurzgeschichte, Novelle, Reisebericht und historischen Roman, in origineller Weise aufgegriffen, variiert und parodiert.

Mit *Il pianeta azzurro (Der blaue Planet*, 1986) hat der Schriftsteller einen in psychologischer wie formaler Hinsicht doppelbödigen Politkrimi verfaßt, der letzten Endes im Sande verläuft, weil der Erzähler Demetrio (offenkundig nach dem aus der russischen Geschichte bekannten falschen Demetrius benannt) unfähig ist, den ihm abgrundtief verhaßten, politisch nahezu allmächtigen *professore* zu ermorden, so daß er, trotz seiner erklärten Absichten, wohl selbst das Opfer von dessen Leibwächtern wird. Dies läßt sich lediglich mutmaßen, da der Leser des vielschichtigen Romans mit den Randglossen und Kommentaren, die der jetzige Besitzer der Aufzeichnungen eingefügt hat, bis zu Ende im ungewissen über den genauen Ablauf der Ereignisse gelassen wird.

Umberto Eco

Umberto Eco (geb. 1932), einer der Vordenker des *Gruppo 63*, Mitbegründer der ab 1963 erscheinenden avantgardistischen Zeitschrift „Il Marcatré“, seit 1971 Professor für Semiotik an der Universität Bologna und regelmäßiger Mitarbeiter des Wochenmagazins „L'Espresso“ und der Tageszeitung „La Repubblica“, war längst dank seiner auch international rezipierten Bücher *Opera aperta* (1962; *Das offene Kunstwerk*, 1973) und *La struttura assente* (1968; *Einführung in die Semiotik*, 1972) kein Unbekannter mehr, als 1980 im Mailänder Verlag Bompiani sein in einem mittelalterlichen Benediktinerkloster spielender Roman *Il nome della rosa (Der Name der Rose)* erschien.

Alfredo Giuliani, langjähriger literarischer Weggenosse Ecos, stellte in seiner kurz nach Erscheinen des Buchs veröffentlichten Besprechung („La Repubblica," 2. 12. 1980) fest, hier habe ein Meister in teuflisch gewandter Rhetorik gezeigt, daß er anscheinend mehr daran interessiert sei, „die Mechanismen der Kommunikation auseinanderzunehmen und wieder zusammenzusetzen, als der ungreifbaren Poesie der ‚Botschaft' nachzujagen". Denn von all den Erzählertricks, die seine Kollegen „Narratologen" von Tzvetan Todorov bis zu Roland Barthes analysiert hätten, habe Eco nur die evidenteste und traditionellste beibehalten, derzufolge es „das Erzählen" ist, was in der Erzählung erzählt wird: „Im übrigen hat Eco die ‚Poetik des Zitats' mit der Poetik des Kitschs kombiniert, will sagen, es geht um die Verwendung des Altbekannten und der Stereotypen zu ‚anderen' Zwecken."[91]

Die verlegerische und buchhändlerische Vermarktung von Ecos Roman sowie seine Rezeption durch Kritik und interdisziplinäre Forschung sind inzwischen ein aktenkundiges Kapitel der Geschichte des Phänomens Bestseller. Die relativ seltenen Verrisse des Werks (Alice Vollenweider: „Ein Krimi aus der Retorte", „Triviale Erzählschablonen", „nicht mehr als ein Gelehrtenscherz"; Paulus Gordan O.S.B.: „ein schlechtes, durch und durch verlogenes Buch", „völlig unglaubwürdige Benediktinerabtei") waren eher dazu angetan, die Diskussion um den Roman zusätzlich anzuheizen, als ihn ernsthaft zu diskreditieren[92], verliehen doch selbst zünftige Mediävisten ihrer Faszination durch das Werk Ausdruck.[93]

Ecos 1988 veröffentlichter Roman *Il pendolo di Foucault (Das Foucaultsche Pendel),* dessen Titel auf ein wirklich stattgefundenes naturwissenschaftliches Experiment anspielt, handelt von der Verstrickung dreier Mailänder Verlagslektoren in eine globale Verschwörung. Wie im Fall des Rosenromans im Zusammenhang mit den Roten Brigaden boten sich auch hier aktuelle Deutungen unter dem Eindruck der ganz Italien schokkierenden Enthüllungen über die Geheimloge P_2 an. Eine mit dem vorausgehenden Werk vergleichbare Lawine an Interpretationen hat *Il pendolo di Foucault* jedoch nicht ausgelöst.

Bereits die großen veristischen Erzähler Verga und Capuana haben dank ihrer intensiven Kontakte mit den Intellektuellen des Festlands das Bewußtsein für die Sonderrolle der Insel im Rahmen der italienischen Nationalliteratur geschärft. Es gibt kaum einen sizilianischen Schriftsteller, der nicht ausdrücklich zu diesem Problem Stellung genommen hätte. Ganz besonders gilt dies für Leonardo Sciascia (1921–1989), durch dessen gesamtes Werk sich wie ein roter Faden die Überzeugung zieht, Sizilien sei als Metapher zu deuten, die einen entscheidenden Beitrag zum Verständnis der Welt zu leisten vermöge. Dabei geht es allerdings zunächst einmal darum, den Facettenreichtum und die Vielschichtigkeit dieser in gewisser Hinsicht einmaligen kulturellen Wirklichkeit zu verstehen: „Es ist auf jeden Fall sicher", schreibt Sciascia in einem *Sicilia e sicilitudine* überschriebenen Artikel, „daß Stoff und Gegenstand der sizilianischen Kultur immer Sizilien war, meistens nicht ohne Partikularismus und Beschränktheit, aber häufiger wird die sizilianische Wirklichkeit (die ‚sicilitudine' sagt ein avantgardistischer Schriftsteller) mit einer Kraft, einer Energie und einer Vollkommenheit dargestellt, die bis zum Verständnis und zum Schicksal der gesamten Menschheit vordringen".

Bei der Aufzählung der für die sizilianische Kultur relevanten Namen beschränkt sich Sciascia nicht auf Verga, Capuana, De Roberto, Pirandello und Vittorini. Ausdrücklich stellt er Salvatore Quasimodo heraus, in dessen Dichtung das Thema Exil eine zentrale Bedeutung erhält, hierin dem acht Jahrhunderte früher im sizilianischen Noto geborenen arabischen Lyriker Ibu Hamdi nicht unähnlich, der nach seiner Vertreibung in der Ferne klagte: „Die Hände sind leer, die Augen sind voll / mit Erinnerung an die Insel." Quasimodo hat dann durch seine in der hermetischen Phase entstandenen Gedichte nicht wenig dazu beigetragen, den Sizilien-Mythos von einem unsäglich schönen Land, dem bereits Goethe huldigte, im Bewußtsein der zeitgenössischen Leser zu festigen.

Einen völlig anderen Aspekt der *sicilitudine*, der bereits bei Pirandello anklingt, hat der in Pachino bei Syrakus geborene Vitaliano Brancati (1907–1954) thematisiert. Der Schriftsteller zog sich nach längerer Lehrtätigkeit in Rom, während der er gleichzeitig für die faschistische Presse tätig war und erste, später von ihm als Schwachsinn verworfene Bücher publizierte, von der Rhetorik und dem Aktivismus des Regimes angewidert, nach Catania zurück.

Der Roman *Don Giovanni in Sicilia* (1941) stellt das für Brancati zentrale Thema des *gallismo* dar. Der vierzigjährige Junggeselle Giovanni Percolla, von drei Schwestern verhätschelt, verbringt seine Tage in süßem Nichtstun bei Tisch, im Bett oder im Café, wo er mit seinen Freunden in endlosen verbalen Variationen das Thema Frau „umgockelt." Er heiratet schließlich die Nichtsizilianerin Ninetta, die ihn zum Umzug in das kalte und austere Mailand bewegt, aus dem der dort permanent überforderte Ehemann, wahrscheinlich nicht nur für einen kurzen Besuch, in die Heimat flieht.

In seinem Roman *Il bell'Antonio* (1949) rechnete Brancati, inzwischen von der faschistischen Zensur ungehindert, mit dem verhaßten Regime offen ab. Die Schönheit des Titelhelden, Garant für Antonios Erfolg bei Frauen, stellt sich im Lauf der Erzählung als Fassade heraus, da es ihm auch nach dreijähriger Ehe noch nicht gelungen ist, diese zu vollziehen, eine tragikomische Schmach für die ganze Familie, die der siebzigjährige Vater durch Bravourleistungen auf eben jenem Gebiet wettzumachen sucht, auf dem sein Sohn so kläglich versagt, bis er am Ende an einem übel beleumundeten Ort stirbt.

Der postum veröffentlichte unvollendete Roman *Paolo il caldo (Paolo der Heißblütige,* 1955) bildet mit den beiden vorausgehenden eine Art Trilogie. Hier gebricht es dem Protagonisten nicht an Potenz. Im Gegenteil, seine sexuelle Einsatzbereitschaft kennt keine Grenzen, als er im zweiten Teil des Romans nach Rom umsiedelt, wo er zwar als Schriftsteller Karriere macht, dann aber (der Verfasser wurde durch den Tod an der Vollendung des Werks gehindert) aller Voraussicht nach an seinem Pansexualismus zugrunde geht.

Das Catania Brancatis (der Name der Stadt wird unter leicht durchschaubaren Anagrammen wie Calorio oder Natàca verschlüsselt) hat mit der Realität des Orts am Fuß des Ätna nur wenig zu tun. Die Stadt wird aus der Perspektive der von ihrem *gallismo* besessenen Protagonisten zum wahnhaften Phantasma.[94]

Wie eigenwillig sich der literarische Sonderfall Sizilien für Außenstehende darstellt, zeigte sich, als Giuseppe Tomasi, Herzog von Palma und Montecchio, Fürst von Lampedusa (1896–1957), zunächst vergeblich seinen dann nach der Veröffentlichung bei Feltrinelli weltberühmt gewordenen Roman *Il Gattopardo (Der Leopard,* 1958) bei zwei großen norditalienischen Verlagen einreichte. Vittorini lehnte als Lektor bei Einaudi den historischen Roman des bislang literarisch nicht in Erscheinung getretenen Aristokraten ab, da dieser sich schlecht mit seiner Auffassung von Literatur als Herausforderung und Aktion vertrug. Der in Sizilien geborene Vittorini rechtfertigte im nachhinein seine Entscheidung mit dem Hinweis auf Italo Calvinos *Racconti,* die ebenfalls 1958 erschienen waren und die er für „lebendiger" hielt: „Sie lassen die Zeit nicht so, wie sie sie vorfinden, während der *Gattopardo* sie genau so beläßt, wie er sie antrifft." Vittorini wollte nicht wahrhaben, daß die politischen Frustrationen der fünfziger Jahre mit ihren zum status quo erstarrenden Fronten des Kalten Kriegs der Rezeption eines von distanzierter Resignation durchzogenen Werks besonders günstig waren. Die räumliche und zeitliche Ferne des Geschehens (es spielt in der Zeit um und nach Garibaldis Zug der Tausend) taten ein übriges, um die Aufnahmebereitschaft der nationalen und internationalen Leserschaft zu fördern, die inzwischen des Neorealismus, der die unmittelbare Vergangenheit thematisierte, nicht nur in formaler, sondern auch in inhaltlicher Hinsicht überdrüssig geworden war.

Im vierten Kapitel des Romans *Il Gattopardo* bietet der piemontesische Funktionär Chevalley, ein Mann aufklärerischen Fortschrittsdenkens, der zentralen Figur des Romans, Don Fabrizio, Fürst von Salina, einen Sitz im italienischen Senat an, vergeblich, da der mit dem Angebot Ausgezeichnete der Überzeugung ist, daß es sich bei den politischen Umwälzungen lediglich um „eine geräuschvolle romantische Komödie" handle. Denn das Erbe der zum Untergang bestimmten vornehmen *Gattopardi,* so glaubt der Aristokrat zu wissen, werden Schakale wie der steinreiche Calogero Sedàra antreten, der an der Stelle des Fürsten den Sitz im Senat einnehmen wird und nichts unversucht läßt, um seine Tochter mit dem Neffen des lebensmüden Protagonisten zu verheiraten. Am Ende des Romans sind von dem Geschlecht der Salina nur noch zwei bigotte alte Jungfern am Leben. Der Triumph des Todes, in der Kapuzinergruft in Palermo auch heute noch in seiner ungeschminkten Endgültigkeit greifbar, ist in Tomasis Werk nicht weniger unerbittlich als bei den großen veristischen Erzählern.[95]

Im sizilianischen Abseits, fern von den literarischen Zentren Turin, Mailand und Rom entstand auch das Werk des in Racalmuto bei Agrigent geborenen Leonardo Sciascia, der lediglich in seiner Eigenschaft als Abgeordneter (1975 der Kommunisten und 1979 der Radikalen) oder zu Reisen in seine intellektuelle Wahlheimat Frankreich Sizilien gelegentlich verließ. Die umfangreiche literarische Produktion Sciascias war seit dem frühen Buch *Le parrocchie di Regalpetra (Die Pfarreien von Regalpetra,* 1956), in das nicht zuletzt auch seine Erfahrungen als Lehrer in seinem Heimatort eingingen, von der mit hohem ethischem Ernst vertretenen Überzeugung durchdrungen, vornehmster Auftrag des Schriftstellers sei es, einen Beitrag zur Offenlegung gesellschaftlicher Strukturen und Verflechtungen zu leisten. Der *romanzo-inchiesta* auf der Grundlage von historischen Überlieferungen, Dokumenten, Prozeßakten, Zeitungsberichten ist die von Sciascia mit Vorliebe gepflegte literarische Gattung. Der *romanzo-inchiesta* nimmt bei ihm dramatische Aspekte an, da das gesamte Leben Siziliens (aber, wie der Schriftsteller mit dem Bild von der Insel als Metapher suggeriert, längst nicht mehr nur das Siziliens) von der Mafia und mafiaähnlichen Organisationen beherrscht wird, die sich allen Nachforschungen letzten Endes verschließen, da oberstes Gebot dieser kriminellen Vereinigung die *omertà,* die Schweigepflicht, ist. Während Sciascia in seinen frühen Romanen wie *Il giorno della civetta (Der Tag der Eule,* 1961) und *A ciascuno il suo (Jedem das Seine,* 1966) die Realität wenigstens bis zu einem gewissen Grad noch fiktional aufbereitete, konnte er zusehends darauf verzichten, da der Abgrund, der Italien und seine Institutionen zu verschlingen drohte, keiner zusätzlichen literarischen Ausschmückung mehr bedurfte. Die Fiktion war inzwischen von der Wirklichkeit überholt worden, wie die Ermordung des Präsidenten der Democrazia Cristiana, Aldo Moro, 1978 zeigte. Sciascia hat als Mitglied eines vom italienischen Parlament eingesetzten Untersuchungsausschusses Einblick in die Hintergründe der Ereignisse und die Machenschaften der politischen Parteien nehmen können und mit *L'affaire Moro* (1978) sein wohl dramatischstes *libro-inchiesta* veröffentlicht.[96]

Einen für Sizilien typischen Fall stellt auch das inzwischen international rezipierte umfangreiche Werk des 1920 in Comiso/Ragusa geborenen Gesualdo Bufalino dar, der nach dreißigjähriger Tätigkeit als Gymnasiallehrer 1981 mit dem Roman *Diceria dell'untore (Das Pesthaus),* der kurz nach Ende des Zweiten Weltkriegs in einem sizilianischen Sanatorium spielt, zum ersten Mal an die literarische Öffentlichkeit trat und seitdem nicht mehr aufgehört hat, diese zu beschäftigen.

Bufalino hat seit dem überraschenden und sensationellen Beginn seiner literarischen Karriere eine Reihe von Büchern publiziert, die, wie vergleichbare Veröffentlichungen Sciascias, einen Beitrag zur Sozialgeschichte Siziliens und seiner Heimatprovinz leisten. Die stupende Belesenheit des Schriftstellers (Bufalino ist unter anderem Verfasser eines *Dizionario dei personaggi di romanzo. Da Don Quijote all'Innominabile,* 1982) trägt jedoch dafür Sorge, daß seine Werke nicht zu provinzieller Beschränktheit verkümmern.

In den offenkundigen biographischen und topographischen Anspielungen der erzählerischen Werke auf die Vita des Romanciers erweisen sich diese konkreten Hinweise auf die sizilianische Realität in der Regel schon bald als Finten, als bloßer Reflex von Wirklichkeit, wenn der Leser nicht ohnehin bereits vorgewarnt ist, wie in dem Roman *Le menzogne della notte (Die Lügen der Nacht,* 1988). Es ist darauf hingewiesen worden, daß es sich bei den jüngsten Romanen Bufalinos (1991 erschien *Qui pro quo)* um eine besondere Variante von *contes philosophiques* handle, „deren Aufgabe es ist, das Fragen offenzuhalten". Ein Vergleich des Verfassers mit Calvinos Herr Palomar erscheint alles andere als abwegig, da Bufalino die in seinen frühen Werken nachweisbare Opposition zwischen der Insularität Siziliens und der Universalität der europäischen Literatur inzwischen selbst durch eine metaphorische Umdeutung der beiden Anschauungsformen Enge und Weite ergänzt hat, bei der die lokale Komponente irrelevant ist. „In beiden Bedeutungen repräsentiert die Enge eine Geborgenheit, die gleichwohl überwunden werden muß – nicht durch Reisen oder andere Formen der Zerstreuung, sondern durch lustvolle Denkanstregungen im Schreiben."[97]

Bibliographische Nachbemerkung und Ausblick

Adressaten dieser Überblicksdarstellung sind nicht nur Italianisten, daher beschränken sich die bibliographischen Hinweise im wesentlichen auf deutschsprachige Buchtitel. Gelegentlich wurden auch Aufsätze zitiert, denen ich Anregungen verdanke und die in Sammelwerken oder Zeitschriften erschienen sind, die der an italienischer Literatur, Sprache und Landeskunde Interessierte mit Gewinn konsultieren wird. Ich denke dabei neben den romanistischen Fachorganen besonders an *Italienische Studien* (Wien 1978ff.), *Italienisch. Zeitschrift für italienische Sprache und Literatur in Wissenschaft und Unterricht* (Frankfurt/M. 1979ff.) und den von Helene Harth und Titus Heydenreich herausgegebenen *Zibaldone* (München/Zürich 1986ff.).

Eine äußerst hilfreiche Orientierung in der für den Studienanfänger nicht überschaubaren Fülle an Sekundärliteratur, nützliche Erläuterungen theoretischer Begriffe und einen knappen Überblick über die italienische Literatur sowie einen historischen Abriß der italienischen Literaturkritik enthält Elisabeth Schulze-Witzenrath, *Einführung in die Literaturwissenschaft für Italianisten* (Bochum ^{3}1991). Wesentlich umfangreicher, und besonders auch italienische Literaturwissenschaft in dem ihr angemessenen Umfang berücksichtigend, ist Heinz Willy Wittschiers Kompilation *Die italienische Literatur. Einführung und Studienführer – Von den Anfängen bis zur Gegenwart* (Tübingen ^{3}1985). Eine wahre Fundgrube hinsichtlich seiner ikonographischen Aufmachung und Informationen zur Rezeption der italienischen Literatur in Deutschland (er enthält u. a. eine Bio-Bibliographie zu Autoren und übersetzten Titeln) stellt der von Viktoria von Schirach herausgegebene *Almanach zur italienischen Literatur der Gegenwart* (München 1988) dar. Für weitere Informationen sei verwiesen auf Wolfgang Hillen /

Ludwig Rheinbach, *Einführung in die bibliographischen Hilfsmittel für das Studium der Romanistik,* Bd. 2: *Italienische Sprach- und Literaturwissenschaft,* bearbeitet von Astrid Klapp-Lehrmann und Wolfgang Hillen, Bonn 1989.

Die italienischen Dialekte und Regionalliteraturen zeigen eine ungebrochene Vitalität. Der vorgegebene Rahmen einer kleinen Geschichte der italienischen Literatur erlaubte es nicht, diese Tatsache in angemessener Form zu berücksichtigen. Welche Bedeutung in Italien regionalen literarischen Zentren bis zum heutigen Tag zukommt, das dokumentiert eindrucksvoll das von Doris und Arnold E. Maurer herausgegebene Insel-Reise-Lexikon *Literarischer Führer durch Italien* (Frankfurt/M. 1988). Das Buch ist vorzüglich geeignet, um den Begriff Nationalliteratur vor abstrahierender Realitätsferne zu bewahren.

Ich bin mir bewußt, wie bedauerlich es ist, daß ich im wesentlichen unter den Gegenwartsautoren nur solche berücksichtigen konnte, die inzwischen ein umfangreiches Œuvre vorgelegt haben und in der Regel noch vor dem Zweiten Weltkrieg geboren sind. Nur so konnte ich vermeiden, daß die Darstellung einer im 13. Jahrhundert entstandenen Literatur völlig aus der Balance geriet oder mit einer bloßen Aufzählung von Namen abgeschlossen werden mußte. Die Entwicklung seit 1945 soll daher Gegenstand eines in absehbarer Zeit erscheinenden Bands der Beck'schen Reihe sein.

Besonderen Dank schulde ich Waltraud Neumeier für die sorgfältige Erstellung des Typoskripts, Christine Lessle für dessen kritische Durchsicht und meiner Frau für die Hilfe bei der Lektüre der Korrekturen.

Anmerkungen

1 Vgl. Remo Ceserani, *Aspekte des italienischen Literaturunterrichts*, in: *Neohelicon* XIX/2 1992.

2 Gerhard Rohlfs, *Romanische Philologie II, Italienische Philologie*, Heidelberg 1952. – Bruno Migliorini, *Storia della lingua italiana*, Florenz 1960.

3 Ernst Robert Curtius, *Europäische Literatur und lateinisches Mittelalter*, Bern ^{2}1954.

4 Frank-Rutger Hausmann (Hrsg.), *Die Gedichte aus Dantes „De vulgari eloquentia"*. Ausgewählt, übersetzt und eingeleitet von Frank-Rutger Hausmann (Klassische Texte des Romanischen Mittelalters in zweisprachigen Ausgaben), München 1986.

5 Hugo Friedrich, *Epochen der italienischen Lyrik*, Frankfurt/M. 1964, 68.

6 ebd., 74.

7 Guido Cavalcanti, *Sämtliche Gedichte/Tutte le rime*. Übertr. und hrsg. von Tobias Eisermann und Wolfdietrich Kopelke, Tübingen 1990. – Tobias Eisermann, *Cavalcanti oder die Poetik der Negativität*, Tübingen 1992.

8 Henning Krauß, *Zum Dolce Stil Nuovo. Dichtung einer Schicht zwischen den Schichten*, in: Erich Köhler (Hrsg.), *Sprachen der Lyrik. Festschrift für Hugo Friedrich zum 70. Geburtstag*, Frankfurt/M. 1975, 440–486.

9 Vgl. Henning Krauß, *Epica feudale e pubblico borghese. Per la storia poetica di Carlomagno in Italia*, Padova 1980.

10 Vgl. Hans Wilhelm Klein, *Latein und Volgare in Italien. Ein Beitrag zur Geschichte der italienischen Nationalsprache in Italien*, München 1957.

11 Vgl. *Il Novellino. Das Buch der hundert alten Novellen*. Italienisch/Deutsch, übers. und hrsg. von János Riesz, Stuttgart 1988. – Helmut C. Jacobs/Albert Gier, *Les formes narratives brèves en Italie*, in: *Grundriß der romanischen Literaturen des Mittelalters* (GRLMA), Tome 1/2, fascicule 3, Heidelberg 1991.

12 Den Zitaten aus der *Divina Commedia* wurde die Übersetzung von Hermann Gmelin zugrunde gelegt: *Die Göttliche Komödie*. Mit Anmerkungen und einem Nachwort von Rudolf Baehr, Stuttgart (Reclam) 1984. Eine zweisprachige Ausgabe mit Gmelins Kommentar erschien in drei Bänden 1954–1957 in Stuttgart bei Klett. Die deutschsprachige

Dante-Deutung (Karl Voßler, Erich Auerbach, Romano Guardini, Hugo Friedrich, Manfred Hardt etc.) ist nahezu vollkommen erfaßt in: August Buck, *Die italienische Literatur im Zeitalter Dantes und am Übergang vom Mittelalter zur Renaissance* (GRLMA, Band X). Band 1: „Dantes *Commedia* und die Dante-Rezeption des 14. und 15. Jahrhunderts", Heidelberg 1987; Band 2: „Die Literatur bis zur Renaissance", Heidelberg 1989. Vgl. außerdem die anregende, zahlreiche Detailfragen behandelnde Aufsatzsammlung: Richard Baum und Willi Hirdt (Hrsg.), *Dante Alighieri 1985. In memoriam Hermann Gmelin,* Tübingen 1985, und Willi Hirdt, *Wie Dante das Jenseits erfährt,* Bonn 1989.

13 Vgl. Christof Weiand, *„Libri di famiglia" und Autobiographie in Italien zwischen Tre- und Cinquecento,* Tübingen 1993.

14 Hugo Friedrich, *Epochen der italienischen Lyrik,* o. c., 157–277. – Klaus Heitmann, *Fortuna und Virtus. Eine Studie zu Petrarcas Lebensweisheit,* Köln/Graz 1958. – August Buck, *Humanismus. Seine europäische Entwicklung in Dokumenten und Darstellungen,* Freiburg/München 1987. – Klaus Bergdolt, *Arzt, Krankheit und Therapie bei Petrarca: Die Kritik an Medizin und Naturwissenschaft im italienischen Frühhumanismus,* Weinheim 1992.

15 Vgl. Hans-Jörg Neuschäfer, *Boccaccio und der Beginn der Novelle. Strukturen der Kurzerzählung auf der Schwelle zwischen Mittelalter und Neuzeit,* München 1969, ²1983. – Peter Brockmeier (Hrsg.), *Boccaccios Decameron,* Darmstadt 1974. – Richard Schwaderer, *Boccaccios deutsche Verwandlung,* in: *Arcadia* 1975, 113–128.

16 Benedetto Croce, *Poesia popolare e poesia d'arte,* Bari 1957, 209–238.

17 Hans Baron, *The Crisis of the Early Italian Renaissance. Civic Humanism and Republic Liberty in an Age of Classicism and Tyranny,* Princeton, N. J. 1966.

18 Zitat nach: Enea Silvio Piccolomini, *Briefe, Dichtungen,* München 1966, 78.

19 Vgl. die bibliographisch vorzüglich dokumentierte Einleitung von August Buck zu dem von ihm herausgegebenen Band *Zu Begriff und Problem der Renaissance,* Darmstadt 1969, der auch die deutsche Übertragung der Aufsätze von Franco Simone (*Das Mittelalter, die Renaissance und die moderne Forschung)* bzw. Theodor E. Mommsen (*Der Begriff des ‚Finsteren Zeitalters' bei Petrarca*) enthält. – Paul Oskar Kristeller, *Humanismus und Renaissance,* München 1974.

20 André Chastel, *Art et humanisme à Florence au temps de Laurent le Magnifique. Etudes sur la Renaissance et l'humanisme platonicien,* Paris ³1982.

21 Erwin Panofsky/Fritz Saxl, *Dürers ‚Melancolia I' – Eine quellen- und typengeschichtliche Untersuchung,* Leipzig/Berlin 1923.

22 Dieter Kremers, *Der „Rasende Roland" des Ludovico Ariosto, Aufbau und Weltbild,* Stuttgart etc. 1973. – Horst Rüdiger und Willi Hirdt,

Studien über Petrarca, Boccaccio und Ariost in der deutschen Literatur, Heidelberg 1976.

23 Klaus Garber (Hrsg.), *Europäische Bukolik und Georgik,* Darmstadt 1970. – Johannes Hösle, *Die europäische Hirtendichtung,* in: *Neues Handbuch der Literaturwissenschaft* (9), Frankfurt/M. 1972.

24 Johannes Hösle, *Das italienische Theater von der Renaissance bis zur Gegenreformation,* Darmstadt 1984. – Wolfram Krömer, *Die italienische Commedia dell'arte,* Darmstadt [3]1990. – Götz Pochat, *Theater und bildende Kunst im Mittelalter und in der Renaissance in Italien,* Graz 1990.

25 Johannes Hösle (Hrsg.), *Texte zum Antipetrarkismus,* Tübingen 1970. – Gerhard Hoffmeister, *Petrarkistische Lyrik,* Stuttgart 1973. – Lucius Keller (Hrsg.), *Übersetzung und Nachahmung im europäischen Petrarkismus,* Stuttgart 1974. – Klaus W. Hempfer/Enrico Straub (Hrsg.), *Italien und die Romania in Humanismus und Renaissance. Festschrift für Erich Loos,* Wiesbaden 1983.

26 Hugo Friedrich, *Romanische Literaturen, Aufsätze II. Italien und Spanien,* Frankfurt/M. 1972, 27f.

27 Erich Loos, *Baldassare Castigliones „Libro del cortegiano". Studien zur Tugendauffassung des Cinquecento,* Frankfurt/M. 1955. – Annamaria Coseriu, *Zensur und Literatur in der italienischen Renaissance des XVI. Jahrhunderts. Baldassar Castigliones „Libro del Cortegiano" als Paradigma,* Tübingen 1987. – Manfred Hinz, *Rhetorische Strategien des Hofmannes. Studien zu den italienischen Hofmannstraktaten* des *16. und 17. Jahrhunderts,* Stuttgart 1992.

28 Giovanni della Casa, *Galateus. Das Büchlein von ehrbaren/höflichen und holdseligen Sitten.* Verdeutscht von Nathan Chytraeus 1597. Hrsg. von Klaus Ley, Tübingen 1984. – Klaus Ley, *Giovanni della Casa (1503–1556) in der Kritik. Ein Beitrag zur Erforschung von Manierismus und Gegenreformation,* Heidelberg 1984.

29 Alvise Cornaro, *Vom maßvollen Leben.* Mit einer Einführung von Klaus Bergdolt, Heidelberg 1991.

30 Johannes Hösle, *Pietro Aretinos Werk,* Berlin 1969.

31 Hermann H. Wetzel, *Die romanische Novelle bis Cervantes,* Stuttgart 1977.

32 August Buck, *Die Rezeption der Antike in den romanischen Literaturen der Renaissance,* Berlin 1976, 150.

33 Wolfgang Drost, *Strukturen des Manierismus in Literatur und bildender Kunst. Eine Studie zu den Trauerspielen Vicenzo Giustis* (1532-1619), Heidelberg 1977.

34 Ulrich Leo, *Ritterepos – Gottesepos. Torquato Tassos Weg als Dichter,* Köln/Graz 1958. – Helmut Haupt, *Bild- und Anschauungswelt Torquato Tassos,* München 1974. – Torquato Tasso, *Werke und Briefe,* übersetzt und eingeleitet von Emil Staiger, München 1978.

35 Vgl. Hans-Günter Funke, *Secolo d'oro – Ferreo mondo. Zur Ambivalenz des Arkadienbildes in der italienischen Pastoraldichtung des Cinquecento*, in: *Italienische Studien*, 1992, 5-21.

36 Giordano Bruno, *Heroische Leidenschaften und individuelles Leben*, Rowohlt, Hamburg 1957, 8. – Willi Hirdt, *Giordano Bruno, Tragik eines Unzeitgemäßen*, Tübingen 1992.

37 Klaus J. Heinisch, *Der utopische Staat (Morus: Utopia, Campanella: Sonnenstaat, Bacon: Neu-Atlantis)*, Hamburg 1960. – Peter Kuon, *Utopischer Entwurf und fiktionale Vermittlung. Studien zum Gattungswandel der literarischen Utopie zwischen Humanismus und Frühaufklärung*, Heidelberg 1986.

38 Hugo Friedrich, *Epochen der italienischen Lyrik*, o. c., 545 f.

39 Wilfried Barner (Hrsg.), *Der literarische Barockbegriff*, Darmstadt 1975. – August Buck, *Forschungen zur romanischen Barockliteratur*, Darmstadt 1980. – Gerhart Hoffmeister, *Deutsche und europäische Barockliteratur*, Stuttgart 1987.

40 Joachim Schulze, *Formale Themen in Gian Battista Marinos „Lira"*, Amsterdam 1978.

41 Erich Loos, *Alessandro Tassonis „La Secchia rapita" und das Problem des heroisch-komischen Epos*, Krefeld 1967.

42 Albert Gier (Hrsg.), *Oper als Text. Romanistische Beiträge zur Libretto-Forschung*, Heidelberg 1986.

43 Vittorio Hösle, *Vico und die Idee der Kulturwissenschaft*. Einleitung zu G. B. Vico, *Prinzipien einer neuen Wissenschaft über die gemeinsame Natur der Völker*, 2 Bde., Hamburg 1990, XIX-CCXCIII.

44 Klaus Dieter Schreiber, *Untersuchungen zur italienischen Literatur- und Kulturgeschichtsschreibung in der zweiten Hälfte des Settecento*, Bad Homburg v. d. H. etc. 1968.

45 Vittorio Santoli, *Deutsche Dichtung im Spiegel italienischen Geistes*, in: Ders. *Philologie und Kritik. Forschungen und Aufsätze*, Bern/München 1971, 23–47.

46 Alfred Noyer-Weidner, *Die Aufklärung in Oberitalien*, München 1957. – Dirk Hoeges, *Zur Zeitschrift „Il Caffè" und zur Strategie italienischer und französischer Aufklärung*, Krefeld 1978.

47 Wolfgang Theile, *Goldoni*, Darmstadt 1977. – Arnold E. Maurer, *Carlo Goldoni: Seine Komödien und ihre Verbreitung im deutschen Sprachraum des 18. Jahrhunderts*, Bonn 1982. – Johannes Hösle, *Carlo Goldoni. Sein Leben, sein Werk, seine Zeit*, München/Zürich 1993. – Hartmut Scheible, *Carlo Goldoni*, Reinbek bei Hamburg 1993. – Birgit Weichmann, *„Eccomi finalmente a Parigi". Untersuchungen zu Goldonis Pariser Jahren*, Bonn 1993.

48 Helmut Feldmann, *Die Fiabe Carlo Gozzis. Die Entstehung einer Gattung und ihre Transposition in das System der deutschen Romantik*, Köln/Wien 1971.

49 Vgl. Hans Sckommodau, *Vittorio Alfieri und die Aufklärung*, in: Hugo Friedrich/Fritz Schalk (Hrsg.), *Europäische Aufklärung*. Festschrift für Herbert Dieckmann, München 1967, 261–270. – Johannes Hösle, *Vittorio Alfieris Selbstdarstellungen*, in: *Germanische-Romanische Monatsschrift* 1977, 284–296.

50 Johannes Hösle, *Alessandro Manzoni: Die Verlobten*, München 1975. – Hugo Blank, *Goethe und Manzoni: Weimar und Mailand*, Heidelberg 1988. – Werner Ross (Hrsg.), *Goethe und Manzoni. Deutsch-italienische Beziehungen um 1800*, Tübingen 1989.

51 Karl Maurer, *Giacomo Leopardis „Canti" und die Auflösung der lyrischen Genera*, Frankfurt/M. 1957. – Giacomo Leopardi, *Gesänge, Dialoge und andere Lehrstücke*. Übers. von Hanno Helbling und Alice Vollenweider. Mit einem Nachwort von Horst Rüdiger, München 1978. – Volker Steinkamp, *Giacomo Leopardis „Zibaldone". Von der Kritik der Aufklärung zu einer „Philosophie des Scheins"*, Frankfurt/M. 1991. – Hans Ludwig Scheel/Manfred Lentzen (Hrsg.), *Giacomo Leopardi: Rezeption – Interpretation – Perspektiven*, Tübingen 1992.

52 Frank Baasner (Hrsg.), *Literaturgeschichtsschreibung in Italien und Deutschland. Traditionen und aktuelle Probleme* (Reihe der Villa Vigoni, Bd. 2), Tübingen 1989.

53 Hans Hinterhäuser, *Italienische Lyrik im 20. Jahrhundert. Essays*, München/Zürich 1990, 16f.

54 Wido Hempel, *G. Vergas Roman „I Malavoglia" und die Wiederholung als erzählerisches Kunstmittel*, Köln/Graz 1959. – Johannes Hösle, Nachwort zu: Giovanni Verga, *Der letzte Tag. Erzählungen*, München/Zürich 1987.

55 Helmut Meter, *Figur und Erzählauffassung im veristischen Roman. Studien zu Verga, De Roberto und Capuana vor dem Hintergrund der französischen Realisten und Naturalisten*, Frankfurt/M. 1986.

56 Vgl. Brigitte Conzen, *Dekadenz und idealistische Antidekadenz*, Studien zu Giovanni Pascoli und Benedetto Croce, Rossdorf 1982. – Giovanni Pascoli, *Die letzte Fahrt/L'ultimo viaggio*. Übers. und eingeleitet von Willi Hirdt, Tübingen 1989.

57 Regina Fritsch-Dove, *Die Darstellung des Klerus in der italienischen Erzählliteratur von der Proklamation des Königreichs Italien bis zu den Lateranverträgen*, Bonn 1991.

58 Hans Hinterhäuser, *Zwiegestalt und Übertier*, in: Ders. *Fin de siècle. Gestalten und Mythen*, München 1977, 202.

59 Ins Deutsche übertr. von Wolfgang Eitel. Mit einem einführenden Vorwort von Johannes Hösle, Tübingen 1970.

60 *Briefwechsel Benedetto Croce – Karl Voßler*, Frankfurt/M. 1955.

61 Helmut Meter, *Apollinaire und der Futurismus*, Saarbrücken 1957. – Peter Demetz, *Worte in Freiheit. Der Italienische Futurismus und die*

deutsche literarische Avantgarde, 1912–1934. Mit einer ausführlichen Dokumentation, München/Zürich 1990.

62 Angelo Ara/Claudio Magris, *Triest. Eine literarische Hauptstadt,* München 1987. – Rudolf Behrens/Richard Schwaderer (Hrsg.), *Italo Svevo. Ein Paradigma der europäischen Moderne,* Würzburg 1990. – Triest-Sondernummer der Zeitschrift *Zibaldone 15* (1993).

63 Johannes Hösle, Nachwort zu Federigo Tozzi, *Eine Geliebte,* München/Zürich 1990.

64 Manfred L. Weichmann, *Italienische Literatur im ersten Jahrzehnt des Faschismus: „Stracittà und Strapaese",* Weiden 1991.

65 Karin Fleischanderl, *Die Metamorphosen des Alberto Savinio,* in: *Zibaldone 6* (Nov. 1988).

66 Vgl. Birgit Wagner, *Gramsci als Literaturkritiker der faschistischen Jahrzehnte,* in: *Zibaldone 11* (Mai 1991). Die Nummer enthält eine Reihe weiterer Informationen und Artikel zu Persönlichkeit und Werk des Sarden. – Die gesammelten Äußerungen Gramscis zu *Letteratura e vita nazionale* in den *Quaderni* wurden erstmals 1950 veröffentlicht und erschienen 1954 bereits in vierter Auflage. Mit den beeindruckenden *Lettere dal carcere* begann Einaudi 1947 die Herausgabe von Gramscis nachgelassenen Schriften. – Vgl. auch Sabine Kebir, *Die Gramsci-Rezeption in Deutschland,* in: *Italienisch* 1991.

67 Franz Mennemeier (Hrsg.), *Der Dramatiker Pirandello,* Köln 1955. – F. R. Hausmann, *Doppelung und Spaltung in L.P.s Roman Il fu Mattia Pascal (It. Studien* 2, 1979). – Michael Rössner, *Pirandello Mythenstürzer,* Wien 1980. – Vgl. außerdem die Akten der drei in Paderborn, Aachen und Wien veranstalteten Pirandello-Kolloquien (1984–1988) und die von den Initiatoren auf 16 Bände veranschlagte, aber inzwischen eingestellte deutsche Werkausgabe, Mindelheim 1985 ff.

68 Erika Kanduth, *Umberto Saba,* in: Johannes Hösle/Wolfgang Eitel, *Italienische Literatur der Gegenwart in Einzeldarstellungen,* Stuttgart 1974. – Umberto Saba, *Das zerbrochene Glas. Gedichte.* Italienisch/Deutsch. Auswahl und Einführung von Claudio Magris. Aus dem Italienischen übertr. und mit einem Nachwort versehen von Paul-Wolfgang Wührl, München/Zürich 1991.

69 Giuseppe Ungaretti, *Ich suche ein unschuldiges Land. Gesammelte Gedichte,* Italienisch/Deutsch. Übertr. und Nachwort von Michael Marschall v. Bieberstein, München/Zürich 1988.

70 Ursula Vogt, *Eugenio Montale,* in: Hösle/Eitel 1974. – Eugenio Montale, *Satura/Diario. Aus den späten Zyklen.* Italienisch/Deutsch. Übertr. und Nachwort von Michael Marschall von Bieberstein, München/Zürich 1976. – Eugenio Montale, *Gedichte 1920–1954.* Italienisch/Deutsch. Übertr. von Hanno Helbling, München 1987.

71 Hans Hinterhäuser, *Italienische Lyrik im 20. Jahrhundert,* o. c., 100.

72 Herbert Frenzel, *Vergil in der modernen Lyrik Italiens,* Krefeld 1957. –

Salvatore Quasimodo, *Ein offener Bogen, Ausgewählte Gedichte.* Italienisch/Deutsch. Übers. und Nachwort von Gianni Selvani, München 1963. – Elisa Ranucci, *Salvatore Quasimodo,* in: Hösle/Eitel 1974.

73 Ute Stempel, *Das letzte Wort ist die Hoffnung. Eine Begegnung mit dem italienischen Dichter Mario Luzi,* in: *Neue Zürcher Zeitung,* 24. 9. 1993. Das Interview erschien aus Anlaß der Veröffentlichung der von Hanno Helbling unter dem Titel *Wein und Ocker* (Italienisch/Deutsch) ausgewählten und übersetzten Gedichte aus den frühen Zyklen (Stuttgart 1993). – Vgl. außerdem Mario Luzi, *Gedichte/Poesie.* Ausgewählt und übers. von Gio Batta Bucciol und Irmgard B. Perfahl, Tübingen 1989.

74 Während Serenis Lyrik bei uns zunächst kaum rezipiert wurde, erschien *L'opzione* bereits 1966 auf deutsch bei Fischer in Frankfurt/M.: *Kleines schwarzes Mess(e) Buch.* – Als Band 6 der in Tübingen veröffentlichten *Italienischen Bibliothek* liegt seit 1993 *Grenze–Frontiera,* hrsg. von Gio Batta Bucciol vor.

75 Vereinzelte Texte des Lyrikers erschienen bei uns seit dem Italien-Sonderheft der Zeitschrift *Akzente* (1965) auch in den Anthologien von Franco de Faveri/Regine Wagenknecht (1980), Hartmut Köhler (1983), Gio Batta Bucciol und Georg Dörr (1986), ehe 1987 im Droschl-Verlag in Graz der Band *Lichtbrechung* mit ausgewählten Gedichten aus Zanzottos späten Zyklen in der Übersetzung von Donatella Capaldi, Ludwig Paulmichl und Peter Waterhouse mit einem Kommentar von Stefano Agosti erschien und Hans Hinterhäuser im Rahmen seines Zanzotto-Essays in dem bereits mehrfach zitierten Band *Italienische Lyrik im 20. Jahrhundert* (1990) verschiedene eigene Versionen veröffentlichte. Ebenfalls 1990 erschien Andrea Zanzotto, *Lorna, Kleinod der Hügel/ Lorna, gemma delle colline.* Übers. und hrsg. von Helga Böhmer und Gio Batta Bucciol, Tübingen 1990.

76 Franco Fortini, *Le poesie italiane di questi anni,* in: *Il menabò di letteratura,* 2 (1960), 103–142, 109f.

77 Pier Vincenzo Mengaldo in seiner reichhaltigen und vorzüglich kommentierten Anthologie *Poeti italiani del Novecento,* Milano 1978, 871.

78 Vgl. das Neorealismus-Sonderheft der Zeitschrift *Text und Kritik,* 1979, 63.

79 Liselotte Grevel, *Il Politecnico 1945–1947. Zur Monographie einer Kulturzeitschrift Italiens,* Frankfurt/M. 1978.

80 Heidi Marek, *Elio Vittorini und die europäische Erzählkunst,* Heidelberg 1990.

81 Johannes Hösle, *Cesare Pavese,* Berlin [2]1964. – Hans Hinterhäuser, *Der Weg des Lyrikers Cesare Pavese,* Krefeld 1969. – Dietrich Schlumbohm, *Die Welt als Konstruktion. Untersuchungen zum Prosawerk Cesare Paveses,* München 1978. – Verena Lenzen, *Cesare Pavese. Tödlichkeit in*

Dasein und Dichtung. Ein Portrait, München/Zürich 1988. – Johannes Hösle, *Cesare Pavese (1908–1950): Rückblick und Ausblick aus Anlaß seines 80. Geburtstags*, in: *Romanistische Zeitschrift für Literaturgeschichte* (1988).

82 Frank-Rutger Hausmann, *Alberto Moravias „Gli indifferenti" (1929) – Ende und Neubeginn des italienischen Romans im 20. Jahrhundert*, in: *Italienisch 15*, 1986.

83 Irmgard Grüssen/Wolfgang Eitel, *Elsa Morante*, in: Hösle/Eitel 1974.

84 Markus Gersbach, *Carlo Emilio Gadda. Wirklichkeit und Verzerrung*, Zürich 1969. – Toni Kienlechner, *Carlo Emilio Gadda*, in: Hösle/Eitel 1974.

85 Karin v. Hofer, *Funktionen des Dialekts in der italienischen Gegenwartsliteratur. Pier Paolo Pasolini*, München 1971. – Willi Hirdt, *Pier Paolo Pasolini*, in: Hösle/Eitel 1974. – Hermann H. Wetzel (Hrsg.), *Pier Paolo Pasolini*, Mannheim 1984. – Enzo Siciliano, *Pasolinis Leben und Werk*, Frankfurt/M. 1985.

86 Susanne Eversmann, *Poetik und Erzählstruktur in den Romanen Italo Calvinos. Zum Verhältnis von literarischer Theorie und narrativer Praxis*, München 1979. – Gerhard Goebel-Schilling et al., *Widerstehen. Anmerkungen zu Calvinos erzählerischem Werk*, Frankfurt/M. 1990. – Christine Lessle, *Weltreflexion und Weltlektüre in Italo Calvinos erzählerischem Spätwerk*, Bonn 1992.

87 Vgl. Werner Helmich, *Überlebenshilfen. Zum Konnex von Naturwissenschaft und Literatur in den Schriften Primo Levis*, in: Helene Harth/Susanne Kleinert/Birgit Wagner, *Konflikt der Diskurse. Zum Verhältnis von Literatur und Wissenschaft im modernen Italien*, Tübingen 1991.

88 Vgl. Jutte Prasse, *Eduardo De Filippo*, in: Hösle/Eitel 1974.

89 *Dario Fo über Dario Fo*, Köln 1978.

90 Walter Höllerer/Gerald Bisinger (Hrsg.), *Das literarische Profil von Rom*, Berlin 1970. – Lothar Quandt, *Giorgio Manganelli*, in: Hösle/Eitel 1974. – Alice Vollenweider, *Literatur als Metapher. Zum Werk Giorgio Manganellis*, in: *Italienisch 13* (Mai 1985). – In Übertragungen von Heinz Riedt bzw. Marianne Schneider erschienen 1990 in der Frankfurter Verlagsanstalt die beiden *Pinocchio*-Versionen auch auf Deutsch. – Vgl. Hinrich Hudde, *„Ich will das hölzerne Bengele wiederhaben." Collodis Pinocchio: Ende und Nachleben*, in: *Italienische Studien* 7 (1984).

91 Zitate nach der Übersetzung von Burkhart Kroeber in dem von ihm herausgegebenen Sammelband *Zeichen in Umberto Ecos Roman „Der Name der Rose". Aufsätze aus Europa und Amerika*, München 1987.

92 Vgl. Thomas Stauder, *Umberto Eco „Der Name der Rose", Forschungsbericht und Interpretation. Mit einer kommentierten Bibliographie der ersten sechs Jahre internationaler Kritik (1980–1986)*, Erlangen 1988.

93 Vgl. Max Kerner (Hrsg.) *„[...] eine finstere und fast unglaubliche*

Geschichte"? Mediävistische Notizen zu Umberto Ecos Mönchsroman ‚Der Name der Rose', Darmstadt 1987.

94 Vgl. Anna Leube, *Vitaliano Brancati*, in: Hösle/Eitel 1974.

95 Vgl. Bianca Marinoni-Cetti, *Giuseppe Tomasi di Lampedusa*, in: Hösle/Eitel 1974.

96 Vgl. Wolfgang Eitel, *Leonardo Sciascia*, in: Hösle/Eitel 1974. – Johannes Hösle, *Leonardo Sciascia und Luigi Pirandello*, in: Johannes Thomas (Hrsg.), *Pirandello-Studien*, Paderborn 1984.

97 Werner Helmich, *Enge und Weite bei Gesualdo Bufalino*, in: Helene Harth/Barbara Marx/Hermann H. Wetzel (Hrsg.), *Konstruktive Provinz. Italienische Literatur zwischen Regionalismus und europäischer Orientierung*, Frankfurt/M. 1993, 814.

Namenregister

Buchanzeigen